위선은 연륜이나 지위에 관계없이 꾸준히 부딪치는 유혹이다. 인격이 훌륭하다고 비켜 가는 것도 아니고, 신앙이 독실하다고 극복되는 것도 아니다. 그럴수록 위선의 가능성은 증대한다. 저자의 인문적 감수성과 영적 민감성이 반영된 이 책을 나에게 주는 선물로 받는다. 나이 들수록 위선의 유혹은 더 교활해진다. 이 책은 그리스도인이 평생 직면하는 위선의 문제를 성경 사례를 통해 보여 주고, 매 순간 부딪치는 이 유혹을 극복하기 위한 지혜와 신앙적 결단을 제시한다. 자신의 위선을 애통해하며 이겨내고자 소망하는 독자들은 이 책에서 큰 용기와 도움을 얻을 것이다.

**이만열** 전 국사편찬위원장, 숙명여대 명예교수

위험한 책이다. 내가 가진 확신이 착각이 아니었나 심한 고민을 하게 만들기 때문이다. 저자는 평소 껍데기를 걷어 내고 그 이면에서 벌어지는 온갖 탐욕과 위선의 문제를 가감 없이 지적하는 예언자 같은 학자다. 그는 이 책에서 창세기부터 예언서, 복음서, 바울서신까지 두루 살피며 우리가 믿었던 이신칭의 교리에 대한 오해와 맹점을 재고하게 한다. 이 책을 읽으며 고민에 빠지고 심지어 화를 낼 사람도 꽤 있을 것이다. 그러나 역설적으로 그 불편한 마음이 우리의 위선을 깨닫게 하고 구원과 바른 신앙을 향한 소망을 선명하게 해 줄 것이라 믿는다. 이 책은 그리스도인이라면 꼭 읽고 씨름할 소중한 신앙 안내서이자, 특히 지금 한국 교회에 절실한 길잡이다.

**김종호** 한국기독학생회 IVF 대표

위선

IVP(InterVarsity Press)는
캠퍼스와 세상 속의 하나님 나라 운동을 지향하는
IVF(InterVarsity Christian Fellowship)의 출판부로
생각하는 그리스도인을 위한 문서 운동을 실천합니다.

# 위선

하나님의
백성 앞에 놓인
위험한
유혹

권연경

IVP

차례

| | |
|---|---|
| 9 | 들어가는 글 |
| 17 | 1장 **죄의 역사, 위선의 역사** 에덴의 타락 |
| 37 | 2장 **신앙과 욕망 사이** 이스라엘 이야기 |
| 65 | 3장 **위선에 대한 예언자들의 투쟁** 아모스, 호세아, 미가, 이사야, 예레미야 |
| 109 | 4장 **열매 없는 자기 확신의 위험** 세례 요한의 경고 |
| 147 | 5장 **위선에 맞서는 하나님 나라** 메시아 예수의 사역 |
| 195 | 6장 **사도 바울의 목표와 바울 복음의 성격** |
| 219 | 7장 **성령에 이끌리는 삶** 갈라디아서 |
| 277 | 8장 **하나님의 의와 하나님의 능력** 로마서 |
| 337 | 나가는 글 |
| 343 | 주 |

**일러두기**
본문에 나오는 성경은 저자가 사역하였고, 일부 본문은 기존 역본을 그대로 인용하거나 수정하여 썼습니다.

## 들어가는 글

현대 철학자들의 글에는 욕망이라는 단어가 자주 등장한다. 아름다운 단어는 아니니 일부러 쓰고 싶지는 않을 것이다. 의도하지 않아도 인간의 삶을 철학적으로 분석하려다 보니 자주 입에 올리지 않을 수 없으리라. 욕망은 인간의 삶을 이해하는 핵심 단어다. 사실 욕망이라는 단어를 쓰건 안 쓰건 우리 삶의 많은 부분은 욕망에 따라 움직인다. 욕망은 우리 모두의 문제이자 우리 삶 전반을 아우르는 문제다. 이 욕망은 우리의 사고와 행동을 그 뿌리부터 물들인다. 좋은 뜻에서건 아니건 우리 삶은 이런저런 욕망과의 교섭이라고 할 수 있다.

하나님의 백성을 자처하는 사람도 예외일 수 없다. 하나님의 선택을 받는 순간 사람이 천사로 변하는 것도 아니고, 낙원의 세계로 옮아가는 것도 아니다. 우리는 현재 우리의 모습 그대로, 우리가 속한 이 세상 속에서 구별된 삶을 살라는 부르심을 받는다. 이것이 하나님과 이스라엘이 맺은 언약의 핵심이다. 삶 자체가 주변 세계와 분리될 수는 없지만 삶을 사는 방식은 구별되어야 한다는 긴박한 부르심이다. 하지만 긴장은 또한 일탈의 유혹이기도 하다. 우리는 늘 우리 삶의 무대인 "이 세대를 본받고" 싶은 유혹에 시달린 다(롬 12:2). 하나님을 섬기는 삶보다는 "주변 열강처럼 우리에게도 왕이 있어야 한다"는 유혹이다(삼상 8:5, 19-20). 이것이 우리 욕망에 더 최적화된 삶의 방식이기 때문이다. 그렇다고 하나님의 백성이라는 명분을 버리고 싶지는 않다. 하나님이 약속하신 구원을 포기하고 싶은 것은 더더욱 아니다. 꿩을 먹었다고 알을 버리고 싶은 마음은 없다.

바로 여기서 균열이 생긴다. 하나님의 백성이라는 이름과 이 이름이 약속하는 구원을 확보하고 싶지만, 그렇다고 내 욕망을 포기하고 싶지는 않다. 그래서 우리는 구린 욕망을 추구하면서도 신앙이라는 외양을 갖추려 하고, 그럴듯한 신앙의 명분으로 내 욕망을 만족시키려 한다. 위선의 장치가 되어 버린 종교성 혹은 종교성이라는 외피를 둘러쓴 욕망의 유혹이다.

복음은 구원의 소식이다. 그런데 구원은 이미 그 자체로 인간의 곤경을 전제한다. 인간은 구원을 받아야 할 존재, 곧 스스로는 빠져나올 수 없는 웅덩이에 빠진 존재다. 이 웅덩이는 사실 인간 자신이 판 것이다. 성경은 이를 죄라 부른다. 인간은 그 웅덩이에 빠져 헤어나지 못하는 존재다. 그래서 우리 이름은 죄인이다. 그런데 죄가 혹은 죄인이 가장 잘하는 것이 자기부정이다. 나는 내가 잘못했다는 이야기를 듣는 것이 죽기보다 싫다. 그러고 보면 나도 죄인이다. 죄인이라는 현실을 부정하기 위해, 나름대로 나의 존재 자체를 부정하기도 하고, 내 손으로 저지른 행동에 대한 책임을 부정하기도 한다. 그래서 하나님이 인간을 만나고 복음이 인간을 만나는 것은 숨바꼭질처럼 보일 때가 많다. 범죄의 주체를 향해 "네가 어디 있느냐?"를 물어야 하고, 자신의 죄를 모른 척하는 죄인을 향해 "네 동생 아벨이 어디에 있느냐?"고 물어야 한다. 죄의 이야기는 곧 거짓과 위선의 이야기가 되어 위선의 몸짓을 폭로하고 사태의 진실을 찾아가는 하나의 탐정물이 된다. 하나님과 사람의 만남, 복음과 세상의 만남이 이런 이야기들이다.

이 책에 담긴 이야기는 하나님과 죄를 저지른 인간의 만남에서 드러나는 복잡한 꼬임, 곧 위선과 자기기만적 태도의 몇몇 사례에 관한 것이다. 1장은 창세기 첫 부분을 읽는다. 창세기의 소위 '원역사'(primeval history)는 인간의 본질과 인간 존재의 목적 및 타락에 대한 원형적 이야기들로, 우리의 과거를 있는 그대로 알려 준다기보다는 우리의 깊은 속을 드러내 주는 '신화적' 기능이 강하다. 여기서 우리는 인간의 욕망과 죄, 거짓과 위선에 관해 매우 흥미로운 '최초의' 사례들을 만난다. 2장은 구약의 역사 가운데 이스라엘의 첫 번째 왕이었던 사울의 사례를 살펴본다. 멋있었던 한 사람이 몰락해 가는 과정에서 드러나는 위선의 움직임을 더듬어 볼 것이다. 물론 하나님 백성의 위선적 면모는 예언서에서 가장 직설적으로 묘사된다. 범죄한 이스라엘을 대상으로 하는 예언자들의 싸움은 그들의 죄 자체만큼이나 그 죄의 중대함을 부정하려는 위선적 태도를 겨냥한다. 익숙한 이야기이기는 하지만 예언자들의 메시지가 어떤 식으로 종교적 위선을 겨냥하는지 3장에서 다시 한번 정리한다. 4장은 신약 역사의 첫 관문이라 할 수 있는 세례 요한의 이야기를 담았다. 그의 사역은 백성이 그들의 죄를 깨우치고 회개하게 함으로써 오실 메시아를 준비하는 것이었다. 어찌 보면 가장 어려운 역할을 맡은 셈이다. 우리는 이스라엘을 향한 요한의 메시지가 어떻게 '택한 백성'의 무책임한 영적 자신감을 겨냥하는지 살피면서, 영적 위선에 관한 이야기를 이어갈 것이다. 5장에서는 예수님과 바리새인의 갈등을 다룬다. 흔히 생각하듯 이는 하나님의 은혜에 대한 무조건적 신뢰와 자신의 도덕적·종교적 노력에 대한 신뢰 사이의 갈등이 아니다. 이 장에서 우리는 나사렛 예수가 말뿐 아니라 실천으로 드러나는 진솔한 신앙을 요구하셨음을, 그리고 그분의 '주적'이었던 서기관과 바리새인들은 그럴듯한 행위로 하나님 앞에 서려 한 공로주의자들이 아니라 그야말로 '말만 하고 실천하지는 않는' 위선자들이었다는 사실을 확인할 것이다.

마지막 세 장은 바울에 관한 것이다. 믿음을 내세운 바울의 복음이 얼마나 행위에 민감했는지를 6장에서 개관한 후에, 바울 특유의 칭의론이 선명하게 드러나는 두 편지, 곧 갈라디아서와 로마서를 7, 8장에서 읽는다. 어떤 면에서 이 책의 가장 큰 무게는 바울에 관한 이 세 장에 놓인다. 바울에 관한 이 책의 주장이 교회에서 유통되는 이야기와 다르기 때문이다. 구약에서 예수님에 이르기까지의 논의는 상식 수준을 크게 벗어나지 않는다. 하지만 바울서신에 관한 이 책의 주장에 많은 독자가 생소해하거나 의아해할 공산이 크다.

이 두 장의 결론은 이렇다. 바울이 갈라디아서나 로마서에서 맞서야 했던 신학적 투쟁의 상대자는 소위 자신의 도덕적 행위로 의롭다 하심을 얻으려 했던 '행위구원론자'들이 아니다. 오히려 바울의 열정적 논증을 촉발시킨 논쟁의 상대자들은 외면적 조건(할례)이나 나름의 신학적 신념(하나님의 선택)을 자랑하면서도 정작 순종의 열매를 제대로 보여 주지 못한 사람들, 곧 종교적·신학적 위선자들이었다. 여기서 핵심은 이들이 율법을 지키지 않는 사람들이었다는 바울의 주장이다. 갈라디아서의 '선동자들'이나 로마서 2-3장의 '유대인'에 대해, 유대적 정체성을 자랑하지만 정작 율법을 지키지는 않는 그룹으로 규정한다는 점에서, 나의 주장은 전통적 관점과 새 관점 모두에서 벗어난다.

은혜와 믿음으로 집약되는 바울의 복음은 율법에 대한 순종이라는 도덕적 갑옷으로 무장한 사람들이 아니라, 유대인이라는 외면적 정체성에 집착하면서 정작 율법 순종에는 무관심했던 사람들의 허망한 종교성을 겨냥한다. 따라서 믿음과 은혜의 논리는 (도덕적) 행위와 상반된 개념이 아니다. 오히려 바울의 언어 속에서 믿음이란 예수 그리스도의 복음을 통해 드러나는 하나님의 능력, 곧 죽은 자를 살리시는 하나님의 창조적 능력을 가리킨다(롬 4:17). 갈라디아서에서는 이 진리를 "그리스도와 믿음을 통해 성령을 받았다"는 말로 표현한다(3:2, 5, 13-14; 4:4-6; 5:5). 그리고 바울은 하나님의 이런 창조적 능력이 통치하는 삶의 공간을 은혜라 부른다(롬 5:2, 21; 6:14-15). 결국 바울이 설정한 대결 구도는 '행위냐 믿음이냐'가 아니라 '무기력한 인간적 조건들이냐 하나님의 능력이냐'다. 물론 이는 내가 줄곧 내세워 온 주장이다. 이 책에서는 유대적 맥락에서의 '위선적 종교성'이라는 상황에 초점을 맞추어 바울의 두 편지를 읽어 볼 것이다. 통상적인 바울 이해를 벗어난다는 점에서,

이 책에서 의도성이 가장 두드러진 부분이라 하겠다.

필자의 다른 책들과 마찬가지로 이 책 역시 대중적 상상력 속에서 '값싼 은총'으로 변질된 복음의 참 메시지를 회복하려는 시도 가운데 하나다. 믿음과 은혜를 우리의 행위와 반대되는 개념으로 인식하는 한, 이런 변질을 막을 수 있는 제어장치는 찾기 어렵다. 바울이 정말 그런 메시지를 선포했다면 달리 할 말이 없지만, 믿음과 은혜를 강조한 바울은 누구보다 행위의 중요성을 굳게 믿은 사람이다. 믿음과 은혜를 강조하는 바울의 싸움은 순종을 위한 열정과의 싸움이 아니라, 생명을 주지 못한 헛된 조건들에 의존하며 무능력한 외면의 포장으로 복음의 능력을 대체하려는 의뭉스러운 시도들과의 싸움이다. 그런 점에서 바울의 메시지 역시 예언자에서 예수님으로 이어지는 위선적 종교성에 대한 비판과 맥을 같이한다. 바로 이런 짝퉁 영성에 대한 비판에서부터 구원의 능력으로서의 복음에 대한 선포가 이루어진다. 구약에서 예수 그리스도에 이르기까지 순종을 강조하는 메시지가 이어지다가, 바울에게 와서 갑자기 '행위가 아니라 믿음'으로 돌변하는 것이 아니다. 바울의 관심사 역시 삶으로 드러나는 참된 영성이기 때문이다. 그는 이 변화의 능력이 예수 그리스도의 십자가와 부활의 복음을 통해 드러난다고 믿었다. 이 책을 통해 그 점이 조금이라도 더 분명히 드러나면 좋겠다.

이 책의 일부는 이전에 논문으로 발표한 적이 있다.[1] 그 논문을 바탕으로 보다 상세하게 이야기를 풀었고, 1장처럼 새로 덧붙인 부분도 있다. 갈라디아서와 로마서에 관한 두 장은 이 책의 주제에 맞게 '위선'이라는 상황을 부각시키며 새로 쓴 글들이다. 그럼에도 어차피 나의 해석이라 내용의 유사함을 피하기는 어려울 것이다. 내 입장 자체에 특이한 부분이 있는 만큼, 어느 정도의 반복은 오히려 도움이 될 수도 있지 않을까 생각해 본다.

생각은 홀로 자라지 않는다. 내가 하는 모든 생각은 나와 함께했던 이들과 소통하며 나온 산물이다. 그러기에 이 책을 마무리하면서 그간 나의 서툰 이야기를 듣고 각자 나름의 방식으로 응답해 준 사람들을 고마운 마음으로 떠올린다. 함께 시간을 보내며 대화한 여러 '동업자들', 학교라는 마당에서 만난 과거와 현재의 학생들, 그리고 다양한 상황에서 강의와 설교를 들어 준 수많은 동료 신자들, 이들 모두가 이 책의 공동 저자다.

그간 채근만 하고 막상 원고는 받아 내지 못하며 오랜(?) 세월을 잘 견디어 준 것, 그리고 서툰 원고를 정성스레 다듬어 그럴듯한 책으로 만들어 준 것에 대해 IVP 이종연 간사에게 특별한 감사의 마음을 전한다. 인연이 짧지 않은데 책으로는 이제야 처음 만나는 셈이라 남다른 감회가 없지 않다. 더불어 함께 원고를 읽고 작업을 도와준 정지영 간사에게도 감사의 마음을 전한다.

또 하나의 서문을 쓰면서, 언제나처럼 나의 사랑하는 아내 최인화와 딸 세라에게 고마운 마음을 되새긴다.

2018년 10월
권연경

1장

# 죄의 역사, 위선의 역사

에덴의 타락

## 아름다운 시작?

"끝이 좋으면 모두 좋다"는 말이 있다. 행복한 결말은 앞서 지나간 모든 것에 행복한 기운을 덧입혀 준다. 그래서 모든 것이 다 좋아 보인다. 하지만 "시작이 좋으면 모두 좋다"는 말은 없다. 기껏 "시작이 반이다" 정도가 우리가 할 수 있는 말의 최선이다. 절반도 무시할 수는 없지만, 나머지 절반이 남는 게 문제다. 그리고 그 나머지 안에 무엇이 들어 있는지 알 수도 없다. 그래서 시작은 늘 불안하다. 좋으면 좋을수록 불안도 덩달아 커진다. 잘 가다가 '말아먹는' 일이 잦아서다. "첫 끗발이 개 끗발"이라는 말이 툭 튀어나오는 삶, "그럼 그렇지"가 습관처럼 입에 붙은 세상살이다. 하다못해 술 이름도 '처음처럼'이다. 처음 같지 않은 인생의 씁쓸함을 안주 삼아 마시라는 역설적 표현 아닐까.

성경에도 시작이 있다. 창세기는 말 그대로 하나님이 세상과 그 세상의 거주자들을 창조하신 이야기다. 아니, 창조보다는 처음에 관한 이야기라고 하는 것이 더 나을지 모르겠다. 창세기는 하나님의 창조가 완벽한 성공이었다고 말한다. 하나님은 자신이 창조한 세계를 보시며 "좋은데!"를 연발하신다(창 1:4, 10, 12, 18, 21, 25). 하나님은 그 좋은 세상을 다스릴 존재로 사람을 창조하신다. 세상의 통치자가 되어야 하니 자신의 형상을 따라 만드셨다. 이렇게 세상의 창조가 완결되고, 자신이 만든 모든 것을 바라보며 하나님은 매우 흡족한 미소를 지으셨다. "무척이나 마음에 들었다"(1:31). 갓 창조된 세상에 인간이 더해진 후 최상의 평가가 내려진 것은 창조된 인간 역시 주변의 모든 창조 세계를 맛깔나게 만드는 멋진 존재였음을 의미한다. 하나님이 사람을 만드실 때 활용한 모델이 바로 하나님 자신이었으니 더할 나위가 있겠는가(1:26-27). 창조가 완성되고 하나님은 그윽한 만족감 속에서 편안한 휴식을 취하신다(2:1-3). 이처럼 첫 번째 창조 이야기는 의도한 모든 일이 제대로 되었을 때 느낄 수 있는 만족감으로 가득하다. 그야말로 지상낙원 같은 미래가 이어질 것처럼 보인다.

흥미롭게도 창세기 2장은 또 하나의 창조 이야기를 들려준다(2:4). 얼핏 같은 내용을 반복하는 것처럼 보이지만, 창조 과정을 바라보는 눈길에는 사뭇 아쉬움이 가득하다. 땅에는 식물들이 전혀 없었고, 채소도 없었다. 왜냐하면 하나님이 아직 땅에 비를 내리지 않으셨고, 땅을 경작할 '아담/사람'도 없었기 때문이다(2:5).[1] 그저 안개만 땅에서 올라와 지표면을 적실 뿐이었다(2:6). 이런 상황 속에서 사람이 만들어진다. 앞에서와 같이, 여기서도 창조의 주체는 야훼 하나님이시다. 하지만 앞에서와는 달리, 하나님의 형상 이야기는 없다. 그 대신 야훼께서 사람을 "땅의 흙먼지로 만들었다"는 사실이 드러난다. 하지만 흙을 빚어 '토기 인형'을 만든다고 이 흙덩어리가 살아 움직이는 건 아니다. 그래서 하나님은 그의

코 안으로 숨을 내쉬셨고, 사람은 이 숨결을 받아 '살아 있는 혼' 혹은 '살아 있는 목숨/혼'(a living soul)이 되었다(2:7; 사 2:22; 고전 15:45). 1장의 창조 이야기가 신의 형상을 물려받은 '금 수저' 이야기라면, 2장의 창조 이야기는 그야말로 '흙 수저' 이야기를 읽는 듯하다.

사람을 만드신 이야기는 곧이어 사람이 살 공간, 곧 동쪽의 에덴 이야기로 옮아간다. 에덴의 풍광은 아름답기 그지없다. 하지만 동산 한가운데는 생명나무와 더불어 '선과 악을 알게 하는 나무'가 자란다(창 2:9). 아직 아무 일도 없지만, 여기 나무 이름에 처음으로 등장하는 '악'(히. 라)이라는 단어는 우리를 마음 깊은 곳부터 불안하게 만든다. '복선'이다. 이 나무를 만난 후부터 우리의 의식은 알게 모르게 곧 벌어질 것만 같은 무서운 이야기로 쏠린다. 아니나 다를까, 에덴에 대한 묘사가 끝나고 하나님은 자신이 만든 사람을 데려다 그 동산의 경작자요 관리자로 삼으신다(2:15). 그에게 한 가지 금지 명령이 내려진다. 바로 앞서 언급된 선과 악을 알게 하는 나무는 절대 먹어서는 안 된다는 명령이다. 여기에는 죽음의 처벌이 덧붙는다(2:16-17). 아직 아무 일도 벌어지지 않았지만 이미 모든 일이 다 일어난 듯 불길한 체념이 밀려온다.

일단 표면적으로는 모든 준비가 다 된 것처럼 보인다. 하지만 무언가 아쉽다. 짝을 이룬 다른 모든 동물과는 달리, 사람/아담이라는 동물만은 혼자 존재한다. "보기에 참 좋았다"는 1장의 선언과는 달리, 하나님은 이런 상황을 "좋지 않다"(2:18)고 보셨다. 그래서 그분은 생물들을 창조하신다. 첫 창조 이야기와는 달리, 2장에서는 사람을 만드신 후에야 들짐승과 새들의 창조가 이루어진다. 혹시나 사람/아담의 동반자가 될 수 있을까 하는 마음에서다. 그래서인지 이들 역시 사람/아담과 마찬가지로 '흙'(히. 아다마)으로 만들어진다 (2:19). 그러나 흙이라는 출신 배경(?)을 공유하는 사이임에도 불구하고 그들은 사람/아담을 위한 배필이 될 수 없었다. 그래서 하나님은 아예 사람/아담 자신의 몸으로부터 새로운 존재를 만드신다. 이 새로운 존재는 다른 동물들과는 달리 사람/아담 자신의 "뼈 중의 뼈요 살 중의 살"이었다. 두 존재의 얽힘은 여자와 남자의 명칭에서부터 드러난다. 그녀는 '여자'(히. 이샤)라 불린다. 왜냐하면 '남자'(히. 이쉬)로부터 만들어진 존재이기 때문이다(2:23). 이렇게 차분한 그러나 다소 불안한 분위기 속에서 에덴 이야기의 제1막이 끝난다.

## 역사의 시작, 죄의 탄생

잘 아는 대로, 이어지는 창세기 3장의 주제는 '에덴에서 누리는 지복의 삶'이 아니다. 분명 최초의 남녀는 한동안 에덴에서의 삶을 즐겼을 것이다. 하지만 즐거운 인생의 연대기는 창세기 저자의 관심이 아니다. 저자의 관심은 에덴에서의 행복이 어떻게 망가지는가에 쏠린다. 그러니까 3장의 주제는 지금 우리가 살고 있는 한심한 실존에 대한 신학적 설명이다. 당연히 이 슬픈 이야기는 앞서 등장한 '선과 악을 알게 하는 나무'와 관련되고, 그 명령을 어겼을 때 직면해야 할 '죽음'에 관한 이야기로 이어진다. 앞에서 마치 예언처럼 깔린 복선이 그대로 실행되는 것이다. 그렇다고 이 이야기가 추상적 의미에서 '악의 기원'을 설명하는 것은 아니다. 오히려 인간을 유혹한 뱀조차 '야훼 하나님이 지으신 모든 들짐승' 중 하나로 소개된다(3:1). 이 부분이 악의 기원에 관한 이야기라면, 창세기의 저자는 '하나님이 악의 기원'이라고 주장하는 셈이 된다. 그러나 이는 본문의 의도가 아니다. 만약 이 이야기가 악의 기원을 묻는 질문에 대한 대답이라면, 애초에 각본 자체가 전혀 다르게 쓰였을 것이다.

창세기에 따르면 인간이 겪는 모든 불행의 원인은 불순종이다. 하나님의 명령을 거부하고 내 마음대로 하는 것이다. 하나님은 동산 중앙의 선악과를 먹지 못하게 금하셨고 사람은 그 명령을 어겼다. 불순종한 결과로 불행이 찾아온다. 허망하리만치 간단한 설명이다. 흥미롭게도 사태의 주도권을 쥔 사람은 여자였다. 뱀의 교묘한 언어는 상황을 바라보는 관점을 왜곡함으로써 여자의 욕망을 자극한다. 뱀이 설정한 사고의 틀에 말려들어 먹지 말라는 명령은 터무니없는 것으로 보이고, 먹고 싶은 마음은 더 간절해진다.[2] 그녀는 그 나무를 보았다. 정말 먹음직스러웠고 보암직했으며 먹으면 똑똑해질 것처럼 더없이 탐스러웠다. 물론 여자의 마음속을 훤히 비춰 보이는 이런 진술은 그녀가 뱀의 논리에 설득당했음을 의미한다. 마음이 이미 움직였다면 다른 결과를 기대할 수 없다. "여자가 그 열매를 따 먹고 같이 사는 남자에게도 주니 그도 먹었다"(3:6).[3]

죄는 숨겨지지 않는다. 적어도 하나님께는 그렇다. 사람들 이야기로 풀자면, 자기 자신에게는 절대 숨길 수 없다는 말과 상통한다. 죄를 비밀로 하고, 비밀을 무덤까지 품고 갈 수는 있지만, 품속에서 비밀을 없앨 수는 없다. 이 원형적 불순종 이야기는 죄가 발각되고 하나님께 추궁당하는 장면으로 이어진다. 선악과를 먹자 사람들의 눈이 밝아진다. 그들은 곧 자신들이 벌거벗었다는 사실을 깨닫는다. 그들은 하나님의 얼굴을 피하여 숨는다. 사고를 친 후 하나님께 와서 사실대로 말할 수도 있었을 것이다. 하지만 죄를 저지르고 제 발로 찾아와 죄를 실토하는 경우는 별로 없다. 그래서 일이 더 꼬인다. 숨은 용의자를 찾아내고 그들의 범죄 사실을 규명하는 것도 하나님의 몫이다. 죄 자체와 싸울 뿐 아니라 그 죄를 부정하고 숨기고 덮으려는 집요한 시도와도 싸워야 한다. 오늘도 이어지는 인간살이의 일상적 풍경이다.

하나님은 인간이 그들의 나체를 부끄러워하는 모습에서 그들이 선악과 열매를 먹었다는 사실을 알아채신다. 하나님은 그들을 추궁하신다. 인간의 불순종을 두고 하나님과 사람들 사이에서 벌어지는 이 최초의 대화는 자신의 죄를 바라보는 인간의 태도에 대한 '원형적' 설명이기도 하다. 하나님의 질문은 단순하다.

내가 너에게 먹지 말라고 명령한 그 나무의 열매를 먹었느냐? (3:11)

범죄를 최대한 숨기다 발각된 상황이다. 이 질문에 대한 가장 정직한 대답은 다음과 같을 것이다.

네. 먹었습니다. 죽을 죄를 지었습니다.

만약 그랬다면 인간의 역사는 보다 단순해졌을지 모른다. 불행은 불가피했겠지만 지금처럼 걷잡을 수 없는 수준은 아니었을 것이다. 잘못을 저질렀어도 솔직하게 인정하면 뒤처리는 간단하다. 하지만 첫 사람 아담의 답변에는 이미 아담 나름의 복잡한 계산이 작동했다. 사실은 밝혀졌지만 그 사실에 대한 책임이 자신에게 있다는 사실은 끝내 인정하고 싶지 않다. 그래서 대화가 꼬인다.

당신이 나와 함께 있으라고 주신 여자, 바로 그 여자가 그 나무에서 (그 열매를 따) 내게 주었습니다. 그래서 내가 먹었습니다. (3:12)

답변의 의도는 분명하다. 아담은 자기 행동에 대한 책임을 다른 곳으로 돌린다. 먹었다는 사실은 이미 들통이 난 마당이라 부정할 수는 없다. 그래서 그 사실은 문장 제일 마지막의 단어 하나로 미루고 축소한다. 그 대신 과일을 먹은 자신의 최종적 행동을 달리 보이게 해 줄 그럴듯한 시나리오를 만든다. 자신이 선악과 열매를 먹은 이유는 "그 나무에서 열매를 따 나에게 준" 여자 때문이다. 이 여자의 이야기가 문장의 대부분을 차지한다. 먹는 행동은 내가 한 게 맞지만, 그 행동의 책임은 다른 사람에게 있다는 이야기다. 한 걸음 더 나아가 애초에 그 여자는 '당신', 곧 하나님 자신이 "나와 함께 있으라고" 주셨다. 굳이 따지자면 아담에게 그런 여자를 동반자로 주어 불행의 원인을 제공한 하나님 역시 사태의 책임에서 자유롭지 않다. 혼자만 죽을 수 없다는 일종의 물귀신 작전이다. 먹은 건 분명히 자신이지만, 실질적 책임은 그 과일을 건넨 여자에게 그리고 그 여자를 만들어 준 하나님께 귀속된다. 심리학자들이 '외적 귀인'이라고 부르는 태도의 전형이다. 여기서는 '원형적' 사례라 불러도 좋겠다.

흥미롭게도 하나님은 아담의 태도에 대해 가타부타 토를 달지 않으신다. 책임을 회피하는 아담의 태도에 화를 내지도 않으시고 잘못을 인정하라고 다그치지도 않으신다. 그 대신 아담이 비난하는 여자에게 동일한 추궁을 계속하신다.

> 너 도대체 무슨 짓을 한 것이냐? (3:13)

이 질문에 대한 가장 단순한 대답 역시 다음과 같을 것이다.

> 선악과의 열매를 따 먹고 남편에게도 주어 먹게 했습니다. 죽을 죄를 지었습니다.

하지만 여자의 태도라고 다를 것은 없다. 책임을 회피하는 것은 하와도 마찬가지다. 그래서 여자가 그린 시나리오에도 내가 아닌 타인이 내 행동의 일차적 원인으로 등장한다.

> 뱀이 저를 속여 제가 먹었습니다. (3:13)

내가 먹었다는 사실은 부정할 수 없지만 나의 책임은 인정하고 싶지 않다. 그래서 사태의 책임자로 뱀을 지목한다. 뱀이 나를 속였다는 사실은 최대한 부각시키고 내가 먹었다는 사실은 마치 불가피한 귀결인 양 최대한 가볍게 건드리고 넘어간다. 여기서도 하나님은 더 이상 토를 달지 않으신다.

하나님의 관심은 범죄의 궁극적 원인으로 지목된 뱀에게로 옮아간다. 창세기 저자는 타락 이야기가 시작될 무렵 야훼께서 창조하신 짐승들 중 뱀이 가장 영악한 존재라고 말했었다(3:1). 추궁하는 자와 변호하는 자 사이의 긴장되는 논쟁을 기대할 법하다. 그런데 역설적이게도 짐승들 중 가장 영악한 뱀과의 대화가 가장 단도직입적이다. 아니, 여기서 뱀은 아예 대사 자체가 없다. 말을 못하는 것이 아니다. 여자를 유혹할 때의 현란한 언변을 생각하면, 아담이나 하와와는 비교가 안 될 수준의 자기변호도 충분히 가능했을 것이다. "다 나보고 뭐라 그러는데, 사실 애초에 나를 이런 놈으로 창조한 게 하나님 당신 아니냐?"고 따질 수도 있었을 것이다. 원래 영악한 존재로 창조된 놈에게 다른 모습을 기대할 수는 없지 않은가?[4] 이건 창세기 본문도 인정하는 사실 아닌가? 그랬다면 악의 기원에 관한 멋진 설명을 얻었을지도 모르겠다. 하지만 여기에는 사실관계를 다투는 논쟁도, 책임 소재를 가리는 다툼도 없다. 뱀은 그냥 침묵한다. 하나님 편에서도 사실관계와 책임 소재는 이미 분명해졌음을 전제로 곧바로 심판을 선고하신다(3:14-15). 그야말로 변명의 여지도 없을 만큼 사악한 죄를 저질렀기 때문일까? 선악과를 먹어도 좋다고 부지런히 속삭이긴 했지만, 그래도 실제 그 열매를 따 먹은 것은 사람들 자신이 아닌가? 뱀이 옆에서 좀 부추기긴 했지만, 열매에 매혹된 것도 그래서 그걸 따 먹은 것도 그 여자다.

그녀의 남편도 제 손으로 그걸 받아먹지 않았던가? 하지만 우리는 뱀의 항변에 대해서는 듣는 바가 없다. 그냥 몸으로 하나님의 저주를 받아 낼 뿐이다. 그게 끝이다.

사건 자체는 간단하다. 그들은 먹지 말라는 과일을 먹었다. 그러나 인간의 태도는 복잡하다. 그들이 불순종한 사실을 부정할 수는 없다. 하지만 인간은 최선을 다해 자기 행동에 대한 책임을 회피하려 든다. 예나 지금이나 책임을 피하는 전형적 방법은 '나'라는 행위 주체의 주체성을 팔아 버리는 것이다. 술에 취해서 그랬다고 하든지 심신미약자라고 하든지 높은 자리에 있는 사람이라면 나이가 많아 기억이 잘 나지 않는다는 말이라도 해야 한다. 과일을 따 먹고 즐길 능력은 있지만 그 행동을 책임질 능력은 없다고 주장해야 한다. 누군가에게 책임을 떠넘길 수 있다면 금상첨화다. 그러니 받아서 맛있게 먹은 나보다는 먹으라고 과일을 건네준 여자의 책임이 더 크고, 손을 내밀어 따 먹은 나보다는 먹으라고 부추긴 뱀의 책임이 더 중요하다. 애초에 하나님이 여자를 데려오셨고, 하나님이 뱀을 창조하셨으니 결국 궁극적 책임은 하나님께 돌아간다.

책임을 회피하는 사람을 향해 분을 참지 못하는 우리와는 달리, 창세기 3장의 하나님은 이런 태도를 그냥 지켜보신다. 그렇다고 인간의 잘못과 비겁함을 받아 주신 것은 아니다. 뱀에게 책임을 물었다고 여자가 무죄가 되거나, 여자에게 책임을 지웠다고 남자가 무혐의가 되는 것이 아니다. 각자는 각자의 행동에 맞게 응분의 보응을 받는다. 그래서 하나님은 여자와 남자에게 그들의 행동에 어울리는 저주를 선고하신다. 여자는 해산의 고통을 겪을 것이고, 남편의 지배를 받게 될 것이다. 오랜 세월 두고두고 겪어야 할 천형을 받은 셈이다. 하와가 사고만 치지 않았더라면, 그야말로 환상적인 남녀평등이 이루어졌을 거라는 뜻일까?

아담을 향한 심판은 더욱 흥미롭다. 앞에서 읽은 내용과는 달리 하나님의 선고는 사건의 경과를 새롭게 재구성한다.

> **네가 네** 아내의 말을 듣고, 내가 **네게** 먹지 말라고 명령한 그 나무로부터 **네가** 먹었기 때문에, 땅이 **너** 때문에 저주를 받을 것이다. 네가 사는 날 동안 땀을 흘려야 **너의** 농산물을 먹을 수 있을 것이다. (3:17)

아담은 '하나님이 주신 여자'가 '그 나무로부터 내게 주어서 내가 먹었다'고 다양한 인물을 끌어들인다. 그러나 하나님은 '네게 먹지 말라고 네게 명령한 그 나무로부터 네가 먹었다'고 선명하게 정리하신다. 하나님이 먹지 말라고 명령한 대상도 '너'고, 나무로부터 먹은 주체도 '너'다. 책임을 회피하는 아담을 변명할 수 없는 범죄의 주범으로 다시 세우신 것이다.

죽음에 대한 선고 역시 아담에게 주어진다. 이 선고에는 여자도 포함된다. 하지만 그 선고를 받는 일차적 대상은 '너', 곧 아담이다. "너는 흙이니 흙으로 돌아갈 것이다"(3:19). 인생 자체가 허무해진다. 이 허무함은 불순종의 결과다. 에덴에서의 추방도 마찬가지다. 하나님의 관심은 사람/아담에게만 향한 것처럼 보인다. 사람/아담이 하나님처럼 선악을 알게 되었고, 그런 존재가 생명나무의 열매를 먹어 영원히 살면 안 될 일이다. 그래서 하나님은 '그를' 에덴에서 내보내셨고, 본래 아담(adam)이 취해졌던 흙(adamah)을 경작하게 하셨다(3:23). 흙에서 나온 인간은 흙을 경작하며 잠깐의 생존을 유지하고, 그러다 다시 흙으로 돌아갈 것이다. 이렇게 하나님은 사람/아담을 그 동산에서 추방하셨다(3:24).[5]

## 내가 내 동생을 지키는 사람입니까?

에덴에서의 추방은 곧 인류 최초의 살인 이야기로 이어진다. 의미심장하게도 이 살인은 가인과 아벨이라는 두 형제 사이의 질투에서 비롯한다. 잘 알려진 문학적 갈등의 전형이다. 인간 실존의 본질을 이처럼 선명하게 포착하기는 쉽지 않다. 선악과 이야기와는 달리, 여기서는 비극적 사태가 발생하기 전부터 하나님이 등장하여 인간과 갈등 구조를 형성한다. 이 이야기의 주인공은 처음부터 끝까지 형 가인이다. 가인과 아벨 둘 다 자신의 직업으로 소득을 얻고, 자기 직업에 어울리는 방식으로 하나님께 제사를 드린다. 양치기 아벨은 양을 잡아서, 농사꾼 가인은 자신이 재배한 곡식으로. 그런데 하나님은 아벨의 제사만 받으시고, 가인의 제사를 거부하신다. 당혹스럽게도 이유는 없다. 당연히 가인은 분노한다. 그리고 그 분노는 매사가 꼬이는 자신과 달리 유난히 인생이 잘 풀리는 동생 아벨에게 자연스레 투사된다. 달리 설명이 불가능하지만 그럼에도 불구하고 왠지 공감이 가는 나름의 논리에 따라, 가인 자신의 실패는 아벨의 성공 때문인 것으로 여겨진다. 이는 자신의 성공을 방해하는 장애물을 제거하려는 욕망으로 이어진다.

하나님은 그 분노의 부당함을 지적하시며, 분노를 타고 노는 '죄의 욕망'을 억제하라고 말씀하신다. 사태의 책임을 남에게서 찾지 말고, 자신의 책임을 인정하라는 것이다. 애초에 그가 선한 삶을 살려 했다면 벌어지지 않았을 상황이라는 것이다. 또한 죄가 가인을 사로잡으려 하지만, 상황의 주도권은 여전히 가인 자신에게 있다. 그는 죄를 다스려야 한다(4:6-7). 가인의 입장에서 보자면, 마음 한쪽에서 울려나는 양심의 목소리인 셈이다. 하지만 가인은 끝내 그 권고를 못 들은 척하고, 아벨을 들로 불러내 그를 살해한다(4:8). 범죄를 저지르고 자수하는 일 같은 건 벌어지지 않는다. 굳이 숨지도 않는다. 모른 척할 뿐이다. 아담의 범죄 후 동산에서 아담을 찾으실 때처럼, 이번에도 하나님은 가인에게 동생의 행방을 물으신다. "네 동생 아벨이 어디 있느냐?" 이것이 아벨의 소재를 묻는 질문이 아니라, 자신의 행동을 겨냥한 화살임을 모를 리 없지만, 가인은 애써 그 의도를 무시하고 마음 다른 구석에서 들리는 변호사의 조언을 따라 사실과 다른 대답을 내어놓는다.

모릅니다. 제 동생을 지키는 사람입니까, 제가? (4:9)

선악과 이야기에서와는 달리, 여기서 가인은 자신의 범죄 행위 자체를 부인한다. 나는 어릴 적 아버지가 "네 형 어디 있느냐?"고 내게 물으실 때마다 "내가 알지 못하나이다. 내가 내 형을 지키는 자니이까?" 하고 장난스럽게 대답하곤 했다. 아버지는 정말 형이 어디 있는지 궁금해서 물으셨고, 나는 정말 형이 어디 있는지 몰랐다. 그러니 이런 농담이 가능하다. 하지만 창세기 이야기는 사정이 다르다. 하나님의 추궁에 대한 가인의 응답은 사태를 바라보는 관점을 바꾸려는 교묘한 시도다. 표면적으로 아벨의 소재를 묻는 것 같은 하나님의 물음은 기실 아벨을 죽인 가인의 행동을 인정하게 만들려는 시도였다. 하지만 가인은 그 의도를 짐짓 모른 체하면서, 무슨 뜻인지 모두가 다 아는 이 뻔한 질문의 의미를 문자적 수준에 붙잡아 둔다. 그 대신 이 질문의 정당성에 흠집을 낸다. 마치 하나님이 자신에게 아벨의 보호자 역할을 강요하는 양 보이게 만듦으로써 하나님의 추궁 자체를 부당하게 보이도록 만드는 것이다. 물론 그런 장난이 먹힐 상황은 이미 아니다. 그래서 추궁의 어조는 보다 직설적으로 바뀐다. "네가 무슨 짓을 한 것이냐?" 그리고 하나님은 그가 저지른 살인의 결과를 직접 마주하게 하신다. 그가 죽인 아우 아벨의 피가 땅에서부터 호소하고 있다는 것이다(4:10). 범죄자는 자신이 가장 잘 아는 범행을 모른다고 부인하고, 다른 사람이 그 범죄를 알아내 다시 말해 주어야 하는, 우스꽝스럽지만 낯익은 상황이 연출된다.

    심판에 대한 가인의 대응 또한 석연찮다. 하나님은 가인을 안정된 삶의 토대인 '땅'에서 도망가는 방랑자로 만드신다(4:11-12).[6] 땅을 경작하는 삶 자체가 저주의 결과지만, 살인을 저지른 가인은 이제 그만큼의 안정성조차 박탈당한다. 그런데 가인은 그 심판이 너무 가혹하다고 불평한다. 하나님을 떠나 방랑자가 되면 만나는 사람마다 자신을 죽이려 할 것이라고 걱정한다(4:13-14). 살아 있는 살인자들의 태도가 으레 이렇다. 자신이 타인에게 끼친 고통에 대해서는 둔감하지만, 자신이 당하는 고통에 대해서는 놀라울 정도의 감수성이 발휘된다. 피해자의 가족이 그 자리에 있었다면 또 다른 살인이 생기고도 남을 상황이다. 하지만 그만큼 익숙한 이야기다. 이 이야기 역시 우리 인간들이 범죄 상황에서 보이는 태도의 원형적 묘사이기 때문이다. 가인의 불평에 대한 하나님의 대응은 읽는 우리를 절망케 한다. 살인자 가인을 죽이는 사람은 일곱 배로 벌을 받을 것이다. 하나님의 '배려'는 우리의 정의감에 깊은 상처를 남긴다(4:15). 오히려 뻔뻔스러운 가인에게 괘씸죄를 물어 그 자리에서 처리하는 것이 더 정의롭지 않았을까?

어쨌든 가인은 하나님을 떠나고 평화롭고 안정된 삶의 터전을 떠나 '에덴의 동쪽'에서 방랑의 삶을 살아간다. 창세기에 따르면, 인간의 문화는 많은 부분 바로 이 가인의 후예로부터 생겨났다(4:16-24). 인간의 문화 자체가 악의 영향과 무관치 않다는 메시지인 셈이다. 오랜 세월이 지난 후 미국의 소설가 존 언스트 스타인벡(John Ernst Steinbeck, Jr.)은 『에덴의 동쪽』(*East of Eden*, 민음사)이라는 소설에서 미국 캘리포니아주의 살리나스라는 동네에 새로운 '에덴의 동쪽'을 만들어 현대판 가인과 아벨 이야기를 들려주기도 했다. 성경에서도 착한 아벨보다는 살인자 가인의 존재감이 더 큰 것처럼, 이 소설을 각색한 영화에서도 반항아 역할로 분한 제임스 딘이 제일 유명해졌다. 대중이 그런 인물에 열광하는 것이 마냥 우연은 아닐 것이다. 어쩌면 허망함의 상징으로 쓰이는 '숨결'을 의미하는 아벨(히. 헤벨)이라는 이름 자체가 벌써 그런 암울한 분위기를 예고하는 것인지도 모른다.[7]

✠

　창세기의 첫 이야기들이 말해 주듯이 하나님 앞에서 인간은 죄를 짓는 동물이면서 동시에 죄를 감추는 존재다. 할 수 있다면 범죄 자체를 숨긴다. 그럴 수 없는 상황에서는 혐의를 부인함으로써 범죄에 대한 책임을 회피한다. 책임을 피할 수 없는 상황에서도 심판의 양형에 의문을 제기한다. 끈질긴 자기 보존의 몸부림이다. 어떤 식으로든 나는 잘못이 없어야 한다. 잘못을 인정하는 것은 사실상 내 존재의 죽음과 다를 바 없기 때문이다.

　2013년, 국가정보원 대선 개입 사건에 대한 조사가 진행되던 때에, 국정원 파견 검사는 이 사건을 은폐했다. 후에 이 일로 조사를 받던 그 검사는 스스로 목숨을 끊었다. 그는 죽기 전 지인들에게 "억울하고 원통하다"고 메시지를 보냈다. 그의 가족들도 "시켜서 한 죄밖에 없다!"고 절규했다. 에덴에서 들리던 아담의 목소리가, 하와의 목소리가 겹쳐 들린다. 죽음이 감정을 격하게 만들기는 하지만 우리의 이성을 예민하게 하지는 않는다. 죽음 앞에서도 '시켜서 한' 것이 문제의 핵심이라 말할 뿐이고 그 또한 책임을 피하려는 논리라는 사실을 인정할 의사는 없다. 가까운 이의 죽음이 만들어 내는 극적 슬픔의 안개는 그 순간의 절규를 억울한 약자의 절박한 호소처럼 들리게 하지만, 결국 이 역시 떠나 버린 자의 죽음을 타고 나를 정당화하려는 이기적 몸짓일 공산이 크다.

　우리가 정말 잘못이 없을 수 있다면 좋을 것이다. 그렇다면 가장 아름다운 방식으로 내 삶과 내 의도가 일치할 수 있을 것이다. 하지만 실제 우리 삶은 그렇지 않다. 기독교계의 굵직한 사건들에서도 늘 경험하듯이 범죄는 발생했는데 범죄자는 존재하지 않는다. 비극적 사태는 발생했지만 그 사태에 책임을 지는 사람은 어디에도 없다. 그래서 죄를 해결하기 위해 우리 대부분은 범죄자를 찾아내고 범죄의 책임 소재를 밝히고자 힘겹고 지리한 몸부림을 친다. 동산에서 아담을 향해 "어디 있느냐?"를 외쳐야 하고, 살인하고도 떳떳한 가인을 향해 "네 동생 아벨이 어디 있느냐?"를 물어야 한다. 일단 "내가 그랬다"는 자백과 "내 책임이다" 하는 고백을 듣고 나면 그다음은 그리 어렵지 않다. 그런데 거기까지 가는 일이 그렇게도 힘겹다. 에덴을 둘러싼 성경의 첫 이야기에서도 자신의 잘못을 고백하는 인물은 존재하지 않는다. 참 나쁜 일을 저지르고서도 당당하기 짝이 없는 일부 유명 인사들의 행태에서 보듯, 오늘도 우리는 이처럼 간단명료한 고백이 가장 힘든 것이 바로 우리의 삶임을 뼈저리게 실감한다. 이것이 바로 '죄의 다스림 아래' 살아가는 우리의 모습이다. "고백이 해결의 실마리"라는 말이 상담학계의 상식만은 아닌 셈이다.

  에덴 주변의 이 이야기들은 인간의 삶을 성찰하는 '신화적' 자화상이다. 인간의 역사가 이어지는 동안 끝없이 반복되는 원형적 이야기들이다. 사람과 사람의 삶에서 온갖 드라마로 응용되는 기본 각본인 셈이다. 지나간 과거로서의 '처음'에 관한 이야기가 아니라, 배아처럼 우리의 현재를 품고 있다는 점에서 '처음'에 관한 이야기다. 그래서 우리의 삶은 에덴 주변에서 사는 사람들의 모습과 매우 닮았다. 물론 성경은 사람과 사람의 이야기를 넘어 하나님과 사람의 관계를 이야기한다. 하나님의 시선은 종종 우리 마음 깊은 곳의 목소리와 통한다. 그래서 상황을 바라보는 시선이 더 깊어진다. 넓은 의미에서 위선이라 부를 수 있는 우리의 태도는 우리 삶의 도덕적 자화상이자 또한 우리의 영적 자화상이다. 그러니까 하나님과 우리 인간의 만남 이야기는 그 관계를 왜곡하는 위선의 문제에서 자유롭지 못할 때가 많다. 옛날 이스라엘뿐 아니라 예수 그리스도의 복음을 듣고 그 복음에 응답하는 우리의 경우도 마찬가지다. 그렇기에 성경이 보여 주는 위선과 부인(denial)의 장면들은 오늘의 우리를 돌아보게 하는 거울 역할을 한다.

2장

# 신앙과 욕망 사이

이스라엘 이야기

### 언약과 정체성, 특권과 책임

자존심이 곧 생명이라고 말하는 이들이 있다. 물리적 생존을 넘어 지켜야 할 인간다움이 있다는 이야기다. 이 자존심을 달리 부르면 정체성이다. 내가 조선의 국모라 외치건, 대한민국의 9급 공무원이라 큰소리치건, 이는 모두 자신의 정체성을 확인하고 지키려는 몸부림이다. 물리적 안녕이 전부인 양 행동하는 이들도 적지 않다. 우리는 그런 사람에게 동물의 이름을 붙여 욕을 한다. 사람다움을 팽개친 존재라는 뜻이다. 동물의 권익이 신장되면서는 동물을 모독하는 것이라는 우스갯소리도 나왔지만.

우리가 스스로를 그리스도인이라 칭하며 자랑스러워하듯이, 성경 속 이스라엘도 그들이 하나님의 백성임을 자랑스러워했다. 이집트의 압제에서 벗어나 시내산에서 하나님과 언약을 체결하면서 이스라엘은 공식적인 하나님의 백성 혹은 하나님의 나라가 되었다(출 19장). 그리고 천지의 창조주 하나님은 이스라엘의 하나님이 되었다. 온 세상이 하나님의 소유이기는 하지만 이스라엘은 하나님의 '특별한 소유'(히. 세굴라)가 된 것이다(19:5). 이스라엘 백성은 '아브라함의 후손'으로 불리기도 하는데 이는 이 선택의 출발점이 아브라함이라는 뜻이다. 이스라엘에게는 자신들이 하나님의 선민이라는 정체성이 민족의 자랑이자 희망이었다.

언약은 관계다. 서로 책임을 지는 관계다. 시내산에서 언약을 맺음으로써 하나님과 이스라엘은 서로 간의 관계를 분명하게 규정하고 공식화했다. 하나님이 이스라엘에게 어떻게 하셨고 또 어떻게 하실지를 규정하고, 반대로 이스라엘이 하나님께 어떻게 할지를 약속했다. 서로 어떤 관계를 맺을지 공식적으로 약속하는 일종의 결혼 서약과 같다. 성경 속 언약은 정신의 세계에서 이루어지는 플라토닉 러브가 아니다. 인간은 몸으로 움직인다. 그 움직임이 삶이다. 이 삶이 언약 관계의 핵심 주제다. 하나님과의 언약에서도 마찬가지다. 물론 창조하신 하나님과 창조된 인간이 대등할 수는 없다. 그래서 언약 관계의 핵심어는 순종이다. 하나님과의 언약은 "지키는" 것이며, 이 지킴의 핵심은 "너희가 내 말을 잘 듣고"라는 요구로 나타난다(19:5). 하나님은 자기 백성이 살아야 할 삶을 '거룩함'이라 부르신다. 하나님의 특별한 소유가 된다는 것은 그들이 '제사장 나라'가 되고 '거룩한 백성'이 된다는 뜻이다(19:6; 딛 2:14; 벧전 2:9). 제사장은 백성들 가운데서 거룩함을 유지하는 역할을 수행한다. 그러니까 '제사장 나라'나 '거룩한 백성'은 사실상 같은 의미다. 그들이 거룩해야 하는 이유는 하나님이 거룩하시기 때문이다. 거룩하신 하나님의 뜻에 복종함으로써 거룩한 백성으로 살아가라는 이야기다. "내가 거룩하니까 너희도 거룩해야 한다"(레 11:44).

언약의 문서인 율법은 바로 이 거룩한 삶의 구체적 양상을 그려 보인다. 하나님을 향한 예배들 및 예배 절차들, 택한 백성으로서의 남다름을 확인하고 유지하기 위한 다양한 의식과 제도 그리고 백성들 사이에서 정의롭고 공평한 삶을 이끌어 내기 위한 도덕 규정들이 있었다. 당연히 이스라엘은 하나님 백성으로서의 정체성을 확인하고 유지하는 여러 상징과 의식을 자랑스러워했다. 특별히 할례는 그들을 주변 이방인과 구별해 주는 가장 중요한 의식 중 하나였다. 할례(할례자)라는 단어 자체가 유대인의 정체성을 나타내는 환유다. 반대로 비유대인은 '할례를 받지 못한 사람들'로 불린다.[1]

하지만 주어진 정체성을 뿌듯해하는 것과 그 정체성에 맞게 살아가는 것은 별개다. 선택된 백성이라는 자부심이 보다 고상한 삶을 살게 하는 강력한 동기로 작용할 수도 있지만 현실은 그렇게 단순하지 않다. 새로운 정체성이 우리의 욕망 자체를 없애지는 못한다. 오히려 우리는 욕망이 문제가 아니라 새로운 존재로 살라는 요구가 괴로움의 원인이라고 생각할 때가 많다. 새로운 존재가 된 자신을 당연하게 생각하고 그에 맞게 내 욕망을 비판적으로 바라보는 것이 아니라, 내 욕망을 자연스러운 것으로 간주하고 그 욕망에 딴죽을 거는 정체성을 불편하게 느낀다. 그래서 어렵다. 새로운 정체성을 자랑하는 이면에는 이미 정체성을 지키며 사는 것이 '어렵다'는 사실이 전제되어 있을 수 있다. 군대 갔다 온 남자들은 희한하게도 죄다 최전방에서 죽을 고생을 하다 온 사람들인 것과 같은 이치다. 이스라엘이라 해서 하나님의 백성답게 살아야 하는 책임이 가벼웠을 리 없다. 그래서 언약 백성으로서의 정체성은 자주 언약적 책임과 분리된다.

## 책임의 망각과 위선

내실이 사라진다고 정체성을 드러내는 이름을 포기하지는 않는다. 내가 하나님의 백성답지 않다고 해서 "저는 아주 맛이 갔습니다"라고 고백할 가능성은 별로 없다. 내용물은 사라졌어도 포장은 그대로 남는다. 재수가 없어 들통이 나면 모를까, 굳이 내 입으로 사태를 까발릴 필요는 없다. 아니, 속이 비었을수록 우리는 더 그럴듯하고 더 견고한 포장을 입힌다. 많은 경우 이런 나의 연기는 매우 자연스럽다. 대중의 입방아에 오르내리는 악명 높은 목사들처럼 연기력이 탁월하여 그럴 수도 있지만, 보다 많은 경우엔 연기가 아니라 그냥 자연스러운 행동이라서 그렇다. 나조차도 내가 속 빈 강정이 되었음을 미처 깨닫지 못하기 때문이다. 그럴듯한 포장이 남의 눈뿐 아니라 나 자신의 눈조차 속이는 것이다. 그래서 남들을 더 잘 속인다.[2]

우리가 자신에게 쉽게 속는 이유는 우리가 활용하는 포장이 우리의 정체성을 확인하고 유지하는 일상적 상징들이기 때문이다. 성전에서의 제사가 대표적이다. 제사는 하나님과 우리의 관계를 나타내는 가장 중요한 의식 중 하나다. 그래서 훌륭한 제사는 건강한 관계를 나타낸다. 적어도 정상적 상황에서는 그렇다. 하지만 성전 제사를 드린다는 사실이 혹은 제사를 드리는 우리의 열정이 언약 관계의 전모는 아니다. 성전의 예배가 잘 돌아가면서도 우리의 삶은 언약적 책임에서 벗어날 수 있다. 제의적 몸짓과 일상의 삶이 서로 다른 회로를 도는 상황이 벌어지는 것이다. 여기서 우리의 눈은 성전을 향한다. 그리고 나의 제의적 열심을 보고 나의 사회적 삶이 건강하다고 비약한다. 의도적이든 아니든, 나의 제사가 내 삶과 분리되어 있다는 사실을, 그래서 나의 제의적 열정은 실제 나의 영적 상태를 전혀 반영하지 않는다는 사실을 놓치는 것이다.

성경의 많은 이야기는 바로 이런 분리 혹은 어긋남에 관한 이야기다. 선택된 백성으로서의 자부심이 그 책임과 분리되는 이야기, 하나님을 향한 종교적 열정이 나의 이기적 삶과 엇갈리는 이야기다. 이것이 죄다. 하지만 죄는 특권과 책임의 분리에서 끝나지 않는다. 죄는 늘 자신을 감춘다. 그래서 죄는 주어진 특권을 부각시킴으로써 죄의 존재를 혹은 그 심각성을 지우고자 한다. 이렇게 죄는 우리를 죄인으로 만들 뿐 아니라 앞뒤가 안 맞는 사람, 곧 위선자로 만든다. 위선의 장치가 해체되고 죄의 실체가 적나라하게 드러나기 전까지 우리는 집요하게 무죄추정의 원칙을 고집한다. 그래서 하나님은 인간이 저지른 죄의 악함을 말하기 전에 먼저 죄의 존재 여부를 다투셔야 한다. 그리고 이를 위해 죄를 감추고 있는 종교적 언어와 장치들을 해체하셔야 한다. 다분히 역설적인 상황이다. 이스라엘에서 왕정이 시작될 무렵 있었던 이런 싸움의 대표적 장면들을 살펴보자.

## 언약궤에 대한 우상숭배적 집착

**"우리에게도 왕을"**
영적 측면에서 이스라엘의 왕정은 그 시작부터가 역설적이다. 사사기의 저자는 사사 시대의 영적·정치적 혼란을 '그 당시에는 왕이 없었다'는 정치적 현실과 연결하여 설명한다. "그때 이스라엘에는 왕이 없었기 때문에 백성들이 모두 자기가 옳다고 생각하는 대로 살았다"(삿 17:6; 21:25). 만약 왕이 있었다면, 왕을 중심으로 질서 있는 통치가 이루어졌다면, 백성들이 이렇게까지 막 살지는 않았으리라는 판단이다. 물론 일리가 있다. 그럼에도 불구하고 질문이 생긴다. 어떻게 '왕이 없다'는 정치적 상황이 '마음 내키는 대로 살았다'는 영적·도덕적 현실에 대한 해명이 될 수 있을까? 왕을 중심으로 체계적 통치가 이루어졌다면, 과연 더 나은 삶을 살 수 있었을까?

사사 시대 이스라엘은 느슨한 지파 동맹 체제였다. 지파들 간의 갈등 역시 드물지 않았다. 강력한 내적 결속의 부재 때문에 블레셋과 같은 외부의 침입에 효과적으로 대응하기가 더 어려웠을 것이다. 그런 점에서 정치적 취약함이 나라 안의 영적·도덕적 삶의 혼란을 더욱 부추겼다는 판단도 납득할 만하다. 사사 시대의 혼란스런 역사를 경험한 이스라엘로서는 '우리도 주변 나라들처럼 왕이 있어야 한다'는 것이 불가피한 결론이었을 것이다. 왕정 체제에 대한 요구는 사사 시대의 혼란을 해결하는 가장 현명한 선택에 가까웠다. 적어도 표면적으로는 그랬다.

이스라엘의 왕정 이야기를 기록한 역사가는 백성들의 이런 현실적 판단에 동의하지 않는다. 사실 '왕이 없어서 백성들이 자기 생각대로 살았다'고 쓴 사사기의 저자조차 강력한 지도자를 문제의 궁극적 해결책으로 제시하지 않는다. 어려울 때마다 강력한 사사들이 등장하여 외적을 물리쳤고, 이들을 통해 이스라엘의 평화가 회복된 것은 사실이다. 하지만 일시적 평화가 근본 문제를 해결해 주지는 못했다. 사사기의 정형화된 스토리 라인에서 알 수 있듯이, 사사들의 '구원'으로 해결되었던 이스라엘의 고통은 문제의 출발점이 아니었다. 오히려 문제의 진짜 시작은 하나님의 뜻을 팽개친 이스라엘의 영적 배반이었고, 이스라엘이 겪어야 했던 극심한 고통은 이들의 영적 반역에 대한 하나님의 준엄한 응징이었다. 이에 백성들은 울부짖었고 하나님은 그들의 외침에 마음을 돌이키셨으며, 결국 사사들을 보내 이스라엘을 건져 주셨다. 하지만 사사들을 통한 일시적 '구원'은 이스라엘을 하나님께로 돌이키지 못했다. 이스라엘은 다시 불순종의 길을 걸었고 또 다른 심판의 파도에 휩쓸릴 수밖에 없었다. 이처럼 사사들은 하나님의 심판을 누그러뜨리는 수단이기는 했지만, 이스라엘의 순종을 이끌어 내는 해결사들은 아니었다.

사실 구원의 중재자인 사사들 자신이 이스라엘을 괴롭힌 고질적 병폐에서 자유롭지 못했다. 유명한 사사들 중에서도 정말 '제대로 된' 사람은 그리 많지 않았다. 그러니까 이런 '구원자'들은 이스라엘이 직면한 문제에 대한 궁극적 해결사들이 아니었다. 기드온이나 삼손의 이야기가 보여 주듯, 강력한 사사들의 극적 이야기들은 주어진 문제를 해결하는 멋진 성공 스토리인 동시에 스스로 문제를 만들어 내는 실패와 몰락의 드라마이기도 했다. 흔히 하는 말처럼, 와서 해결해 주는 문제보다 와서 만들어 놓는 문제가 더 많아 보이는 그런 지도자들이다.[3] 사사기의 이스라엘 이야기는 바로 이런 우울한 분위기 속에서 마무리된다.

### 신앙인 듯, 신앙 아닌, 신앙 같은?

제사장 엘리의 시대가 저물고 선지자 사무엘의 통치가 시작될 무렵의 이스라엘은 사사기의 분위기를 그대로 이어받으며 매우 암울한 영적 분위기를 드러낸다. 엘리의 영적 무기력함은 가히 전설적이다. 심지어 하나님의 음성조차 엘리가 아닌 어린 사무엘에게로 향한다. 영적 무기력은 블레셋의 침공이라는 정치적 어려움과 얽혀 더욱 적나라한 모습으로 드러난다. 블레셋이 침략해 오고, 이스라엘은 블레셋에 패한다(삼상 4:2). 이스라엘의 지도자들은 "야훼께서 오늘 우리를 블레셋 군에게 패하게 하셨다"고 탄식한다. 원래 표현 자체가 그렇기도 하지만, 패배의 원인이 그들 자신에게 있다는 생각은 하지 않은 것 같다(4:3). 만약 그랬다면 백성을 불러 모아 회개의 모임을 가졌을 것이다. 그러나 패배의 원인이 하나님이라면 해결책 또한 하나님에게서 나오는 것이 당연하다. 결자해지의 원리다. 그래서 그들은 하나님을 전투의 최전방에 세우기로 결정한다. '그룹(성전의 천사들)을 타고 만군을 거느리시는 야훼의 언약궤'를 실로에서 가져와 진 한가운데 모시자는 것이다(4:3-4). 보기에 따라서는 이처럼 기특한 믿음이 있을까 싶다. 전쟁에서 이기기 위해 하나님의 강력한 임재가 필요하다고 믿은 것이기 때문이다. 하지만 자세히 들여다보면 그리 아름다운 상황이 아니다. 실로에서 야훼의 궤를 맡았던 사람은 엘리의 악명 높은 두 아들 홉니와 비느하스다(4:4). 이들은 하나님의 궤를 거룩하게 지킨 사람들이 아니다. 오히려 하나님이 부여하신 권력을 남용하고, 하나님의 거룩함을 파괴하는 데 앞장선 '벨리알의 아들들'이다(2:12, 개역개정에서는 "행실이 나빠"). 하나님의 궤는 그들의 관리하에 있었을지 모르지만, 그들의 편리한 믿음과는 달리, '그룹을 타고 만군을 거느리시는 야훼'께서 그 궤와 함께하실 수는 없다. 그랬다면 그들부터가 살아남지 못했을 것이다. 그들이 여태껏 관리했던 것은 야훼의 임재가 아니라 텅 빈 부재의 상징물이었다. 야훼의 궤는 언제라도 지니(genie)를 가둘 수 있는 마술 호리병이 아니다. 야훼의 궤와 관련하여 이스라엘이 보인 태도는 살아 계신 하나님을 향한 진솔한 경외가 아니라, 텅 빈 상징에 대한 주술적·우상숭배적 두려움이었다.

텅 빈 궤가 승리를 가져다줄 리 만무하다. 이스라엘이 그 궤에 주술적 기대를 걸었던 것처럼, 블레셋 역시 그 궤에 주술적 공포를 느꼈다. 과거 이스라엘의 야훼가 어떤 일을 했는지 모르는 바 아니기 때문이다(4:7-8). 그렇다고 전쟁을 포기하지는 못한다. 히브리인의 종이 될 수는 없는 노릇이다. 그래서 그들은 오히려 "사나이답게 싸우자!" 하며 결기를 다지고, 하나님이 계시지 않는 텅 빈 궤를 믿었던 이스라엘을 크게 무찌른다(4:9-10). 이스라엘은 하나님의 궤도 빼앗기고, 엘리의 두 아들 홉니와 비느하스도 끝내 죽임을 당한다(4:11).

엘리의 모습도 끝까지 비극적이다. 그는 '하나님의 궤가 걱정이 되어' 성문 곁 의자에 앉아 소식을 기다린다(4:13). 전령은 궤를 빼앗겼다는 소식과 두 아들이 죽었다는 소식을 전한다(4:17). 엘리는 하나님의 궤를 빼앗겼다는 소식에 충격을 받고 쓰러져 생을 마감한다(4:18). 이 이야기만 읽으면 두 아들에 대한 염려보다 하나님의 궤에 대한 염려가 더 깊었고, 그래서 두 아들의 죽음보다 궤를 빼앗긴 사실에 더 큰 충격을 받은 것처럼 생각하기 쉽다. 하지만 궤에 대한 엘리의 이런 경외심은 정작 일상적 제사의 거룩함에 대한 그의 습관적 무관심과 날카롭게 대조된다. 그는 하나님 앞에서 거룩하게 살려는 열정이 없었다. 제사의 거룩함을 깨뜨리는 두 아들의 악행에 대한 엘리의 느슨한 태도는 사적 관계 때문에 제사장의 직무를 유기하는 온정주의의 전형이다(2:12-17, 22-25). 따라서 하나님을 향한 열정이 큰 것처럼 보이는 그의 태도는 실상 하나님의 임재를 가리키는 물리적 상징물에 대한 집착일 뿐, 하나님이 원하시는 거룩함에 대한 관심은 아닐 공산이 크다. 이런 상황에서 하나님의 궤가 그들이 원하는 승리를 가져다줄 리 만무하다. 오히려 하나님은 처절한 패배로 그들의 영적 나태함을 심판하신다.[4]

영적 예민함은 오히려 엘리의 이름 없는 며느리가 지녔던 것 같다. 해산 때가 가까웠던 그녀는 하나님의 궤를 빼앗겼다는 소식과 시아버지와 남편이 죽었다는 소식에 놀라 갑작스레 아이를 낳는다. 그녀는 태어난 아이의 이름을 이가봇이라 지었는데 "하나님의 궤를 빼앗겼으니, 이제 영광이 이스라엘을 떠났구나" 하는 탄식이 그 이름 속에 담겼다(4:21). 정확한 판단이다. 한 가지 착오가 있었다면 하나님의 영광은 궤를 빼앗기기 훨씬 이전부터 이미 이스라엘을 떠났다는 사실을 몰랐던 것이리라.

하나님의 궤가 이스라엘에게 아무런 효력이 없었던 이유는 궤 자체가 하나님의 거룩함을 담지 못했기 때문이다. 하지만 이는 궤의 문제가 아니라 이스라엘의 문제다. 하나님이 타락한 이스라엘 중에 계실 수 없었기 때문이다. 그리하여 이스라엘을 떠나 블레셋으로 옮겨진 하나님의 궤는 오히려 이방인들에게 그 본연의 위력을 발휘한다. 블레셋의 신 다곤을 부수고 백성들을 호된 재앙으로 처벌하시면서 하나님은 온 나라를 공포에 몰아넣으신다(5:1-12). 하나님의 궤를 감당할 수 없었던 그들은 결국 궤를 이스라엘 땅으로 돌려보낸다. 바로왕과 이집트 사람들을 반면교사 삼아, 더 큰 낭패를 당하기 전에 서둘러 문제를 처리하는 현명함도 보인다. 이 과정에서 그들은 하나님의 궤가 정말 극심한 재앙의 원인이었음을 다시금 확인한다(6:1-18). 하나님의 궤는 벳세메스에서도 위력을 발휘한다. 그리고 다시 기럇여아림으로 옮겨진다(7:1).

**이스라엘의 회복과 하나님의 승리**

하지만 이스라엘이 정말 하나님께 마음을 돌린 때는 그로부터 20년이 지난 후다(7:2). 하나님의 음성을 들었던 선지자 사무엘이 본격적으로 통치를 시작하는 시점이었다. 사무엘은 누구나 다 알지만 욕심 때문에 잊히곤 하는 진리를 다시금 선포한다. 정말 블레셋의 압제에서 벗어나고 싶다면 진심으로 하나님께 돌아와야 한다. 온갖 욕망과 결합된 다른 신들과 아스다롯을 그들의 삶에서 제거해야 한다. 하나님의 뜻은 무시하면서 하나님의 궤만 요술 봉처럼 활용하겠다는 위선적 욕심을 버리고, 참마음으로 하나님께 돌아와 오직 그분만을 섬겨야 한다(7:3). 이런 메시지와 더불어 사무엘은 백성을 미스바로 모아 그들과 함께 참회의 기도를 드린다(7:3-6).

공교롭게도 미스바에서 참회의 모임이 진행되는 중에 블레셋이 다시 이스라엘을 침공한다. 아마 이스라엘이 전쟁 준비를 위해 모였다고 생각했을지도 모른다. 코앞에 닥친 블레셋 때문에 이스라엘은 두려움에 떨지만, 더 이상 하나님의 궤를 가져오겠다는 불경한 생각은 하지 않는다. 그 대신 그들은 사무엘의 중재를 통해 자신들을 블레셋의 손에서 건져 달라고 하나님께 호소하며 제사를 드린다(7:7-8). 하나님은 블레셋 군대의 머리 위에 천둥을 크게 울리시고, 이스라엘은 혼비백산이 되어 흩어지는 블레셋을 가볍게 무찌른다(7:9-11). 처음으로 이스라엘이 제대로 된 승리를 거둔 셈이다. 그들은 승리를 기념하는 돌을 하나 세우고 '도움의 돌'이라는 의미의 '에벤에셀'이라는 이름을 붙였다. 그것은 "야훼께서 여기까지 우리를 도우셨다"는 고백이었다(7:12). 그렇다. 승리의 요인은 궤가 아니라 그 궤에 자기 이름을 두기로 하신 하나님 자신이시다. 이스라엘은 하나님께 돌아오는 법을 배웠고, 바로 그 하나님이 이스라엘을 도우셨다. 사무엘상의 저자는 사무엘이 다스리는 동안 이스라엘은 블레셋의 침공에서 자유로웠다고 기록한다. 이스라엘이 강국이 되어서가 아니다. 사무엘의 훌륭한 통치가 궁극적 원인은 아니다. 이유는 단 하나다. 하나님이 손수 블레셋이 움직이지 못하도록 손을 쓰셨기 때문이다(7:13). 사무엘이 한 일이라면, 백성들이 이 하나님을 바라보도록 만든 것이다. 이런 위대한 영적 지도자의 두 아들이 사악한 엘리의 두 아들을 빼닮았다는 사실이 그래서 더 슬프게 다가온다(8:1-3).

**임재의 상징과 욕망의 우상숭배**

야훼의 궤를 둘러싼 블레셋과의 전쟁 이야기는 언약적 제의의 이중적 성격을 잘 보여 준다. 하나님과의 관계가 건강할 때, 그들이 살아 계신 하나님의 임재를 의식하며 살아갈 때, 하나님의 궤는 하나님과의 역동적 관계를 백성들의 삶 속에 연결하는 물리적 계기로 작용한다. 그 반면 하나님과의 관계가 소원해지거나 사라진 상황에서 궤는 순종해야 할 하나님의 임재가 아니라 내 욕망을 채워 줄 우상숭배 수단으로 전락한다. 그들은 여전히 하나님의 이름을 부르지만, 실상 그 이름 속에는 하나님 대신 욕망의 우상이 자리를 잡는다. 가장 소중한 관계의 매개체가 가장 교묘한 욕망의 도구가 된다. 이스라엘은 실제로는 하나님을 팽개치면서 마치 그들이 하나님을 섬기는 것처럼 착각할 수 있었다. 그들이 집착하는 대상이 다름 아닌 하나님의 궤였기 때문이다. 물론 문제는 궤 자체가 아니라 인간의 욕망이다. 욕망이 하나님의 궤라는 종교적 상징의 그늘 아래 무서운 독버섯처럼 번식하는 것이다.

 이런 모습은 한 번으로 끝나지 않는다. 열왕기하에는 히스기야 왕이 이스라엘 역사에서 매우 소중한 유물 하나를 부수는 이야기가 나온다. 모세가 광야에서 들었던 놋뱀이다. 불순종하는 광야의 이스라엘에게 하나님이 큰 재앙을 내리셨지만, 놋뱀을 쳐다본 사람들은 모두 살았다. 놋뱀은 그야말로 하나님의 구원을 상징하는 유물이다. 그런 점에서 놋뱀은 하나님께 대한 순종의 중요성을 일깨우는 영성의 도구가 될 수 있다. 하지만 이스라엘은 놋뱀 자체를 향해 분향하고 놋뱀을 숭배의 대상으로 삼았다. 마치 놋뱀이 경배받으실 하나님이라도 되는 양 말이다. 욕망에 이끌린 이런 숭배는 하나님께 대한 참된 경배와 그에 따르는 순종의 삶을 방해한다. 당시는 야훼를 포함한 온갖 신들이 함께 숭배되던 다신교적 시대였고, 하나님이 언약 백성에게 요구하신 율법이 전혀 지켜지지 않던 불순종의 시대였다(왕하 17:34-41). 이런 상황에서의 놋뱀 숭배가 건강한 것일 리 없다. 그래서 히스기야는 놋뱀을 부순다. 이 놋뱀은 '느후스단'이라 불린다(18:4). '놋으로 만든 것'이라는 뜻이다. 뱀에게 부여된 일체의 종교적·역사적 의미를 없애고, 그야말로 '고철 덩어리'라는 이름을 붙인 것이다.[5]

교회의 역사에도 이런 이야기는 차고 넘친다. 루터의 시대에도 유럽의 수도원들에는 상상할 수 있는 온갖 종류의 '성물'(聖物)이 차고 넘쳤다. 예수님의 두피를 직접 찔렀다는 면류관의 가시도 그중 하나다. 합치면 십자가 여러 개가 나올 만큼의 십자가 잔해를 많은 수도원이 소장하고 있기도 했다. 사람들은 그 성물들이 영적 효험을 가졌다고 생각하며 수도원을 순례했고 그것은 수도원의 큰 돈벌이였다.

손가락으로 달을 가리켰는데 달 대신 손가락을 본다. 살아 계신 하나님이 언약의 궤에 자기 이름을 두시고 그것을 통해 백성과 만나기를 원하셨는데, 백성은 하나님을 보지 않고 궤 자체에 집착한다. 하나님은 놋뱀을 통해 이스라엘을 용서하시고 구원하시는데, 이스라엘은 구원자 하나님은 몰라라 하고 놋뱀을 숭배한다. 하나님의 궤와 놋뱀이 가리키는 구원의 드라마는 사라지고, 물건 자체가 하나님의 임재를 보증하는 요술 봉인 양 거기에 집착한다. 마치 그 표지판 속에 하나님이 들어 계시기라도 한 것처럼 말이다. 이런 어리석음은 머리가 나쁘기 때문이 아니다. 착각의 배후에는 이런 착각을 필요로 하는 우리의 욕망이 있다. 하나님의 능력은 갖고 싶지만 내 생각과 맞지 않는 하나님의 뜻은 무시하고픈 내 욕망이다. 그것은 "신앙의 이름으로 포장된 욕망"이다.[6]

육체적 존재인 우리에게 물리적 매개는 필요하다. 보이지 않는 하나님과 우리의 관계가 정신적 차원으로만 유지될 수는 없기 때문이다. 그래서 그리스도가 이스라엘의 영적 상징들을 창조적으로 성취하고 해체하신 후에도 여전히 다양한 의식들은 존재한다. 하지만 매개는 매개일 뿐이다. 신앙의 매개 수단이 본연의 기능을 상실하면 욕망의 도구로 전락한다. 그 수단에 깃들인 영적 이름과 권위만큼 효과적인 것도 없기 때문이다.

## 사울의 몰락

### 왕이라는 양날의 칼

우리는 영적 부흥이 언제까지나 지속되기를 바라지만, 실제는 이런 희망과는 거리가 멀다. 회개와 부흥이 참된 갱신과 변화를 이끌어 내는 것도 사실이지만, 그 변화 또한 머지않아 욕망의 파도에 휩쓸리는 것이 현실이다. 사무엘 이야기도 마찬가지다. 그는 엘리 시대의 암울함을 극복하고, 통치 기간 내내 놀라운 영적 부흥을 이루었지만, 그 부흥의 드라마 역시 사무엘 자신의 시대에서 끝난다. "뇌물을 받아먹고 잘못된 판결을 일삼는" 그의 아들들과 더불어 이스라엘의 역사는 다시 엘리의 시대로 회귀한다(삼상 8:1-3). 그때 이스라엘에는 삶을 아우르는 역동적이고 포괄적인 신앙 대신 야훼의 궤를 욕망의 볼모로 삼은 주술적 행태가 주를 이루었다. 하나님은 사무엘을 보내 이스라엘을 회개하게 하시고, 그들의 삶이 살아 계신 하나님께 돌아오게 하셨다. 그런데 다시 그때의 암울한 상황이 반복된다. 이스라엘은 또 다른 사무엘을 기대하는 대신, 지금까지 하지 않았던 새로운 요구를 들고 나온다. 왕을 세워 달라는 요구다.

"우리에게도 왕을 달라"는 요구는 불순종이라는 문제의 본질은 외면한 채 나름의 방법으로 사태를 해결하려는 또 하나의 인간적 시도다. 왕을 중심으로 확실한 통치 체제를 갖춤으로써 원하는 결과를 이끌어 내겠다는 생각이다. 왕을 달라는 요구는 강력한 왕정 체제를 갖추어 외적의 침입을 막음으로써 영속적 평화를 얻겠다는 발상이다. 정치적으로는 이처럼 현명한 해법이 있을 수 없다. 하지만 이런 멋진 '정치적' 해법을 내놓는 언약 백성 이스라엘에게서 영적 반성과 숙고는 찾아볼 수 없다. 거의 동일하게 반복되는 범죄와 응징의 패턴을 겪으면서도, 외적에게 당하는 고통이 실은 하나님의 심판이었다는 깨달음이나 사사들을 통한 구원 역시 하나님의 자비로운 돌이키심이었다는 인식은 보이지 않는다. "다른 나라들과 같이"라는 말에서 드러나는 것처럼, 왕을 요구하는 백성들의 머릿속에는 오로지 정치적 셈법만 존재한다. 언약 백성의 입장에서 정치적 셈법에만 몰두하는 것은 당면한 정치적 혼란의 근본 원인, 곧 하나님께 대한 불순종이라는 영적 문제를 부정하는 것과 같다.

왕정의 출범 과정을 기록하는 사무엘상의 이야기는 바로 이 지점에 주목한다. 하나님은 왕을 달라는 이스라엘의 요구가 하나님 자신을 버리는 행위라고 말씀하신다(8:7-8; 10:18-19). 언약의 관점에서 볼 때, 왕을 달라는 백성의 요구는 왕의 영도 아래 하나님 백성답게 제대로 살아 보겠다는, 그래서 하나님의 평화를 지켜 나가겠다는 결심과는 거리가 멀다. 오히려 왕에 대한 요구는 하나님께 돌아오라는 근본적인 요구는 도외시한 채, 자신들의 힘으로 현재의 상태를 지켜 보겠다는 오만일 뿐이다. 하나님의 통치를 중재했던 선지자 사무엘의 고통은 이런 상황의 역설을 여실히 드러낸다. 사울의 화려한 등장과 비극적인 몰락의 과정은 "우리에게도 왕을 달라"는 정치적 요구가 왜 근본적 대안이 될 수 없는지 잘 보여 준다. 이스라엘이 직면해야 했던 문제의 본질을 그들이 해답이라 생각했던 왕의 모습에서 새롭게 발견할 것이기 때문이다.

**잘못 합리화하기**

성경 속 이스라엘의 이야기는 이스라엘의 거듭된 잘못에도 불구하고, 실패에서 희망의 불씨를 살려 내고, 회복의 메시지로 이스라엘을 새롭게 하시려는 하나님의 지속적 노력을 보여 준다. 이스라엘 왕정의 시작도 마찬가지다. 왕을 달라는 요구 자체가 하나님의 통치를 거부하는 불순종이었지만, 하나님은 이스라엘의 반역적 의도 속에서도 최선의 가능성을 만들어 내신다. 하나님의 통치를 거부하는 불순종의 장치인 왕정을 하나님의 통치를 실현하는 수단으로 삼으시는 것이다. 하지만 하나님의 자기희생적 선의에도 불구하고 왕정 체제의 첫 실험은 사실상 실패로 끝난다. 이야기의 전체 흐름 속에서 이스라엘의 초대 왕 사울의 화려한 등장과 안타까운 몰락은 마치 이스라엘 전체의 역사를 상징적으로 집약해서 보여 주는 듯하다. 그중에서도 특히 사무엘상 13장과 15장의 안타까운 장면들은 왕의 '범죄'라는 단순한 사안을 넘어, 종교적 몸짓으로 도덕적 범죄를 감추려는 위선적 종교성의 대표적 사례라 할 수 있다.

이야기의 전개 과정은 간단하다. 블레셋과의 전투가 벌어지기 전 사무엘은 사울에게 자신이 직접 와 제사를 드릴 때까지 7일을 기다리라고 지시한다(13:8). 하지만 7일이 지나도록 사무엘은 오지 않았고, 상황이 다급해진 사울은 사무엘 대신 자기 손으로 제사를 드린다. 공교롭게도 바로 그 순간 사무엘이 나타난다(13:8-10). 사무엘은 자신의 손으로 제사를 드린 사울의 잘못을 호되게 나무란다. 하지만 사울은 자신의 잘못을 솔직하게 인정하지 않는다. 그 대신 상황이 다급하여 그럴 수밖에 없었다는 말로 자신의 행동을 정당화한다. '군사들이 나에게서 떠나 흩어지는' 절박한 상황에서는 오히려 그것이 가장 현명한 태도가 아닌가? 또한 일이 이렇게 된 데는 사무엘의 책임 역시 없지 않다. '당신은 약속하신 때에 오지 않는데' 나에게만 잘못을 떠넘기는 건 분명 공정하지 못한 일이다(13:11).

물론 이 정도의 변명으로는 역부족이다. 그래서 가장 효과적인 처방인 신앙적 수사가 더해진다. 사실상 전투는 시작되는데 '아직 야훼의 은혜를 간구하지 못한' 상황이 아닌가? 그러니 '부득이 번제를 드릴 수밖에 없었다'는 것이다(13:12). 하지만 사울의 이런 해명과 '신앙적' 명분에도 불구하고 사무엘은 사울의 행동에 불순종이라는 딱지를 붙인다. 사무엘의 판단은 냉정할 정도로 명확하다. "당신은 야훼께서 당신에게 내리신 명령을 지키지 않았습니다"

(13:13). 사울이 주워섬긴 온갖 사정들은 애초에 고려 대상도 아닌 것처럼 보인다. 불순종에 대한 심판 역시 엄중하다. 하나님이 사울을 버리고 다른 사람을 왕으로 세우실 것이다(13:13-14).[7] 한 번의 실수치고는 너무 가혹한 심판이라는 생각이 들 정도다.

사울의 이야기는 여기서 끝나지 않는다. 사울을 버렸다는 선고 이후에도 하나님은 계속 사울을 왕으로 대하신다. 어떤 점에서 이는 과거의 잘못을 돌이킬 기회가 없지 않았음을 의미한다. 하지만 정작 사울은 처음의 잘못을 깨닫고 돌아서는 대신, 더 깊은 위선의 수렁으로 빠져드는 모습을 보인다. 사무엘상 15장에서 아말렉과의 전투를 앞둔 사울은 아말렉에 속한 '모든 것을 아주 없애라'는 명령을 받는다. 소위 '헤렘'(*herem*)의 명령이다(15:3).[8] 구경하는 우리에게는 간단한 명령 같지만, 실제 상황에서는 쉬운 일이 아니다. 젖먹이 아이까지 모두 죽이고 값비싼 전리품을 파괴하라는 명령을 받으면 누구라도 괴롭거나 속이 쓰릴 것이다. 겉으로 항의하지는 않았겠지만, 이렇게 귀하고 유용한 것을 왜 낭비해야 하나 하는 질문도 생겼을 것이다. 이런 안타까움은 '사울과 그 백성'에게도 마찬가지였다. 그들은 '아주 없애라'는 명령에 따르기를 원치 않았다. 그리하여 "아각과 그의 양과 소의 가장 좋은 것 또는 기름진 것과 어린 양과 모든 좋은 것을 남겼다." 그리고 "가치 없고 하찮은 것만 진멸하였다"(15:9).

사무엘서의 저자는 헤렘의 명령을 어긴 사울의 행동이 철저히 세속적 욕망과 인간적 교만에 따른 것임을 분명히 한다. 물질적 욕망 때문에 없애야 할 짐승들을 남겨 두었고, 자신의 승리를 과시하기 위해 죽였어야 할 아각왕을 살려 포로로 잡았다. 이에 대해 하나님은 사울이 "나에게 등을 돌리고 내 말을 행하지 않았다"고 말씀하시며, 그를 왕으로 세운 것을 후회하신다(15:11). 하지만 불순종이라는 하나님의 선언과 달리 사울은 "나는 야훼의 말씀을 행하였습니다" 하고 당당히 선언한다(15:13).

이처럼 사울은 자신의 행동이 하나님의 명령을 어긴 것임을 선명하게 인식하지 못한다. 아마 그는 자신을 위해 남겨 둔 '좋은 것들'은 애써 무시하면서, 하나님의 명령대로 '없앤' 것들에 마음을 모았을 것이다. 그리고 그 부분적 사실에 주목하면서 자신을 하나님께 순종하는 왕으로 포장했을 것이다. 그런 사울에게 사무엘은 그가 애써 숨겨 온 진실을 마주하게 한다. 그가 살려 포획해 온 짐승들의 요란한 울음소리를 상기시키며 그가 헤렘의 명령을 어겼다는 사실을 직면하게 한다(15:14). 이전 사례에서처럼 여기서도 사울의 변명은 이중적이다. 한편으로 그는 사태의 책임을 통수권자인 자신이 아닌 '백성'에게 전가한다. 자신은 모든 것을 없애려고 했지만 백성이 그걸 원치 않았다는 것이다.

**경건의 수사학**

한 걸음 더 나아가 그는 전형적인 경건의 수사를 동원하여 자기 행동을 정당화한다. 바로 "당신의 하나님 야훼께 제사를 드리려" 그 짐승들을 남겼다는 것이다(15:15). 자기변호를 위한 사울의 왜곡된 변명 속에서 욕망의 대상이었던 '가장 좋은 것'은 은근슬쩍 하나님께 제사를 드리기 위해 남긴 '가장 좋은 것'으로 둔갑한다. 하지만 어느 상황에서든 하나님의 명령을 어긴 결과물이 하나님을 위한 제물이 될 수는 없는 법이다. 사울이 처한 상황에서 그가 드릴 수 있는 최상의 제사는 소유하고 싶은 욕망을 죽이고 모든 것을 없애는 헤렘의 행위 자체다(신 13:16-17). 값진 것을 파괴하는 것은 그것이 내 것이 아니라, 인간이 가질 수 없는 신의 소유임을 고백하는 것이다. 그리고 실제로 그 고백은 그것을 없애는 행위로 나타난다. 그러니까 사울의 행위는 하나님께 속한 것을 자신의 것으로 탈취한 행동과 같다. 사무엘은 불경한 욕망을 헌신의 행위로 포장하려는 사울의 시도가 역겨웠을 것이다. 사울의 변명이란 실상 "하나님께 제사하려고 하나님께 바치지 않았다"는 터무니없는 억설에 지나지 않기 때문이다. 사무엘을 향해 '당신의 하나님'이라는 표현을 사용한 것 역시 종교적 명분의 힘을 더하려는 시도로 보인다. '나머지는 진멸하였다'는 부분적 진실 또한 자신의 순종을 강조하기 위해 선택된 조작의 시도다.

어설픈 책임 회피가 통할 리 없다. 하나님이 에덴의 아담에게 분명히 지적하셨던 것처럼, 여기서도 하나님이 왕의 자리에 앉힌 사람은 사울 자신이고, 따라서 헤렘의 명령을 받은 사람도 백성이 아닌 사울왕 자신이다(삼상 15:17). 하나님은 사울에게 명을 내리셨고(15:18) 사울은 하나님의 직접적 명령에 '순종하지 않았다.' 오히려 그는 자신이 저지른 범죄의 현실을 종교적 명분으로 위장하려 했다. 선지자 사무엘은 이를 욕망에 의한 '약탈'로 규정한다(15:19). 사무엘서 저자는 불순종의 주체가 '사울' 혹은 '사울과 그의 군대'였음을 분명히 한다(15:7, 9).

그러나 사무엘의 반복되는 추궁에도 사울은 백성의 책임만을 부각시킬 뿐 반성의 기미를 전혀 보이지 않는다. 자신의 행동을 정당화하려는 그의 시도는 집요하다. 불순종이라는 분명한 사실에는 애써 침묵을 지킨 채, 자신이 '야훼께서 보내시는 (전쟁의) 길로 갔다'는 사실, '아각을 끌어오고' '아말렉을 진멸했다'는 사실을 선택적으로 부각시키며 자신에게 유리한 틀을 짜고, 이를 근거로 '나는 야훼의 목소리에 순종하였다'고 강변한다(15:20). 일반적 전쟁의 상황이었다면, 아각을 포로로 잡아 온 것이 대단한 승리의 표시였을 것이다. 하지만 이번에는 달랐다. 아각을 그 자리에서 처형하라는 하나님의 명령이 있었기 때문이다. 그런데 사울은 이 사실을 감추고 마치 아각이 전쟁의 승리를 확정 짓는 가장 멋진 전리품인 양 내세운다. 자신에게 유리한 사실에 선택적으로 초점을 맞추고, 자신의 잘못조차 긍정적인 시각으로 왜곡함으로써 명백한 불순종의 행동을 순종의 몸짓인 것처럼 포장한다. 그리고 부정할 수 없는 문제의 상황은 다시금 백성들의 책임으로 돌린다. "하지만 (내가 아니라) 백성이 멸해야 할 것 중에서 가장 좋은 것으로 양과 소를 끌어 왔습니다"(15:21).[9] 통수권자인 왕이 '내가 아니라 백성이 했다'고 변명한들 그것이 설득력 있을 리 없다. 그래서 여기서도 사울은 백성의 행위가 "당신의 하나님 야훼께 제사하려는" 것이었다는 종교적 명분에 호소한다(15:21).

'길갈에서 제사하려' 했다는 사울의 변명은 의미심장하다(15:21). 이곳은 사울이 처음 왕으로 세움을 받은 곳이다(11:15). 이곳은 종교적 열성으로 위장된 이전의 불순종 행위, 곧 사울 폐위의 일차적 원인이었던 길갈에서의 제사를 떠올리게도 한다(13:8-14).[10] 여기서 사무엘의 유명한 훈계가 이어진다. 야훼는 자신의 말씀에 대한 '순종'보다 '번제와 제사'를 좋아하시는 분이 아니다. 하나님 앞에서는 "순종이 제사보다 낫고, 듣는 것이 숫양의 기름보다 낫다"(15:22; 사 1:10-11, 13; 렘 7:21, 26; 호 6:6; 암 5:21, 24; 미 6:6-8; 시 50:9, 51:16-19). 이런 하나님 앞에서 제사를 명분으로 자신의 불순종을 순종인 양 꾸미려는 위선은 어리석다. '하나님의 말씀을 저버린' 사울의 행위는 '반역'일 뿐이며, 이에 대해 선지자는 하나님도 '당신을 버려 이스라엘의 왕이 되지 못하게 하셨다'는 심판을 선고한다(삼상 15:23).

**욕망의 수단으로서의 (거짓) 회개**

사무엘의 거듭된 꾸짖음과 엄중한 선고를 들은 사울은 그제야 '내가 죄를 지었다'고 고백한다.[11] 만시지탄이지만 뒤늦게라도 회개하는 모습은 다행스럽다. 하지만 진정한 회개를 한 것은 아닌 듯하다. 백성을 다스리는 왕으로서 '야훼의 입과 당신의 말씀'을 무시했다는 고백은 좋았지만, '백성이 무서워 그들의 말을 들었다'는 말은 실망스럽다. 자신의 잘못을 시인하고 진심으로 하나님 앞에 무릎을 꿇은 것이 아님을 드러내기 때문이다. 그의 고백은 제대로 된 죄 고백이 아니라 약함을 가장한 책임 전가에 가깝다(15:24). 백성이 무서워 어쩔 줄 모르는 나약한 왕의 모습을 흉내 냄으로써 죄의 무게를 덜고 싶은 것이다. 자신의 죄를 직시하며 용서를 구하는 호소조차도 사태를 무마하고 넘어가기 위한 변명의 수사로 변질된다. 끝까지 그는 예배라는 신앙적 명분에 호소함으로써 불순종이라는 진실에 물을 탄다.

청컨대 지금 내 죄를 사하고 나와 함께 돌아가 나로 하여금 야훼께 경배하게 하소서. (15:25)

문두에 놓인 "지금"이나 "사하소서"에 덧붙인 강조의 불변화사(אנ)는 사울의 회개가 얼마나 피상적이었는지 짐작케 한다(15:25).[12] 더욱이 "내 백성의 장로들과 이스라엘 앞에서 나를 높여 달라"는 요청은 듣는 이의 귀를 의심케 한다. 진솔한 고백과 회개는커녕, 아각을 살려 전리품으로 자랑하려 했던 애초의 교만함이 전혀 치유되지 않은 채 그대로 드러난다(15:30). 여기서 사울이 길갈로 가서 사무엘을 만나기 전 갈멜에서 자신을 위해 기념비를 세웠던 일이 떠오른다. 그러니까 그의 태도는 전혀 달라진 것이 없었다(15:12). 신 앞에 단독자로 서서 겸허히 자신의 죄를 인정하고 죄에 대한 용서를 빌어야 할 상황이다. 하지만 그의 관심은 언제나 자기 자신에게 있고, 사람들 사이에서 누려 온 자신의 명예에 있다. 철저히 자기중심적으로 사태를 인식하는 것이다. 그는 '야훼께 경배하게 해 달라'는 종교적 동기에 거듭 호소하지만(15:30), 이런 류의 경건의 수사가 하나님의 마음을 움직일 수는 없다. 이러한 수사 역시 치욕스러운 상황에서 얼른 벗어나고 싶은 마음의 표현일 뿐이기 때문이다.

그런데 놀랍게도 사무엘은 지금까지의 살벌한 분위기를 누그러뜨리고 사울의 간청을 받아들인다. 그리고 사울은 자신의 말대로 야훼께 경배하였다(15:31). 하지만 하나님이 정말로 그의 경배를 받으시고 그를 용서해 주신 것은 아니다. 앞서 사무엘의 찢어진 옷자락이 상징하는 것처럼(참고. 왕상 11:29-31), 하나님은 이미 사울보다 '더 나은 당신의 이웃'에게 왕국을 넘겨주셨다. 이에 대해 사무엘은 하나님은 '결코 후회하지 않으신다'고 선언했었다(삼상 15:28-29). 따라서 얼핏 사울을 용서한 것처럼 보이는 사무엘의 행동은 사실 이미 버림을 당한 사울의 체면을 세워 주려는 인간적 연민 이상의 의미는 없었다(15:35).[13] 이 대목에서 사울이 드린 예배에는 그 나름의 절박함이 있었을지 모른다. 하지만 그 절박함의 바닥에는 여전히 자신의 욕망이 사라지지 않은 채 남아 있다. 사무엘의 꾸지람처럼, 마음의 순종이 사라진 상황에서는 그 어떤 종교적 몸짓도 헛되다. 이 삽화의 마지막 부분에서 아각을 처형하는 사무엘의 행동은 애초부터 문제의 근원이 무엇이었는지를 뼈아프게 상기시킨다(15:32-33).

✣✣

하나님은 제사가 아니라 순종을 원하신다. 그런데 사울은 제사를 드리겠다는 이유로 선지자를 통해 주어진 하나님의 명령을 어겼다. 일단 하나님의 뜻을 상대화하기 시작하면 그다음은 예측이 가능하다. 결국 그는 자신의 적나라한 욕망을 책임 회피의 논리와 종교의 수사로 감추는 모습을 보인다. 사울의 이런 모습은 선지자들의 메시지 속에 지속적으로 나타나는 주제, 곧 화려한 제사로 도덕적 불순종을 감추려 했던 이스라엘의 위선을 예견케 한다. 바로 이것이 다음 장의 주제다.

3장

# 위선에 대한 예언자들의 투쟁

아모스, 호세아, 미가, 이사야, 예레미야

## 이스라엘의 위선

2장에서 사울왕의 위선에 대한 사무엘의 비판을 살펴보았다. 그러나 위선적 영성에 대한 비판의 절정은 역시 구약의 예언서들이다. 예언자들은 다양한 방식으로 이스라엘의 도덕적 타락을 질타했다. 하나님의 백성을 자처하는 이스라엘인지라, 그 타락은 많은 부분 이런저런 종교적 장치들에 의해 가려지거나 영적 몸짓으로 둔갑한다. 얼핏 보아서는 훌륭한 신앙처럼 보이는 행태가 실상 부끄러운 무언가를 가리기 위한 비열한 시도였음이 드러나곤 한다. 사울이라는 한 개인에게서 드러난 현상, 곧 세속적 욕망을 종교적 수사로 포장하려는 경향은 성전을 중심으로 체계화된 이스라엘의 예배 속에서 증폭된다. 외양보다는 본질을 추구하며, 화려한 고백보다는 마음의 진실을 추구했던 예언자들이 이스라엘의 이런 위선에 눈감았을 리 없다. 참된 마음으로 하나님을 섬길 것을 호소했던 이스라엘 예언자들의 설교 속에는 이스라엘의 범죄만큼이나 그들의 종교적 위선에 대한 경고가 가득하다.

## 정의와 공의를 팽개친 이스라엘: 아모스

사무엘 이후, 우리에게 기록된 문서를 남긴 최초의 예언자는 아모스다. 그는 남쪽 유다의 농부 출신이면서도(암 7:14), 북왕국 이스라엘에서 활동하면서 그들의 삶과 예배 속에 드러나는 위선에 대항하여 하나님의 말씀을 선포했다. 직업(예언자)과 통치 영역(이스라엘)의 경계를 모두 건너뛰는 아모스의 예언자적 부르심은 그에게 주어진 하나님의 메시지가 그만큼 절박했음을 반영한다.[1] 세속적 견지에서는 가장 잘 나가는 시대였을지 모른다. 그러나 하나님과의 관계에 있어서는 예언자의 개입이 더없이 절박한 상황이었을 것이다. 악한 삶의 관행이 대세가 될 때, 그런 삶의 구조 속에서 진실을 말하기는 어렵다(2:12; 5:13; 8:11-12). 어쩌면 '야훼의 말씀을 듣지 못한 가뭄'이라는 절박한 상황 때문에, 예언자라는 직업과 북왕국 이스라엘이라는 영역 밖의 새로운 인물이 개입하는 것이 불가피했을지도 모른다.

당시 여로보암 2세 치하의 북왕국 이스라엘은 강대국의 약세를 틈타 솔로몬 시대에 버금가는 정치적·경제적 번영을 누리고 있었다(3:15; 5:11; 6:13 참고. 왕상 22:39).[2] 아모스는 당시 하나님의 선민을 자처하던 이스라엘 상류층("백성들 중의 머리", 6:1)의 호화롭고 여유로운 삶을 적나라한 희화적 언어로 풍자한다.

그들은 상아 침상 위에 자리 잡고 안락의자에 비스듬히 누워 양 떼에서 고른 어린 양을 잡아먹고 우리에서 가려낸 송아지를 잡아먹는다. 수금 소리에 따라 되잖은 노래를 불러 대고 다윗이나 된 듯이 악기들을 만들어 낸다. 대접으로 포도주를 퍼마시고 최고급 향유를 몸에 바르면서도…. (6:4-6a, 가톨릭성경)

사회 상류층을 향한 이런 비난은 물질적 풍요나 삶을 즐기는 태도 자체가 나빠서가 아니다. 예언자들이 날카로운 사회비평가들이기는 하지만, 그렇다고 경제적 번영 자체를 악으로 간주하지는 않았다. 그들이 이스라엘 지도층을 향해 비난의 목소리를 높인 이유는 그들이 누리던 번영과 안락이 하나님이 복으로 내리신 진정한 샬롬이 아니었기 때문이다. 인간의 삶이 대개 그렇듯, 일부 계층의 끝 모를 사치 뒤에는 힘이 없고 가난한 소외 계층의 고통과 눈물이 있었다. 부자와 거지 나사로 이야기에서 보는 것처럼, 풍요에 젖은 사람들에게서 확인하곤 하는 무서울 정도의 무감각 혹은 냉혹함은 아모스 당시 이스라엘에서도 예외가 아니었다. 사회경제적 풍요와 권력은 가진 자에게 자신감을 준다. 이 자신감은 그렇지 못한 이들을 쉽게 차별하는 오만으로 이어진다(6:1). 여기서 '나보다 못한' 계층의 힘겨움에 대한 무관심과 무감각이 생긴다. 아모스의 표현을 따르면 이들 상류층 사람들은 더없이 호화로운 삶을 즐기면서도 정작 "요셉의 환난에 대하여는 근심하지 않았다"(6:6b).[3]

문제는 한 걸음 더 나아간다. 아모스가 발견한 문제는 단순한 동정심 혹은 연대 의식의 부족이 아니다. 이스라엘 지도층의 잘못은 그들이 이웃의 아픔을 돌아보지 않은 정도가 아니었다. 이들이 즐기는 풍요와 안락 자체가 가난한 자들을 제물 삼아 획득한 노획물이었다. 타인을 힘없고 가난한 계층으로 소외시킴으로써 자신의 풍요를 획득했던 것이다. 한마디로 이들은 정의롭지 못한 방법으로 부와 권력을 축적했다. 예언자는 이들의 불의한 행태를 이렇게 집약한다.

정의(히. 미쉬파트)를 쓴 쑥으로 바꾸며, 공의(히. 체다카)를 땅에 던지는 자들아. (5:7)

정의(미쉬파트)를 쓸개로 바꾸며 공의(체다카)의 열매를 쓴 쑥으로 바꾸며. (6:12)

그들의 풍요는 하나님의 은총이 아니라 하나님의 뜻을 저버린 사회경제적 부정의 열매였다. 예언자는 정의와 공의를 팽개치는 악행의 실태를 생생한 언어로 고발한다.

야훼께서 이렇게 말씀하신다. 이스라엘의 세 가지, 네 가지 잘못 때문에 내가 끝까지 그 죄를 묻겠다. 그들은 은을 받고 의인을 팔고, 신 한 켤레에 가난한 자를 판다. 힘없는 사람의 머리를 땅의 흙 속에 짓밟고 억눌린 사람을 억울하게 만든다. (2:6-7a)

너희가 힘없는 자를 짓밟고 그에게 밀의 세금을 부과하였다. 너희는 의인을 학대하며 뇌물을 받고 성문에서 가난한 자를 억울하게 한다. (5:11-12)

쪼들리는 자를 짓밟고 땅의 가난한 자를 망하게 하려는 자들아, 이 말을 들으라. 너희는 이렇게 말하는구나. "언제 초하루가 지나 곡식을 내다 팔지? 언제 안식일이 끝나 밀을 내놓지? 용량은 줄이고, 가격은 올리고, 거짓 저울로 속이자. 은으로 힘없는 자를 사고, 신 한 켤레로 가난한 자를 사고, 질이 나쁜 밀도 내다 팔자." (8:4-6)

위의 인용문들에서 볼 수 있듯이 상류층의 잘못은 권력을 휘두른 압제 및 제도를 악용한 속임수로 집약된다. 사회의 강자들은 잘못한 것이 없는 가난한 자들이 팔려 나가는 상황, 힘없는 자들이 밟히고 그들의 성실한 노력이 좌절되는 상황을 만든다(2:7). 그들의 삶은 "자기들의 성채 안에 폭력과 억압을 쌓아 올리는" 몸짓의 연속이다(3:10). 하지만 외관상 그들의 행동에는 법적 하자가 없어 보인다. 권력을 가진 자로서 법과 재판의 절차 자체를 자기 욕심에 맞게 주무르고(5:10-11), 자신의 부를 활용해 권력을 가진 자들에게 뇌물을 먹이기 때문이다(5:11-12). 전혀 낯설지 않은 풍경이다. 기실 이스라엘에서 자행된 사회악은 백성을 억압하고 약자를 학대하는 폭력적 통치에 낯설지 않을 아스돗이나 이집트의 통치 세력이 보기에도 놀라운 수준이다(3:9). 하나님의 선택을 받지 못하고 하나님을 알지 못하는 이방 나라들에서도 찾아보기 어려운 수준의 타락이 자행된 것이다(고전 5:1).

하나님을 대변하는 예언자의 메시지가 상류층을 겨냥한 날카로운 사회비평의 형태를 띠는 이유는 백성들이 자행하는 사회악이 이스라엘을 언약 백성으로 삼으시고 그들에게 가나안 땅을 유산으로 주신 하나님의 뜻을 거역하는 것이기 때문이다.[4] 남쪽 유다를 포함한 다른 민족들도 마찬가지지만(암 1:3-2:3; 2:4-5), 특히나 이스라엘은 하나님 앞에서 정의롭게 살아야 했다. 하나님은 세상 모든 민족 중 유일하게 이스라엘만을 자신의 백성으로 선택하셨다. 선택은 특권이지만 동시에 하나님과 상호 관계를 맺는 것이기도 하다. 언약은 각자의 행동에 서로 책임을 지는 무거운 관계를 전제한다. 언약 속에서 하나님은 이스라엘을 향한 신실한 사랑을 보여 주시지만, 동시에 그들의 악행을 "갚아 주시는" 분이기도 하다(3:2, 14; 8:7; 호 1:4; 렘 5:9).[5] 그렇기에 하나님과의 언약 관계에서 이스라엘은 하나님의 백성으로서 존재하며 그들의 삶에 대해 도덕적 책임을 진다(암 3:2). 그들의 잘못된 행동은 일반적 의미의 사회 '악'을 넘어, 하나님 앞에서 저지른 영적 '죄'로 간주된다(3:14). 아모스는 열방에 대한 하나님의 심판을 열거하면서 마지막에 남왕국 유다에 대한 심판을 소개한다. 내용 자체는 유다에 관한 것이지만, 이를 듣는 이스라엘은 남쪽 유다의 운명이 자신들과 무관하다고 안심할 수 없었을 것이다.

주님께서 이렇게 말씀하신다. "유다의 세 가지 죄 때문에, 네 가지 죄 때문에 나는 철회하지 않으리라. 그들이 주님의 법을 배척하고 그 규정들을 지키지 않았으며 저희 조상들이 따라다니던 거짓 신들에게 홀려 길을 잃어버렸기 때문이다. 그러므로 내가 유다에 불을 보내리니 그 불이 예루살렘의 성채들을 삼켜 버리라. (2:4-5)[6]

따라서 하나님이 현재 원하시는 것은 하나다. 곧 그들의 삶에 하나님의 정의를 회복하는 것이다. 예언자의 호소는 오늘날의 우리에게도 격언처럼 익숙한 목소리가 되었다.

그 대신[7] 정의를 물처럼 공의를 강물처럼 흐르게 하여라. (5:24)

**도덕적 감수성을 마비시키는 마약으로서의 종교적 신념과 열정**

하지만 예언자 아모스의 역할은 이들의 사회경제적 악행을 지적하고, 그들로 하여금 회개하도록 만드는 데서 끝나지 않았다. 예언자의 실제 싸움은 그처럼 단순하지 않다. 악행을 저지르는 인간의 속내가 단순하지 않은 탓이다. 오늘날의 교회에서도 경험하는 일이지만, 죄를 지은 사람을 향해 죄를 지적하고 꾸짖는 일은 종종 쇠귀에 경 읽기로 끝난다. 아담과 하와는 죄를 짓고 하나님을 피해 숨었다. 가인은 동생을 죽이고도 명백한 증거가 나올 때까지 범죄 사실을 부인했다. 예언자의 꾸지람 앞에서도 사울은 끝까지 자신의 올바름과 자존심을 고집했다. 이것이 인간의 모습이다. 많은 경우 우리는 우리가 잘못을 저지르고 있다는 사실조차 인식하지 못한다. 혹 마음 깊이 막연히 불편함을 느끼면 불편한 양심이 의식의 표면으로 올라오지 못하게 애써 막기도 한다. 범죄 사실을 부정할 수 없게 된 순간에도 끝내 책임을 피하려 든다.

당사자가 자신의 죄를 인정하지 않는다면 그들이 죄에 대하여 회개하게 만드는 일은 사실상 불가능에 가깝다. 죄에 대한 깨달음 자체가 없는데 혹은 자신이 저지른 행동이 얼마나 나쁜 짓인지 잘

느껴지지도 않는데 절실하게 회개할 수는 없는 노릇이다. 하나님은 다양한 재난을 통해 이스라엘의 죄를 지적하며 경고하셨지만, 이스라엘은 그 경고 메시지를 알아차리지 못했다. 예언자는 "너희는 나에게 돌아오지 않았다"는 안타까운 탄식을 후렴처럼 노래하면서, 하나님의 거듭된 호소와 징계에도 불구하고 회개하고 돌아오기를 거부하는 이스라엘의 완고함을 생생하게 그린다(4:6, 7-8, 9, 10, 11).

자신의 잘못을 잘 깨닫지 못하는 무딘 감수성은 모든 인간의 이기적 본성이다. 죄란 원래 자신을 감추는 데 능한 법이다. 하지만 도덕적 무감각 혹은 마비 증세는 오히려 하나님의 백성을 자처하며 거룩한 삶의 비전을 가졌다고 주장하는 사람들, 일상적 용어를 쓰자면 '종교적' 자의식을 소유한 사람들에게서 더욱 심각한 형태로 나타난다. 아모스 예언자가 관찰한 이스라엘의 삶이 그랬다. 자신을 종교와 연관 짓지 않는 사람들은 굳이 자신이 남보다 착하다는 착각을 할 이유가 적다. 그래서 잘못을 인식하는 일이 상대적으로 쉽다. 물론 그럼에도 잘못을 인정하지 않으려 든다. 그 반면 자신의 정체성을 종교와 연결하는 사람들은 그 종교가 가르치는, 그래서 자신이 믿는 도덕적 이상을 쉽게 자기 자신의 모습에 투영한다. '나는 착하게 사는 것이 옳다고 믿는 사람'이라는 자의식은 은근슬쩍 '나는 착한 사람'이라는 생각으로 비약한다. 혹은 '하나님의 선택을 받은 사람이요 구원을 받은 사람'이라는 신념은 쉽게 '그래서 나는 괜찮은 사람'이라는 안이함과 결합된다. 일단 이런 의식에 도달하면, 구체적 일상에서 나의 잘못을 인식하는 일은 거의 불가능에 가까운 수준으로 어려워진다.

이스라엘은 '하나님의 백성'이라는 고상한 선민의식을 가졌다. 그들은 하나님께 순종해야 한다는 언약의 요구를 알고 있고 순종의 삶을 담아 성전에서 하나님을 예배한다. 하지만 택한 백성이라고 해서 욕망에서 자유로운 것은 아니며, 따라서 그들의 삶이 언제나 거룩함에 대한 열망으로 차 있는 것은 아니다. 많은 경우 택한 자들의 삶 역시 그렇지 못한 사람들의 삶만큼이나 쉽게 타락한다. 이스라엘의 경험뿐 아니라 오늘 우리의 경험 역시 이런 현실을 여실히 보여 준다. 하지만 일상의 삶이 타락해 가는 과정을 의식이 감지하기는 쉽지 않다. 한 가지 이유는 그 타락의 과정이 점진적인 경우가 많기 때문이다.

하지만 이보다 더 불편한 원인이 존재한다. 바로 우리의 정체성을 유지하고 드러내는 다양한 종교적 장치들의 존재다. 이 장치는 우리가 믿고 고백하는 종교적 신념의 형태로 존재하기도 하고("우리는 택한 백성이다"), 성전에서의 예배처럼 보다 구체적이고 가시적인 종교의식으로 표현되기도 한다. 물론 본래 이런 신념과 의식은 사람들로 하여금 하나님의 백성다운 삶을 살도록 도와주는 긍정적 장치들이다. 적어도 건강할 때는 그렇다. 하지만 삶이 일탈의 길을 걸으면 종교적 장치 역시 역기능적 도구로 전락한다. 한국의 많은 대형 교회에서 확인하는 것처럼, 삶이 일탈의 길을 걸어도 종교적 예배는 여전히 성대하고 역동적일 때가 많다. 이스라엘의 성전은 하나님을 찾는 백성들로 언제나 넘쳐 나고, 제단은 늘 하나님께 드리는 예물의 냄새로 가득하며, 하나님을 향한 감사의 찬양 소리는 어느 때보다 우렁차게 울려 퍼진다. 이처럼 하나님의 백성이 관성적으로 지속하는 예배의 물리적·심리적 효과는 그들이 여전히 '하나님을 예배하는 백성'이라는 신념을 갖게 만든다. 예배가 성대하고 인상적일수록, 우리의 신앙이 확실해 보일수록 무언가 잘못하고 있다는 생각을 할 여지가 그만큼 줄어든다. 예배의 감각적 풍성함에 마비되어 '내가 잘하고 있다'는 환각적 확신에 빠지기 때문이다. 그래서 우리는 외도한 남편이 장미꽃 한 다발을 사 오듯, 삶이 볼품없을수록 예배 '의식'에 집착하는 경향을 보인다. 나의 공적 삶이 이기적 욕망에 의해 타락해 갈수록, 양심을 어루만지고 죄책감을 감추어 줄 종교적 포장이 필요하기 때문이다.

**도덕적 타락과 종교적 열정**

일상에서 욕망을 버리고 공평한 삶을 사는 건 하나님과 언약을 맺은 이스라엘 백성에게도 쉽지 않았다. 하지만 욕망을 한껏 채우며 거둔 열매의 일부로 종교적 열정을 흉내 내는 일은 그리 어렵지 않다. 욕망을 추구하며 '상아로 꾸민 집들'이 많아질수록 그들은 더욱 제사를 '사랑하였다'(3:14; 5:5). 이스라엘 사회에 불의의 증상이 심해질수록 오히려 더 성대한 '절기 행사들'과 '성회들'이 거행되었다(5:21). 이렇게 그들은 하나님을 예배하는 자로서의 자기 정체성을 확인한다. '거룩한' 예배 행위 속에서, 화려하고 극적인 행위의 물리적 현실감 속에서 자신이 하나님과 올바른 관계 속에 있다고 확신한다. '주일은 주님과 함께'를 외치면서, 주님과 별로 가깝지 않은 나머지 날들을 의식의 표면 아래로 감춘다. 물론 예배의 불빛이 성대하고 화려할수록 뒤에 있는 구린 나의 삶을 보다 효과적으로 감출 수 있을 것이다.

예언자는 이런 위선적 정황을 꿰뚫어 본다. 그리고 그들의 예배가 합리화의 구린 기능을 수행한다는 사실을 지적하면서, 예배 뒤에 숨은 어두운 삶을 폭로한다. 물론 위선의 장치로 기능하는 예배 행위가 하나님께 받아들여질 리 없다.

> 나는 너희의 축제들을 싫어한다. 배척한다. 너희의 그 거룩한 집회를 반길 수 없다. 너희가 나에게 번제물과 곡식 제물을 바친다 하여도 받지 않고 살진 짐승들을 바치는 너희의 그 친교 제물 또한 거들떠보지도 않으리라. 너희의 시끄러운 노래를 내 앞에서 집어치워라. 너희의 수금 소리도 나는 듣지 못하겠다. (5:21-23)

그 자체로는 멋졌을 제사와 집회들이 하나님의 역겨움을 유발하는 이유는 그들의 예배 의식 속에 실질적 의미의 예배가 존재하지 않기 때문이다. 예배란 하나님을 경배하는 것이다. 그렇기에 예배란 먼저 하나님의 뜻을 존중하는 데서 시작하는 것이 마땅하다. 그래서 경배의 핵심은 순종이다. 하나님의 뜻에 복종함으로써 우리는 그분을 경배한다. 제사가 거룩해야 하고 예물이 거룩해야 하는 것처럼, 하나님을 경배할 만한 자격을 갖춘 사람이 하나님을 경배할 때라야 하나님이 그 경배를 받으실 것이다. 하지만 이스라엘은 일상에서 하나님께 순종하지 않았고, 하나님을 경배할 만큼 거룩한 존재로 살지 못했다. 이럴 때 예배는 불순종을 감추어 보려는 음흉한 수단으로 쉽게 변질된다. 하나님의 뜻대로 살아갈 의향이 없으면서도 여전히 '예배'를 고집하는 이유는 그 의식이 이미 다른 수단으로 도용되고 있음을 의미한다. 곧 자신의 불순종을 감추거나, 그로 인한 죄책을 덮어 보려는 수단이 된다. 하나님 보시기에 가장 역겨운 위선의 수단이 되는 것이다. 이스라엘의 제사에 대한 하나님의 역겨움은 바로 이 위선을 겨냥한다.

예배 의식 배후의 위선을 폭로하기 위해, 당시 제사장들의 예배 언어를 패러디하는 예언자의 메시지는 불경하다고 할 정도로 신랄하다.

> 여러분, 벧엘로 나오십시오. 와서 죄를 지으십시오. 길갈로 오십시오. 그리고 더 많은 죄를 더하십시오. 아침에 여러분의 희생 제물을 바치고 셋째 날에 여러분의 십일조를 드리십시오. 누룩 든 빵을 감사 예물로 살라 바치고, 큰 소리로 자원 예물을 공포하십시오. 이스라엘 자손들이여, 이런 것들이 바로 여러분이 좋아하는 것 아닙니까?
>
> (4:4-5, 가톨릭성경 일부 수정)

벧엘과 길갈은 이스라엘이 소중히 여기던 예배 장소다. 여기서 예언자는 한 사람의 제사장으로 빙의(憑依)하여, 이스라엘 백성을 거룩한 예배의 장소로 초대한다. 하지만 그의 초대는 비틀린다. 제사장을 흉내 내는 이 예언자는 '하나님을 예배하라'나 '와서 죄를 씻으라'와 같은 예정된 부름 대신 '와서 죄를 지으라'는 도발적인 메시지를 외치고, '제물을 더하라'는 예상된 초청 대신 '죄를 더하라'는 불경한 초대장을 내민다. 예언자의 돌발적 패러디는 이스라엘의 종교적 몸짓이 실제 무슨 역할을 수행하고 있는지를 자극적 언어로 그려 낸다. 이스라엘의 제의적 열정이 순종을 향한 도덕적 감수성을 마비시키고, 그리하여 도리어 죄악된 삶을 조장하는 범죄의 장치로 악용되는 현실을 보이는 것이다. 예언자는 다양한 제사의 방식을 일일이 열거한다. 그만큼 종교적 열정이 뜨거웠을 것이며, 하나님을 향한 예배 역시 빈틈이 없었을 것이다. 하지만 예언자가 관찰하기에 그 뜨거운 열정은 하나님을 향한 참된 섬김이 아니라 '죄를 짓는' 행태이자 끊임없이 '죄를 더하는' 행태에 지나지 않는다. 가장 극적인 경배의 표현들이 가장 역겨운 영적 위선의 장치로 전락한 현실에 대한 풍자다. 하나님을 경배하며 그를 기쁘시게 해야 할 예배 행위가 실상 '너희가 좋아하는 것', 곧 자기의 욕망 표출의 계기가 되어 버린 것이다(4:4).

이기적 욕망이 삶을 장악하면 그들이 드리는 예배도 욕망에서 자유로울 수 없다. 제의 자체도 어떤 형태로든 욕망의 몸짓으로 왜곡된다. 이스라엘은 모든 제단 옆에서 전당 잡은 옷 위에 눕고, 그들의 신전에서 벌금으로 얻은 포도주를 마셨다(2:8). 화려한 예배를 드리는 듯하지만, 그들의 제의적 몸짓에 그들이 저지른 악의 열매가 들어 있다. 이런 예배가 하나님을 향한 진심 어린 예배이기는 어렵다. 그러니 종교 의식조차 타락한다. 이는 종교적 만족과 불안 해소를 위해 반드시 치러야 할 절차들이지만 종교적 행위는 그들의 도덕적 일상과 연결되지 않는다. 그러니까 그들이 의지한 예배란 실상 악한 삶으로 다시 돌아가기 위해 서둘러 해치워야 할 번거로운 의식에 지나지 않았던 것이다.

언제 초하루가 지나 곡식을 내다 팔까? 언제 안식일이 지나 밀을 내어 놓을까? (8:5)

초하루와 안식일이면 멋진 예배가 드려지고, 이 예배는 그들의 영적 열정을 증명하는 것처럼 보인다. 그러나 실상 그들의 마음속에서 이 날들은 곡식을 팔고 밀을 시장에 내어놓는 일, 곧 정의를 왜곡하고 가난한 자들을 착취하는 욕망의 만족을 막는 거추장스러운 장애물에 지나지 않는다. 비록 악하게 살아도 종교적 열정만은 순수하게 살아 있는 것이 아니라, 그 열정조차도 그들의 삶을 채색하는 욕망의 그물에 얽혀 든 지 오래다. 이런 상황일수록 사람들에게 보여 주는 일이 중요했을 것이다(4:4-5). 하지만 이런 거짓 열정이 하나님의 심판으로부터 그들을 구원하거나 속죄할 수는 없는 일이다(4:12-13).

예배가 욕망의 논리에 지배당할 때, 그것은 또다른 우상숭배가 된다. 그래서 예언자는 그들의 예배 자체의 무의미함과 더불어, 그들이 자행하는 우상숭배의 행태를 비난한다. 그들의 예배에서 하나님을 향한 사랑에 바탕을 둔 열정은 사라졌고, 욕망에 물든 종교적 의식만 남았다. 하나님의 이름을 부르든 아니든 이런 식의 예배는 사실상 우상숭배와 다를 바 없다. 상세한 내용은 나오지 않지만 예언자의 비판 속에 간간이 드러나는 실상은 그들의 예배가 적나라한 우상숭배와 뒤섞여 있었음을 짐작케 한다. 북왕국 이스라엘은 '죄된 우상', 곧 황소 모양의 신 아시마를 두고 맹세했다. 단에서도 브엘세바에서도 이방 신의 이름을 부르며 맹세하였다(8:14).[8]

하지만 헛된 신들은 그들을 구원할 수 없다. 이런 신들을 의지하는 자들은 "엎어져 다시는 일어나지 못할 것이다"(8:14). 그들은 자신을 위해 만들어 신처럼 받들던 식굿 별의 우상과 기윤 별의 우상을 메고 다닐 것이다(5:26).[9] 이렇게 아모스는 예언자로서는 최초로 이스라엘의 유배를 예언한다. "내가 너희를 다메섹 저편으로 잡혀가게 하리라"(5:27; 4:2-3; 7:11, 17; 9:4).[10]

하나님 찾기를 거부하면 결국 심판을 면하지 못할 것이다. 하나님께 스스로 돌아가지 않는 자는 하나님이 오셔서 그들을 만나실 것이다. 선지자는 경고한다. "이스라엘이여, 여러분의 하나님을 만날 마음의 준비를 하십시오"(4:12). 이렇게 만나는 하나님은 구원의 하나님이 아니라 심판의 하나님이다. 이집트 땅을 두루 다니며 그 나라의 처음 난 것을 치시고 이집트의 모든 신을 심판하셨던 것처럼(출 12:12), 하나님은 이스라엘 가운데로 지나시며 그들을 심판하실 것이다(암 5:17). 그들의 안이한 기대, 아니 망상과는 달리 그들이 고대하는 '야훼의 날'은 밝은 빛이 아니라 이집트에 재앙으로 내린 것과 같은 어둠일 것이다(5:18, 20). 야훼의 날이 어둠일 수 있다는 사실은 새로울 것이 없겠지만, 그 어둠이 이스라엘 자신에게 미칠 것이라는 선언은 맑은 하늘의 벼락처럼 들렸을 것이다.[11] 그들은 지금까지 누리던 안락함을 잃을 것이고, 노랫소리가 넘쳐 나던 곳에서는 애곡 소리가 들릴 것이며 삶의 터전을 떠나 다메섹 밖으로 사로잡혀 갈 것이다(5:11, 16-17, 27; 6:7-14).

이스라엘 상류층의 삶에서 종교는 사회경제적 타락의 방조자였다. 하나님의 심판은 그들의 사회경제적 악을 처벌하고 열정적 영성은 보호하는 식으로 진행되지 않는다. 하나님은 오히려 그들의 도덕적 죄악과 그 악의 유용한 방조자인 종교를 함께 벌하신다. 이스라엘의 죄를 갚으시는 하나님의 심판 속에는 그들의 안락한 삶을 즐기던 '겨울 궁과 여름 궁'의 파괴뿐 아니라, 그들이 하나님을 예배하던 '벧엘의 제단들을 벌하고, 그 제단의 뿔을 꺾어 바닥에 내동댕이치는' 것도 포함할 것이다. 하나님의 심판은 '여로보암의 집' 뿐 아니라, '이삭의 산당들'과 '이스라엘의 통치자'를 함께 겨냥할 것이기 때문이다(7:9).

그래서 예언자는 참으로 하나님을 예배하는 길이 무엇인지 다시금 역설한다.

너희는 나를 찾으라. 그리하면 살리라. (5:4)

너희는 야훼를 찾으라. 그리하면 살리라. (5:6)

이 호소는 하나님을 향한 제의를 새롭게 하라는 요구가 아니다. 오히려 그들이 열정을 다해 드리는 예배는 무의미하다. 벧엘을 찾는 것도, 길갈로 들어가는 것도, 브엘세바로 나아가는 것도 무의미하다. 종교적 제의의 터전이라고 해서 하나님의 심판을 피할 수 있는 것은 아니다(5:5). 사실 그들은 광야 40년 동안에도 하나님께 희생제사를 드리지 않았다(5:25). 진정한 의미에서 하나님을 찾는다는 것은 그들의 일상적 삶에서 "선을 찾고 악을 찾지 않는 것"을 의미한다(5:14). "악을 미워하고 선을 사랑하며, 성문에서 정의를 회복하는" 것, 이것이 참으로 하나님을 찾는 방법이다(5:15). 참된 예배의 회복은 소위 '예배'의 회복에 있는 것이 아니라, 그 예배를 예배로 만드는 '순종'의 회복에 있는 것이다.

### 빗나간 확신의 위험

종교적 의식 배후에는 신학적 자의식이 자리한다. 예배 행위 속에는 하나님의 선민이라는 자부심이 있고, 이 신념은 이방의 폭력에서 하나님이 그들을 구원하신 것에 대한 민족적 기억에 의해 지탱된다. 그들은 이방과 달랐다. 하나님은 이집트에서 그들을 건져 내셨고, 아모리 사람들의 땅을 차지하게 하셨다(2:9-10). 또 그들 중에서 자기 선지자와 나실인들을 세우셨다(2:11). 그런데 이스라엘은 나실인들에게 술을 먹이고 선지자들에게 "예언하지 말라"고 협박하였다(2:12). 하나님은 땅의 모든 민족 중에서 이스라엘만을 특별한 소유로 인정하셨지만(3:1-2), 그들은 하나님이 부여하신 이런 다름을 팽개쳤다. 이스라엘이 이 죄를 피할 수는 없다. 이스라엘이 특별한 대우를 받았던 만큼, 하나님은 그들의 죄를 확실히 갚으실 것이다(3:2-15).

이스라엘은 하나님의 선민이라는 특권이 하나님을 향한 도덕적 책임마저 넘어설 것이라고 속단했다. 하나님이 수여하신 선민으로서의 은혜가 하나님이 주신 선물임을 망각하고, 마치 그 선물 자체가 하나님 없이 존재할 수 있는 것인 양 착각했다. 이런 자기기만은 곧잘 자기가 이룩한 정치적·경제적 업적에 대한 자신감과 결합된다. 그들이 누리는 번영이 마치 자기 힘으로 이루어진 것인 양 착각하는 것이다(6:1-2, 13-14). 그래서 택한 백성 이스라엘을 향한 하나님의 심판의 한 가지 중요한 부분은 그들이 자랑하는 특별한 위상을 무효화하는 것이다.

흥미롭게도 아모스는 이스라엘을 향한 예언을 주변 나라들을 겨냥한 예언과 더불어 시작한다. 하나님은 다메섹, 가사, 두로, 에돔, 암몬, 모압 등 이스라엘 주변 모든 나라의 "서너 가지 죄 때문에" 그들을 벌하실 것이다(1:3-2:3). 이스라엘은 하나님의 이 단호한 조치에 고개를 끄덕이며 아멘을 외쳤을 것이다. 그런데 이 긴 목록 가운데 갑자기 유다가 등장한다. "유다의 서너 가지 죄 때문에…"(2:4). 주님의 법을 저버리고 이방의 신들을 따라간 그들의 죄를 처벌하는 하나님의 목소리는 불로 이방의 죄를 심판하시리라 했던 그 음성과 정확하게 일치한다. "그러므로 내가 유다에 불을 보내리니…"(1:2, 4, 7, 10, 12, 14; 2:2). 그리고 이는 마지막으로 이스라엘을 향한 심판의 말씀으로 이어진다. "내가 이스라엘의 서너 가지 죄 때문에…"(2:6). 공의는 변하지 않는 하나님의 성품이다. 하나님이 이스라엘에 대해서만 갑자기 "좋은 게 좋은" 하나님으로 바뀌는 게 아니다. 만약 이 사실을 몰랐다면 이스라엘은 그들이 섬기는 하나님이 어떤 분이신지 더 깊은 묵상을 했어야 한다.

예언자는 하나님이 심판의 의도를 결코 철회하지 않으실 것이고, 이스라엘이 무슨 수로도 이 심판을 피할 수 없을 것이라고 힘주어 강조한다. 마치 무거운 곡식 단이 수레를 짓누르듯, 하나님의 심판이 이스라엘을 짓누르실 것이다. 아무리 강하고 날랜 사람이라도 결코 심판을 피할 수 없을 것이다(2:6, 13-16). 하나님의 심판 앞에서 하나님의 택한 백성이라는 이스라엘의 남다른 위상은 아무런 의미도 없다. 하나님은 이방을 그들의 죄 때문에 심판하시듯, 이스라엘 역시 그들의 죄 때문에 심판하실 것이다. 그들이 '올바르게 행동하는 법'을 배우지 않는 한, 하나님의 선민이라는 그들의 위상은 아무런 도움이 되지 못한다.

하나님의 심판 앞에서 이방과 자리를 나란히 하게 된 이스라엘의 운명은 더 비참한 상황으로 떨어진다. 그들의 원수들, 하나님이 물리치고 그 손아귀에서 구출해 주셨던 이방들이 하나님의 메시지를 전달하는 사자로 부름을 받는다.

> 아스돗의 통치자들과 이집트의 통치자들에게 알려라. "와서 사마리아 주변의 이 언덕에 자리를 잡고 앉으시오. 그리고 이스라엘에서 자행되는 혼돈과 압제를 똑똑히 보시오.…여러분은 듣고 야곱 집안의 죄에 대해 증언하시오."(3:9, 13)

이스라엘의 눈에 아스돗이나 이집트는 정의와는 거리가 먼 이름들이다. 그런데 이들이 하나님의 부름을 받아 하나님의 선민에 대항하는 예언자처럼 행동한다. 이런 수사적 묘사는 이스라엘을 바라보는 하나님의 인식을 드러내는 동시에, 그들이 자랑하고 의존하던 택한 백성이라는 정체성과 특권이 더 이상 아무런 의미가 없음을 드러낸다.[12]

어떤 점에서 아모스의 선포는 이스라엘의 전통적 신앙을 부정하는 것이다. 이스라엘에게는 출애굽이라는 위대한 신앙고백이 있다. 그들은 하나님에 의해 이집트에서 구출되어 나온 민족이라는 사실을 자랑스러워했다. 하지만 이런 멋진 고백이 주는 안정감과 만족감은 오히려 그들의 삶과 예배의 긴장을 떨어뜨리며, 욕망의 전횡을 부추기는 방식으로 작용하였다. 이렇게 되면 위대한 구원의 체험에 근거한 고백 역시 그 본연의 의미를 상실한다. 그래서 예언자는 마치 의미 없는 가식적 예배를 질타한 것처럼 이기적 방어기제로 전락한 신앙적 확신을 해체한다.

> 이스라엘 자손들아, 너희는 나에게 구스(에티오피아) 사람들과 똑같지 않으냐? 주님의 말씀이다. 내가 이스라엘을 이집트 땅에서 데리고 올라왔던 것처럼, 블레셋 사람들도 갑돌에서, 아람도 기르에서 올라오게 하지 않았느냐? (9:7)

예언자는 하나님이 이스라엘을 남달리 사랑하신다는 사실을 부정한다. 도발적인 발언이 아닐 수 없다. 그들이 자랑하는 출애굽의 놀라운 체험은 하나님이 다른 이방에게 하신 행동과 하나도 다를 바 없다. 특히 선지자가 세상 구석에 자리한 존재감이 미미하기 짝이 없는 나라인 구스와 이스라엘을 비교할 때, 그는 택한 백성으로서의 영적 자존심을 바닥에서부터 해체한다.[13] 선택받았다는 사실 자체가 이스라엘을 다른 열방과 구별해 주지 않는다. 선택된 백성이라면 선택된 백성답게 살아야 했다. 선민다운 삶이 존재하지 않으면, 그들의 부푼 영적 자부심은 가장 우스꽝스러운 착각으로 전락할 것이다. 이스라엘이든 아니든 공평하신 하나님의 엄중한 눈길은 '범죄한 나라'를 주목하시고, 그 나라를 지면에서 쓸어버린다고 공언하시기 때문이다(9:8a).

예언자가 하나님과의 언약적 관계 자체를 부정하려고 수사적으로 도발하는 것은 아니다. 심판을 내리시지만 하나님이 야곱의 집안을 아주 멸망시키지는 않으실 것이다(9:8b). 하지만 선택받았다는 특권을 내세워 하나님께 대한 순종의 요구를 무시하는 것은 공평하신 하나님에 대한 오만한 오해다. 하나님은 열방 중에서 이스라엘을 '체로 체질하는 것처럼' 철저하게 심판하실 것이다(9:9). 물론 심판은 공정하다. 알갱이는 하나도 땅에 떨어지지 않을 것이다. 하지만 텅 빈 확신에 의지한 채, 속이 꽉 찬 알곡이 되기를 거부하는 이들은 심판의 바람에 날리는 겨와 같을 것이다. 그들은 허망한 선민의식을 내세워 '재난이 닥쳐올 날'을 피하려 하지만, 역설적으로 그들의 행태는 오히려 그들이 피하고 싶어 하는 그 '폭력의 날'을 가까이 불러들인다(6:3, 참고. 롬 2:5). 이들의 자기기만을 겨냥한 예언자의 경고는 섬뜩할 정도로 명확하다.

> 내 백성 가운데서 "재앙이 우리에게 가까이 오지도 덮치지도 않을 것이다" 하는 죄인들은 모두 칼에 맞아 죽을 것이다. (9:10)

그렇다. 하나님의 선민이라는 특권이 그들의 잘못에 대한 하나님의 심판으로부터 자신을 지켜 줄 것이라는 생각은 그들의 잘못을 속속들이 알고 계시는 하나님, '그들의 모든 행위를 잊지 않으시는' 하나님을 심각하게 오해한 것이다(5:12; 8:7). 예언자의 첫 두 환상이 말해 주는 것처럼, 분명 하나님은 이스라엘의 연약함을 고려하실 것이다(7:1-6). 하지만 그 뒤로 이어지는 일련의 환상이 분명히 보여 주는 것처럼, 결국 하나님의 메시지는 '다시는 용서하지 않겠다'는 단호한 결의로 이어진다(7:8; 8:2). 마지막 환상은 암울한 절망 그 자체다. 어느 누구도 하나님의 심판을 피할 수 없다. 심지어 포로로 잡혀가는 사람들조차 죽음을 면치 못할 것이다(9:1-4).

하나님은 자신에게 순종하는 사람들, 올바른 일을 하며 살아가는 가족을 만들기 위해 아브라함을 선택한 분이시다(창 18:19). 즉 하나님의 선택은 무의미한 맹목적 행위가 아니다. 언약은 이스라엘과 함께하시겠다는 하나님의 의지요 약속이지만(암 5:14), 바로 이런 이유로 하나님은 이스라엘에게 '악을 미워하고 선을 사랑할' 것을 요구하신다(5:15, 24). 하나님의 요구는 절대적이다. 하나님에 대한 어떤 신학적 신념도, 하나님을 위한 어떤 종교적 의식도 하나님의 이 요구를 상대화할 수 없다. 무엇보다 중요한 것은("오직"), 이스라엘 공동체의 삶에 정의를 드러내는 일이다(5:24). 바로 그것이 참된 의미에서 하나님을 찾는 예배의 핵심이며, 그것이 바로 참된 생명의 길이다(5:4).

## 헛된 제사에 대한 비판: 호세아

그럴듯한 고백과 화려한 의식으로 신앙을 조작하는 종교적 위선은 이스라엘이 멸망할 때까지도 해결되지 않았던 것 같다. 동시대에 아모스보다 조금 늦은 시기에 살면서 주전 721년 북왕국 사마리아의 멸망을 목격한 호세아의 글에도 동일한 주제가 나타난다. 호세아는 북왕국 예언자로서는 유일하게 자신의 이름으로 된 글을 남겼다. 남왕국 유다 출신으로 북왕국 이스라엘의 사회경제적 불의와 불평등에 주된 관심을 쏟았던 아모스와는 달리, 북왕국 토박이인 호세아의 글에는 가나안의 다산 신인 바알 제의를 둘러싼 우상숭배가 중요한 주제로 등장한다. 그의 글에서 하나님 배반이라는 주제는 특히 호세아 자신의 복잡한 결혼 생활을 영적 상징 삼아, 진한 감정의 울림과 더불어 신랄한 어조로 선포된다. 사랑하는 아내의 불륜을 마주하는 남편처럼, 이스라엘의 영적 배반을 마주하는 하나님의 감정은 복잡하면서도 격렬하다. 우상숭배와 타락에 대한 심판은 불가피하지만, 그와 더불어 새로운 출발에 대한 기대 역시 희미하게 아른거린다. 물론 우상숭배라는 종교적 타락은 종교와 제의라는 제한된 영역의 변질로 끝나지 않는다. 우상숭배 자체가 인간 욕망의 산물이기에, 정의로우신 하나님에 대한 진실된 신앙으로부터의 이탈은 많은 경우 세속적 욕망의 논리에 자신의 삶을 맡기는 도덕적 타락과 나란히 간다. 하나님 대신 강대국을 의존하려는 정치적 선택 역시 마찬가지다. 따라서 우상숭배를 질타하고 주변 강국에 의존하려는 어리석음까지 지적하는 호세아의 메시지 속에 이런 도덕적·사회경제적 범죄에 대한 꾸지람이 뒤엉켜 나타난다.

이스라엘의 문제는 한마디로 하나님에 대한 지식을 상실하고 하나님을 망각한 것이었다(호 4:1; 5:4; 8:14). 이 망각의 가장 적나라한 표현은 가나안의 다산 제의에 탐닉하는 우상숭배다. 하나님은 그들을 사랑하셨고 그들을 손수 선택하여 길러 주셨지만 이스라엘은 하나님을 향한 정조를 지키지 않았다. 이런 종교적 일탈 배후에는 보다 광범위한 타락의 징후들이 있었다. 그들은 하나님의 언약을 어겼고 하나님의 율법을 위반했다(8:1). 하나님이 이스라엘에게 "수만 가지 율법을 써 주었다"는 표현이 말해 주듯이 그들이 위반한 율법은 종교와 제의에 관한 규정뿐 아니라 이스라엘의 삶 전반에 대한 명령을 포함한다. 이스라엘은 율법 속에 드러난 하나님의 뜻을 무시했다(8:12). 그러니까 하나님을 아는 지식이 없다는 예언자의 말은 하나님이 이스라엘의 삶에서 중요하게 여기시는 '진실'과 '치우침 없는 사랑'이 그들 속에 없다는 뜻이다. 이는 우상숭배라는 제의적 타락을 넘어, 사람들 사이에서 벌어지는 사회경제적 타락이다. 하나님이 기대하시는 공의로운 삶의 자태 대신, 이스라엘 중에 "있는 것이라고는 저주와 사기와 살인과 도둑질과 간음뿐"이며, 그들 중에 "살육과 학살이 그칠 사이가 없다"(4:2).

이러한 삶에 도덕적 무감각이 겹친다. 거짓 저울을 들고 사람들 속이기를 좋아하면서도, 한밑천 잡아 부자가 된 것이 자신이 피땀 흘린 노력 덕분이라고 착각한다. 부정한 방법으로 재산을 모았다는 생각은 전혀 하지 않는다(12:7-8). 터무니없는 이야기지만 많은 경우 이런 자수성가식 자기 합리화에는 거짓 논리를 그럴듯하게 만들어 주는 보조 장치들이 기능한다. 그중 하나가 종교다. 아모스의 메시지에서 분명히 보았듯이 이는 하나님의 백성 이스라엘도 예외가 아니었다. 이스라엘은 바알을 중심으로 한 가나안의 다산 제의로 타락해 갔지만, 그렇다고 해서 하나님을 향한 종교적 열심 자체를 버리지는 않았다. 그들의 삶이 풍성해질수록 종교적 열정 역시 번창했다는 아모스의 비판은 호세아의 글에서도 그대로 나타난다. 물론 그들의 열정은 상당 부분 가나안 신들에 대한 다산 제의에 바쳐졌다(10:1-2). 하지만 하나님을 향한 제의 역시 마찬가지였던 것 같다. 언제나 그렇듯이 이스라엘이 야훼를 향한 열정을 적나라하게 포기하는 경우는 드물다. 오히려 야훼 신앙의 언어를 그대로 간직하면서 그 속에 가나안의 세속적 세계관을 녹여내는 것이 전형적 전략이다. 현대의 번영 신학에서 발견되는 종교적 혼합주의와 같다. 그래서 그들의 제의 역시 전통적 야훼 신앙의 요소와 다산 제의의 요소가 '자연스레' 뒤섞인다. 마치 하나님을 향해 부르짖는다고 하면서 가나안 사람들이 하듯 '침상에 엎드려 애곡하는' 형국이며, 곡식과 포도주를 위해 하나님께 기도한답시고 이방 종교에서처럼 '몸을 찢어 상처를 내는' 안타까운 형편이다(7:14). 결국 이들이 하나님을 향해 부르짖는 말은 사실상 '진실이 담겨 있지 않은' 말, 곧 '거짓말'에 지나지 않는 셈이다(7:13-14).

이런 식의 제의가 회개와 속죄로 언약 관계를 회복하는 제의 본연의 기능을 수행할 수는 없다. 오히려 세속적 욕망과 결합된 제의는 그 적나라한 욕망을 종교적으로 감춰 주고 합리화하는 욕망의 공범으로 전락한다. 호세아는 이스라엘의 예배가 바로 그 위치로 떨어졌다고 질타한다. 하나님은 호세아의 입을 빌려서, 타락한 제사장들과 하나님의 율법을 팽개치는 제사장들을 향해 "제사장이 많아지면 많아질수록 나에게 짓는 죄도 더 많아진다"고 탄식하신다(4:7). 백성들이 바친 속죄 제물이 그들의 수입원이 되므로 백성들이 죄를 더 많이 저지를수록 반갑기만 하다(4:8). 환자를 치료해야 할 의사들이 더 많은 수입을 위해 더 많은 환자가 생기기를 기대하는 것처럼, 제사장들은 그들의 제의가 번창하기를 바라 백성의 죄를 부추기는 어처구니없는 상황이 벌어진다.

죄를 용서받자고 에브라임이 제단을 만들면 만들수록 그 제단이 오히려 죄를 짓게 만든다. (8:11)

수많은 제단과 제사는 백성의 삶을 하나님께로 돌이키는 데 아무런 역할을 못했다. 오히려 하나님이 "수만 가지 율법을 기록해 주셨지만, 그들은 그 율법이 자기들과 아무 상관이 없는 것처럼 여겼다"(8:12). 여기에 그들과 언약을 맺은 하나님에 대한 이스라엘의 치명적 오해가 있다. 언제나 야훼의 길은 정직한 길이라는 사실, 의인은 그 길을 마음껏 다닐 수 있지만 죄인은 그 길에 걸려 넘어진다는 사실이다(14:9; 시 1:6). 하나님은 이스라엘을 지극히 사랑하셔서 그들을 선택하고 길러 주셨지만, 그렇다고 공평과 정의를 기뻐하시는 하나님의 성품을 바꿀 수는 없는 일이다. 하나님은 이스라엘이 그의 율법을 지키기 원하신다. 성전에서의 제의 역시 순종을 지속하기 위해 주어진 회복의 장치들이다. 따라서 율법 지키는 삶을 팽개치고 드리는 제사가 하나님께 받아들여질 리 없다. "그들이 최상의 제물을 바치고 그들이 그 고기를 먹지만 야훼는 그것들을 받지 않으신다." 오히려 하나님은 "그들의 악함을 기억하시고 그들의 죄를 처벌하실 것이다"(호 8:13). 이스라엘의 악한 '행위'가 그들이 하나님께 돌아가지 못하게 막는다(5:4). 이런 상황에서 하나님이 이스라엘과 함께하실 수는 없다. 죄가 가득한 상황에서는

> 양 떼와 소 떼를 몰고 야훼를 찾아 나선다 해도 그를 만나지 못할 것이다. 왜냐하면 그가 이미 그들을 떠나셨기 때문이다. (5:6)

이스라엘을 향한 하나님의 마음은 마태복음에서 예수님이 인용하신 유명한 한 구절 속에 선명하게 요약되어 나타난다.

> 나는 신실한 사랑을 원하지 제사를 원하지 않으며, 번제보다 하나님 아는 것을 원한다. (6:6)[14]

이스라엘이 하나님께 돌아가는 길은 마음을 다해 그를 아는 것이다(6:3). 그를 '안다'는 것은 그에 대한 지식을 갖춘다거나 그를 섬기는 제의적 모양새를 갖춘다는 의미가 아니다. 그것은 죄를 뉘우치고(5:15), 백성들 사이에서 신실한 사랑의 삶을 회복하는 것이다. 지금은 그들이 '야훼를 찾아야' 할 때다. 지금까지 이스라엘이 악의 밭을 갈아 불의를 수확하고 거짓의 열매를 먹었다면, 이제 악한 삶의 묵은 땅을 갈아엎어야 한다. 하나님의 요구는 선명하다.

> 정의를 심고 신실한 사랑을 수확하라. (10:12)

그러면 하나님이 돌아오셔서 그들에게 흡족한 비를 내리실 것이

다. 물론 그 비의 이름은 '정의'다(10:12).

호세아는 하나님과 이스라엘의 관계를 결혼에 비유한다. 하나님이 이스라엘을 신부 삼아 그녀에게 장가를 드셨다. 이 결혼을 위해 그분은 '정의와 공평과 은총과 위로'를 가져오셨다(2:19). 은총과 위로에는 정의와 공평이라는 원칙이 함께 간다. 이를 한마디로 '진실함'으로 요약할 수도 있다(2:20). 하지만 이스라엘은 하나님의 사랑에 제대로 반응하지 못했고, 그래서 하나님은 그들에게 "그들의 행위대로 벌하고, 그들의 행위대로 갚을 것이라"고 경고하신다(4:9). 물론 이 처벌이 언약 관계 자체를, 아니 하나님의 선택 자체를 무효로 돌리지는 않는다(13:4-5). 하지만 하나님이 이스라엘의 죄를 가볍게 넘기시리라 생각한다면 이보다 더 큰 착각은 없다(13:6-13). 언제나 하나님은 그의 백성을 그 행위대로 진실하게 갚아 주시는 분이다(12:2). 그래서 이스라엘이 하나님의 은혜 속에 머무는 길은 하나다.

그러니 너희 하나님께로 돌아와 사랑과 정의를 지키며 너의 하나님께만 희망을 두어라. (12:6)

이것이 진정한 예배의 회복이요 참된 예배를 가능케 하는 삶의 모습이다.

이스라엘아, 네 하나님 야훼께 돌아오너라. 네가 지은 죄가 너를 걸어 거꾸러뜨렸지만, 너희는 드릴 말씀을 준비하여 야훼께 돌아와 이렇게 아뢰어라. "우리가 지은 모든 죄를 용서하여 주십시오. 선한 것을 받아 주십시오. 우리가 우리 입술의 수송아지/열매를 드리겠습니다." (14:1-3)[15]

## 하나님이 원하시는 제사: 미가

헛된 신뢰, 무의미한 예배에 대한 경고는 유다의 예언자 미가의 메시지에서도 찾을 수 있다. 미가 3장은 유다 지도자들에 대한 통렬한 고발이다. 미가는 정의를 팽개치고 살인과 부패를 일삼는 자들과 뇌물에 빠진 통치자들과 돈맛을 들인 제사장들과 선지자들을 신랄하게 비판한다(미 3:10-11). 공동체의 도덕적 타락은 심각하다. "경건한 자가 세상에서 끊어졌고, 정직한 자가 사람들 가운데 없다"는 탄식이 터져 나오는 상황이다(7:2). 그 누구도 믿을 수 없는 상황, 가족마저도 원수가 되어 버린, 그야말로 약육강식의 험악한 상황이다(7:2, 5-6). 이처럼 모두가 "두 손으로 부지런히 악을 행하는"(7:3) 상황 배후에 잘못된 지도자들의 타락이 있다. 정치지도자와 재판관은 서로 결탁하여 정의의 원칙을 팽개치고 뇌물을 구하며 백성을 학대한다(3:1-3, 9-10; 7:3). 그들 중 가장 착한 사람이라고 해도 "쓸모없는 잡초"와 다를 바 없고, 가장 정직한 사람이라 해도 "가시나무 울타리보다 더 고약한" 형편이다(7:4). 예언자들 역시 영적 권위를 상실하고 돈에 매수된 지 오래다(3:5-7). 미가는 이런 상황을 매우 간결하게 표현한다.

이 도성의 지도자들은 뇌물을 받고서야 다스리며, 제사장들은 삯을 받고서야 율법을 가르치며, 예언자들은 돈을 받고서야 계시를 밝힌다. (3:11)

지금 우리 주변에서 흔히 볼 수 있는, 그야말로 갈 때까지 간 상황이다. 그런데 여기에 역설적 상황이 존재한다. 놀랍게도 그들은 이처럼 적나라한 타락의 양상을 보여 주면서도 야훼를 의지한다고 큰소리쳤다(3:11). 하나님을 향해 보이는 그들의 신뢰와 확신은 감동적이기까지 하다.

우리에게 어떤 불행도 닥치지 않을 것이다. 왜냐하면 야훼께서 바로 여기 우리와 함께 계시니까! (3:11)

그들의 신뢰가 살아 계신 하나님을 향한 신뢰일 리는 없다. 오히려 그들은 예루살렘의 멸망을 재촉하는, 하나님을 섬기는 예배 공동체의 몰락을 자초하는 암종일 뿐이다("너희 때문에", 3:12). 하나님은 그들의 고백이 아니라 그들의 행동을 살피신다. 하나님은 사람들을 속여 부를 축적한 사람들, 저울을 속여 축재를 한 사람들, 착취하여 부자가 된 사람들, 거짓말을 일삼는 사람들을 용서하실 수 없다(6:10-12; 레 19:35-36). 그들이 하나님의 율법 대신 "오므리의 율례와 아합 집의 모든 예법을 지키고 그들의 전통을 따르는" 한 하나님의 심판을 피할 길은 없다(미 6:16; 왕하 8:26-27). 예언자의 메시지는 선명하다. 진정으로 하나님을 신뢰하고 참으로 하나님께 나아가는 길은 예배의 갱신이 아니라 삶의 갱신이요 구체적인 행동의 변화다. 성전을 향해 나오는 예배자의 질문과 그에 대한 제사장의 답변 형식을 흉내 낸 것으로 보이는 한 구절에서 미가는 하나님이 원하시는 참된 예배에 대한 극적인 정의를 제시한다. 자연 이 구절은 미가서에서 가장 유명한 구절이 되었다.

내가 무엇을 가지고 야훼 앞에 나아가며 높으신 하나님께 경배할까? 내가 번제물로 일 년 된 송아지를 가지고 그 앞에 나아갈까? 야훼께서 천천의 숫양이나 만만의 강물 같은 기름을 기뻐하실까? 내 허물을 위하여 내 맏아들을, 내 영혼의 죄로 말미암아 내 몸의 열매를 드릴까? 사람아 주께서 선한 것이 무엇임을 네게 보이셨나니 야훼께서 네게 구하시는 것은 오직 정의를 행하며 인자를 사랑하며 겸손하게 네 하나님과 함께 행하는 것이 아니냐? (6:6-8)

**거룩한 집회, 악한 삶: 이사야**

이사야가 경험하는 유다의 영적 현실 역시 그보다 이전 시대에 아모스가 비판했던 북쪽 이스라엘의 상황과 별로 다르지 않았다. 이사야 역시 백성들의 삶에서 영적 위선의 행태를 보았고, 집요하게 이 문제를 물고 늘어진다. 재미있게도 복음서에서 예수님은 바리새인들의 위선을 지적하면서 이사야 29장의 한 구절을 인용하셨다. 그들은 '입/입술'로는 하나님께 가까이 나아가고 그분을 영화롭게 하지만, '마음'은 하나님에게서 멀다. 부지런히 예배를 드리지만 그들의 예배는 '헛되다'. 화려한 영성을 자랑하는 듯하지만, 실상은 '사람의 계명을 교훈 삼아 가르치는' 행태에 지나지 않는다(사 29:13; 마 15:8-9; 막 7:6-7). 이사야가 보았던 고대 이스라엘의 영적 상태가 예수님이 바라보신 바리새인의 모습과 다르지 않다는 것이다. 실제 이사야서는 시작부터 매우 거친 표현을 동원하여 '입술'과 '마음' 사이의 불행한 모순을 공격한다. 이스라엘은 자신을 기른 아버지를 거역하고 있다. 그런 점에서 그들은 주인을 배반하지 않는 소나 나귀보다도 못한 존재다(사 1:2-3). 시내산 언약 체결 장면을 연상케 하는 말투로(출 19:5-6), 예언자는 이스라엘이 "범죄한 나라요 허물진 백성이요 행악의 종자요 행위가 부패한 자식"이라고 질타한다(사 1:4; 참고. 신 32:5, 20).

하지만 예언자의 절망은 백성이 죄를 짓는다는 사실에 머물지 않는다. 더 큰 문제는 그들이 하나님께 벌을 받으면서도(사 1:4-9) 여전히 사태의 본질을 파악하지 못한다는 사실이다. 불순종을 적나라하게 자행하면서도 이스라엘은 그들이 영적으로 건강하다고 생각했다. 이런 착각의 근거는 그들의 '신앙'이었다. 그들은 성대한 제사가 웅변적으로 증명해 주는 역동적 종교성의 소유자들이다. 예언자는 그들을 향해 '소돔의 관원들'이며 '고모라의 백성들'이라고 격한 비난을 서슴지 않는다(1:10).[16] 하지만 정작 그들은 자신에게 아무런 문제도 없다고 생각한다. 그들은 여전히 하나님을 '예배하는' 백성이기 때문이다. 이스라엘의 위선적 종교성의 허상을 적나라하게 드러내는 예언자의 꾸지람은 이사야서에서 가장 잘 알려진 구절 중 하나가 되었다.

야훼께서 말씀하시되 너희의 무수한 제물이 내게 무엇이 유익하뇨 나는 숫양의 번제와 살진 짐승의 기름에 배불렀고 나는 수송아지나 어린 양이나 수염소의 피를 기뻐하지 아니하노라. 너희가 내 앞에 보이러 오니 이것을 누가 너희에게 요구하였느냐 내 마당만 밟을 뿐이니라. 헛된 제물을 다시 가져오지 말라 분향은 나의 가증히 여기는 바요 월삭과 안식일과 대회로 모이는 것도 그러하니 성회와 아울러 악을 행하는 것을 내가 견디지 못하겠노라. 내 마음이 너희의 월삭과 정한 절기를 싫어하나니 그것이 내게 무거운 짐이라 내가 지기에 곤비하였느니라.
(1:11-14; 참고. 66:3)

하나님 보시기에 지금 이스라엘이 드리는 제물은 '헛된 제물'(참고. 29:13)이며, 그들의 요란한 제사 행위는 모두 야훼의 집 '마당만 밟는' 무의미한 몸짓에 불과하다. 이는 무의미한 것으로만 끝나지 않는다. 하나님 앞에서 무의미한 행동이란 존재하지 않는다. 오히려 이들의 제사는 하나님 앞에 '가증한' 제사, 곧 잘못 드려진 제사로 간주된다.[17] 그들의 제사가 헛될 뿐 아니라 하나님 앞에 역겨운 이유는 분명하다. 하나님은 '거룩한 모임과 아울러 악을 행하는' 위선적 행태를 견디지 못하시는 분이기 때문이다. 지금 하나님은 이스라엘의 기도를 도저히 들어주실 수가 없다. 기도한다고 높이 든 그들의 손에 피가 가득하기 때문이다(1:15). 하나님은 화려한 제사 이전에 먼저 그들의 죄를 회개하라고 요구하신다.

예언자의 제사무용론은 대단히 직설적이다. 이스라엘의 제사는 무익한 수준을 넘어 하나님께 '가증스러운' 것, 하나님이 '싫어하시는' 것으로 규정된다. 하지만 문맥이 말해 주듯 이런 극단적 언어는 제사 자체의 의미에 관한 진술이 아니다. 예언자의 메시지는 그들이 드리는 제사나 그들이 행하는 금식이 제대로 된 제사나 금식답게 드려지지 않는다는 것이다(참고. 66:1-4). 이스라엘이 금식을 해도 하나님이 눈여겨보시지 않는 이유는 금식 자체가 무의미해서가 아니라 금식하는 사람다운 태도를 보이지 않기 때문이다. 그들은 금식일에도 '자기 일만 찾고 일꾼들을 다그치는' 행태를 보인다(58:3). 금식하는 중에도 '다투고 싸우며 못된 주먹질을 일삼는다'(58:4). 이건 하나님이 기뻐하시는 금식, 하나님이 계신 곳까지 올라갈 수 있는 금식이 아니다. 이런 행태를 지속하는 한 아무리 갈대처럼 머리를 숙이고 굵은 베와 재를 깔고 누운들 하나님께 받아들여지지 못할 것이다. 그들의 금식이 유효하려면 그들의 삶이 달라져야 한다. 갇힌 자를 풀어 주고, 압제당하는 자를 자유롭게 하는 삶, 가진 양식을 나누며 도움이 필요한 자를 맞아들이는 삶, 이런 삶이 금식을 금식답게 만드는 조건이다(58:5-7).

예언자의 신랄한 공격의 화살은 이스라엘의 화려한 제사를 사실상 무용지물로 만드는 실질적 원인, 곧 그 제사 행위의 화려한 열성과 상반되는 도덕적 타락을 겨냥한다.

> 너희는 스스로 씻으며 스스로 깨끗하게 하여 내 목전에서 너희 악한 행실을 버리며 행악을 그치고 선행을 배우며 정의를 구하며 학대받는 자를 도와주며 고아를 위하여 신원하며 과부를 위하여 변호하라 하셨느니라. (1:16-17)

이스라엘의 착각과는 달리 해법은 제사가 아니다. 순종이 전제되지 않는 위선적 제사는 하나님의 분노를 촉발할 뿐이다. 불순종의 유일한 해법은 행실을 고치는 회개다. 종종 무조건적 용서의 선언으로 잘못 인용되곤 하는 이사야서 말씀은 사실은 질책과 회개 촉구의 문맥에서 주어졌다.

> 야훼께서 말씀하시되 오라 우리가 서로 변론하자 너희의 죄가 주홍 같을지라도 눈과 같이 희어질 것이요 진홍같이 붉을지라도 양털같이 희게 되리라. (1:18)[18]

주홍 같은 죄라도 씻길 수 있다. 하지만 이는 무수한 제물이나 화려한 제사가 아니라 하나님의 말씀에 대한 순종을 요구한다.[19] 돌아서서 하나님께 순종하면 약속대로 용서를 경험하고 하나님이 주신 땅에서 안정된 삶을 누릴 것이다. 하지만 하나님의 부름을 끝내 거절하면 심판의 칼을 피할 수 없을 것이다(1:19-20).

이스라엘을 향한 하나님의 거듭된 경고는 언약적 특권을 언약적 책임과 연결하지 않는 오만함, 혹은 언약적 책임은 무시하면서 제의적 몸짓으로 언약적 특권을 확보하려는 위선을 겨냥한 것이었다. 제사라는 섬김의 의식도, 할례라는 정체성의 표시도 모두 무의미하다. 궁극적으로 중요한 것은 제사가 아니라 순종이다. 불순종의 삶이 지속될 때, 이스라엘 역시 '소돔'이요 '고모라'라는 이름을 피할 수 없다. 당연히 이스라엘이 다시 '의의 도시'요 '신실한 도시'라는 특권을 누릴 수 있으려면 그들이 불의를 버리고 깨끗해져야 한다(1:25-26). 구원을 향한 유일한 길은 '정의'(미쉬파트)와 '공의' (체다카)를 회복하는 것이다. 하지만 주님의 말씀을 팽개치고 불순종하는 자들은 멸망을 피하지 못할 것이다(1:27-28). 이 공평하신 하나님 앞에서 진솔한 회개와 순종이 없다면 어떤 종교적 몸짓도 아무런 도움이 되지 못할 것이다.

### 헛된 구원의 확신: 예레미야

누군가 잘못을 저질렀을 때 우리는 그 당사자를 나무란다. 정상적으로 생각하는 사람이라면 자기 잘못을 솔직하게 인정하고 거기서부터 문제를 풀어 갈 것이다. 하지만 실제 우리는 해결 과정이 그렇게 깔끔하지 않음을 종종 경험한다. 많은 경우, 잘못을 저지른 '피의자'가 자기 잘못을 인정하지 않는 상황이 발생하기 때문이다. 유명한 목사들에게서 자주 보듯이, 자신의 잘못을 알면서 애써 부정하는 경우도 있다. 논문을 표절했든, 교회의 돈을 유용했든, 혹은 성적 잘못을 저질렀든, 그 잘못이 가져다주는 책임을 지고 싶지 않기 때문이다. 하지만 잘못을 저지른 당사자로 지목된 사람이 잘못을 인식하지 못하는 경우에는 더욱 난감하다. 그는 진심으로 자신을 향한 타인의 비난이 부당하다고 느낀다. 정당한 이유도 없이 비난을 받아서 억울하다고 호소하는 것이다.

예레미야의 선포에서도 위선적 종교성에 대한 신랄한 질책이 자주 나타난다. 백성들의 죄를 지적하는 예언자의 적나라한 메시지는 고백과 회개보다는 당당한 항의에 직면할 때가 많다. 그는 백성들의 불의를 비판하지만 그들은 그의 비판에 공감하지 않는다. 가령 예언자는 그들이 '발정한 암나귀'처럼 욕망에 헐떡이며 풍요를 약속하는 이방 신들에게 달려갔다고 질책한다(렘 2:24-25). 하지만 정작 백성들은 스스로를 더럽히는 행동을 한 적이 없으며, 바알을 따라 섬긴 적도 없다고 항변한다(2:23). 예언자는 그들의 이율배반적 자신감 배후에 종교적 열정의 가시적 효과가 놓여 있음을 지적한다. 아름답게 보이려고 부지런히 치장하는 여자처럼, 이스라엘은 그들의 '길을 아름답게 치장하였다'(2:33).[20] 성전을 중심으로 이루어진 이런 종교적 열성은 그들 자신에게 하나님을 신뢰하는 자, 그래서 안전한 자라는 헛된 확신을 심어 주었다(3:4-5; 7:10 등). 백성들의 잘못을 지적하고 그들을 주께로 돌이켜야 할 종교 지도자들 역시 이런 영적 태만을 조장하는 데 앞장섰다.

> 그들이 내 백성의 상처를 가볍게 여기면서 말하기를 평강하라 평강하라 하나 평강이 없도다. (6:14)

이런 종교적 의식과 교리적 고백은 백성을 선한 삶으로 인도하는 장치가 아니라 도리어 그들의 악한 삶을 가리는 수단에 불과하다(3:5). 성전으로 나와 멋진 제사를 드리지만 이는 삶을 담은 진심이 아니라 피상적 열정의 표현일 뿐이다(3:10). 현란한 손놀림으로 관중을 속이는 숙련된 마술사처럼, 종교적 화려함으로 시야를 흐려 그들의 악한 삶을 보지 못하도록 거짓말을 하는 것이다. 하나님의 심판은 바로 이런 종교적 위선을 겨냥한다.

보라, 네 말이 나는 죄를 범하지 아니하였다 하였으므로 내가 너를 심판하리라. (2:35)

유명한 성전 설교 역시 헛된 종교성으로 치장된 위선적 행태를 신랄하게 고발한다(7, 26장).[21] 성전은 하나님을 향한 신앙의 핵심 장치지만, 이는 또한 현실에서 이스라엘의 영적 갱신을 가로막는 가장 힘겨운 장애물이기도 했다. 성전으로 나아가는 행위와 하나님께 귀한 예물을 바치는 행위의 그윽한 감동은 마치 그것이 하나님의 은혜를 누리는 가장 효과적인 길인 것처럼 착각하게 만든다. 하지만 그들의 영적 자신감과는 달리 예언자가 인식하는 실제 상황은 창조 이전의 혼돈 상태를 떠올리게 할 만큼 처참하다(4:23-26). 이런 상황에서 예레미야는 '야훼의 집 문', 곧 일상적 삶과 제의적 섬김의 경계 지점에 서서 '야훼께 예배하러' 성전으로 들어가는 백성들에게 선포한다. 예레미야의 메시지는 '너희 길과 행위를 바르게 하라'는 것, 그리하면 하나님이 그들의 안전을 지켜 주신다는 것이었다(7:3). 더불어 그는 선언한다. "너희는 이것이 야훼의 성전이라, 야훼의 성전이라, 야훼의 성전이라 하는 거짓말을 믿지 말라"(7:4). 이는 곧 지금 유다의 백성들이 드리는 예배 자체가 무의미하다는 선언과 같다. 중요한 것은 그들의 '길과 행위를 참으로 바르게 하는' 것이며, 바로 거기에 진정한 안전의 열쇠가 있다(7:5-7). 심판이 임박한 상황에서 하나님의 계명을 무시한 채 야훼의 성전에 들어와 '우리는 안전하다' 하고 외친들, 이는 '무익한 거짓말'에 지나지 않는다(7:8-10).[22] 그들이 들어와 있는 곳은 '야훼의 집'이 아니라 '강도의 소굴'로 전락한 상황이기 때문이다(7:11; 막 11:17; 마 21:13; 눅 19:46). 물론 성전을 강도의 소굴로 만든 것은, 하나님의 백성이면서 실제로는 강도처럼 되어 버린, 그런 존재로 성전에 들어와 하나님의 집을 더럽히는 백성들 자신이다.

하나님은 예레미야에게 "이 백성을 위하여 기도하지 말라"고 명령하신다(렘 7:16). 온갖 불의로 야훼의 분노를 촉발하는 자에게는 그에 합당한 심판이 기다릴 뿐이다(7:16-20). 불의한 삶과 더불어 드려지는 제사는 화려할수록 역겹다. 이사야처럼 예레미야의 하나님 역시 백성들의 희생 제물을 두고 "너희들이나 [처]먹으라!"고 소리치신다(7:21). 이스라엘과 맺은 언약의 순서가 말해 주듯, 하나님이 가장 먼저 요구하신 것은 희생 제사가 아니라 말씀에 대한 순종이었다(7:22-23; 참고. 암 5:25).[23] 그들은 "우리는 지혜가 있고, 우리에게는 야훼의 율법이 있다"고 뿌듯해하지만(8:8), 그들은 삶에서 "야훼의 말씀을 버렸다"(8:9). 예언자는 이런 백성들에게 심판을 선고한다. 언젠가 '날이 이르면' 하나님은 '할례자와 할례받지 못한 자를' 혹은 '(육체에만 할례를 받은) 할례자들의 무할례를' 벌하실 것이다(9:25). 하나님은 모든 민족을 벌하실 것이다. "무릇 모든 민족은 할례를 받지 못하였고, 이스라엘은 마음에 할례를 받지 못하였기 때문이다"(9:26).[24] 그래서 예언자는 외친다. "너희는 야훼를 향하여 할례를 행하라. [생식기의 포피 대신] 너희 마음의 포피를 베어라"(4:4, 14). 지금은 가시덤불 위에 대충 씨를 뿌릴 수 있는 상황이 아니다. 묵은 땅 자체를 아예 갈아엎는 근본적인 변화가 필요하다. 그렇지 않으면 이들의 악행 때문에 하나님의 분노가 불같이 일어나 그들을 사를 것이며, 이 진노의 불은 끌 사람이 없을 것이다(4:4).

예언자는 사람들의 악한 '마음'에 절망한다. "만물보다 심히 부패하고 거짓된 것이 사람의 마음이다"(17:9). 여기에 자력갱생의 가능성은 없다(13:23). 결국 백성들에게 전할 유일한 메시지는 심판뿐이다. 부패한 인간의 마음을 사람이야 헤아릴 수 없지만, "야훼는 마음(심장)을 살피며, 폐부(콩팥)를 시험하고, 각각 그의 행위와 그의 행실대로 보응하는" 분이시기 때문이다(17:10; 참고. 롬 2:6, 16). 선지자는 인간적 삶의 지평에서는 희망을 찾을 수 없었다. 그래서 그는 나중에 하나님이 주시는 초월적 희망, 곧 새 언약에 대한 희망을 노래한다. 새 언약의 핵심은 하나님이 율법을 돌판 아닌 백성들의 마음에 새기시는 것이었다(31:31-34; 32:40). 순종 없이는 희망도 없다. 따라서 하나님의 해법 역시 불순종을 덮을 수 있는 종교적·교리적 장치를 제공하는 것이 아니라, 그들을 새로 빚어 순종하는 백성을 만드는 것이었다. 이 소망의 빛 아래서, 선지자는 백성들의 위선적 행태를 더욱 뼈아프게 받아들이며, 하나님께 돌아서도록 경고를 던진다. 새로운 희망은 약간의 개조와 변화만으로는 성취될 수 없다. 실질적 변화를 위해서는 완전히 새로운 언약이 필요하다. 신약성경이 예수 그리스도의 의미를 설명하면서 새 언약에 대한 예레미야의 비전을 떠올린 것은 우연이 아니다.

죄와 싸우는 것도 힘겹지만, 자신의 죄를 알아차리지 못하는 사람과 싸우는 것은 더욱 힘들다. 그 숨김과 포장의 장치가 신앙이라면 오죽할까. 예언자들의 투쟁이 그랬다. 하나님의 선민을 자처하면서도 사악한 사람들, 그러면서도 나름의 종교적 믿음과 의식들로 견고한 '구원의 확신'을 노래할 수 있었던 사람들, 종교적으로 만족하고 자위하면서 그만큼 편하게 자기 욕망의 길을 걸었던 사람들…. 많은 시간이 지났지만 예언자들의 싸움은 여전히 하나님의 백성을 자처하는 사람들의 삶에서 재현되는 것처럼 보인다.

시대가 바뀌면서 우리는 구속의 역사가 전환점을 돌아, 예언자가 고대하던 새 언약이 현실이 된 시대를 살고 있다. 그러나 동시에 새로운 구속의 드라마를 그려 내고 그 속에서 새로운 삶의 청사진을 제시하는 새 언약의 논리는, 그 나름의 방식으로 범죄의 정당화를 위한 새로운 논리로 차용되고 있다. 과거에 하나님과의 언약을 내세우며 종교적 명분으로 언약의 삶을 팽개친 이스라엘처럼, 현대판 하나님의 백성들은 '복음'이라는 종교적 명분으로 하나님과 맺은 언약의 삶을 우선순위에서 밀어내는 것이다. 때로는 예수님의 이름이, 그분의 십자가와 죽음이 활용되기도 하고, 그분의 사도를 자처했던 바울의 이름이, 그가 선포한 믿음과 은혜의 메시지가 사용되기도 한다. 그 결과 우리는 관계가 사라진 구원을 상상한다. 내가 바라는 것만 주고 조용히 사라지는 구원자를 만들어 내기도 한다.

하지만 형태가 달라져도 착각은 여전히 착각이다. 공의로운 가족을 꿈꾸며 아브라함을 선택하신 하나님이 시대에 따라 달라지시는 것은 아니다. 예언자들을 보내 이스라엘을 질타하신 하나님은 나사렛 예수 그리스도의 십자가와 부활을 통해 우리에게 새로운 생명으로 찾아오신 바로 그 하나님이시다. 예수님은 하나님 나라에 들어가는 길에 대해 가르치셨다. 그리고 신약의 사도들은 예수님이 어떻게 우리를 영생의 길로 인도하시는지 가르쳤다. 이는 모두 하나님 나라에 들어갈 만한 자격을 갖춘 사람들, 영생을 수확하기에 어울리는 사람들을 만들어 내는 것에 관한 이야기였다. 하나님께 순종하는 삶의 이야기였고, 그 순종의 삶을 창조해 내시는 하나님의 강력한 은혜에 관한 이야기였다. 이것이 바로 세례 요한과 나사렛 예수가 선포하신 하나님 나라 이야기고, 바울이 선포한 믿음과 은혜의 복음이다. 그래서 우리 이야기는 바로 복음의 이야기로 넘어간다.

4장

# 열매 없는 자기 확신의 위험

세례 요한의 경고

## 확신, 양날의 칼

신앙인들에게 확신은 양날의 칼이다. 신앙인의 삶에서 분명한 확신이 갖는 중요성을 부정할 수는 없다. 하나님을 믿는 사람이 믿음에 대한 분명한 확신이 없다면 신앙을 제대로 발휘하기 어렵다. 특히 삶이 힘겹거나 애매할 때, 확신을 가진 사람과 아닌 사람의 차이는 확연히 드러난다. 강한 확신을 가진 사람은 어떤 어려움 앞에서도 자신이 믿는 바에 따라 행동할 것이고, 확신이 없는 사람은 달라지는 상황에 따라 마음속 생각도 쉽게 흔들릴 것이다. 확신이 없는 사람은 야고보서가 말하는 '두 마음을 품은' 사람, '바람에 밀려 흔들리는 바다 물결' 같은 사람이다(약 1:6-8). 혹은 에베소서가 말하는 '어린아이', 곧 중심을 잡지 못하고 주변의 온갖 그럴듯한 풍조에 쉽게 흔들리는 사람이다(엡 4:14). 깊은 신념은 그 사람의 삶에 일관된 중심을 잡아 준다. 잠시 흔들리더라도 다시 제자리를 찾도록 이끄는 나무의 깊은 뿌리라 해도 좋을 것이다. 히브리서는 소망이라는 형태로 나타나는 그리스도인의 확신을 두고 영적 표류의 위험을 막아 줄 '영혼의 닻'이라 부른다(히 6:19; 2:1). 이런 신념은 일상에서 우리의 삶을 보다 역동적으로 만드는 에너지가 된다. 그래서 같은 일을 하더라도 신념을 가진 사람과 우물쭈물하는 사람은 다르다. 일하는 과정도 다르고, 따라서 결과도 다를 때가 많다.

신념의 이런 실용적 효과를 잘 아는 자기 계발 전략가들은 신념이라는 에너지를 자가발전시키라고 외친다. 자신을 신뢰하고 자신에 대한 긍정적 사고를 가짐으로써 삶의 질을 높일 수 있다는 속삭임이다. 그래서 '적극적 사고방식'도 등장하고, '긍정의 힘'도 등장한다. 분명 그럴듯한 대목은 있다. 자신감이 주는 긍정적 효과를 모르는 사람은 없다. 하지만 삶은 나 혼자 살아가는 독주가 아니다. 나의 삶은 끊임없이 내 이웃의 삶과 뒤엉키고, 이 뒤엉킴은 흔쾌한 어깨동무나 감격스러운 포옹인 만큼, 팽팽한 긴장과 격한 부딪힘이기도 하다. 스스로 갖는 자신감이 주변 세상까지도 움직일 수 있는 리모컨이라 생각하는 순간, 자신감에 대한 정당한 자신감은 현실을 왜곡하는 혹은 주변의 이웃과 현실에 폭력을 가하는 위험한 신화로 변한다. 슬프게도 종종 이런 이행에 기독교적 '초월'의 언어가 동원된다. 나의 자신감에 믿음이라는 이름표가 붙고, 그 자신감이 만들어 내는 총체적 나비효과는 나를 위한 하나님의 뜻으로 받아들여진다.

하지만 이런 자기 개발 담론은 성경이 말하는 복음과는 거리가 멀다. 원래는 신을 필요로 하지 않는 인본주의적 사상을 선별된 성경의 언어로 재주껏 채색했을 뿐이다. 효과를 노리고 신념을 말하는 순간, 그 신념은 진리를 향한 순례의 열정이 아니라 원하는 대상을 소유하고자 하는 정복의 욕망에 이끌린다. 그래서 이런 적극적 신념을 노래하는 이들의 복음이 소위 '번영 복음'의 형태를 띠는 것은 거의 필연적이다. 하긴 얼마나 좋겠는가? 내 욕망을 채우면서도 그것으로 하나님의 뜻을 이룰 수 있다니. 간혹 이런 착각의 틈새로 사태의 진실이 엿보이기도 한다. 허리케인으로 수많은 이재민이 생겼을 때 예배당 개방을 거부한 조엘 오스틴 같은 사람처럼 말이다. 하지만 세속적 성공 신화를 믿고 싶은 이들에게는 이런 명백한 사건조차 아무런 계시적 의미가 없을 것이다. 어차피 사실이 아니라 내 욕망에 이끌리는 확신을 추구하기 때문이다.

물론 신앙적 확신이 세속적 긍정의 신화로 쉽게 타락한다 해서, 신념 자체의 중요성을 부정할 수는 없다. 신약성경도 끊임없이 강조하는 것처럼, 복음에 대한 분명한 확신이 있어야만 보다 일관된 신앙인의 삶을 살 수 있다. 그렇다. 이 세상에서 그리스도인으로 살아가기 위해서는 분명한 확신이 필요하다. 하지만 안타깝게도 우리의 확신은 쉽게 타락한다. 번영 복음의 경우에서 보듯, 신앙적 확신의 외형은 그대로 간직하지만 내가 확신하는 속내는 내 욕망에 맞게 변형된다. 물론 나의 확신은 건재하다. 내 확신의 언어 또한 여전히 성경적이다. 그래서 나는 내가 건강한 신앙적 확신을 가진 사람임을 의심하지 않는다. 하지만 이런 자신감 속에서 내 확신은 공교롭게도 내게 유리한 내용들로만 채워진다. 불편한 사실들은 확신의 그릇에서 비워지고, 대신 내 욕망에 어울리는 내용들이 그 자리를 차지한다. 이렇게 우리의 확신은 쉽게 자기중심적 착각으로 타락한다.

그래서 건강한 신앙을 위해 보다 중요한 것은 확신 자체가 아니라 우리가 확신하는 복음의 올바름이다. 확신 자체를 진리인 양

숭배하는 요상한 문화 속에서는 더더욱 되새겨야 할 상식이다. 애초부터 확신할 만한 가치가 있음을 알았기에 확신하는 것이지, 내가 확신하기 때문에 확신할 만한 진리가 되는 것이 아니다. 우리가 성경의 가르침에 근거한 내용을 확신한다면 그것이 올바른 믿음이다. 하지만 복음의 진리에서 벗어나는 무언가를 확신한다면 그것은 아무 의미도 없는 공허한 신념에 지나지 않는다. 물론 우리는 잘못된 신념을 참믿음으로 착각할 수 있다. 그리고 내가 착각하고 있음을 의식하지 못할 수도 있다. 하지만 고의가 아니었다고 해서 착각이 믿음으로 바뀌지는 않는다. 여기에 위험이 있다. 잘못된 신념은 신념이 없는 것만큼이나 위험하다. 아니, 빗나간 신념은 신념이 없는 상태보다 더 위험할 수 있다. 올바른 신념의 가능성조차 막아 버리기 때문이다.

그러기에 신앙의 영역에서 올바른 믿음과 자기중심적 착각의 구분은 중요하다. 우리는 진리를 사랑하며 참된 믿음을 추구하기도 하지만, 나름의 욕망에 이끌리며 그에 어울리는 착각을 만들어 내기도 한다. 우리는 죄의 영향 아래 있고, 그래서 우리의 의식은 사실을 쉽게 왜곡한다. 문제는 우리가 이 왜곡을 지각하지 못할 때가 많다는 사실이다. 물속의 젓가락이 휘어 보이는 것처럼, 나에게는 왜곡된 그림이 사태의 진실이라 여겨진다. 그리고 나는 그것을 '믿는다.' 욕망의 작용은 이처럼 음흉하다. 조금만 방심하면 욕망은 금방 내 의식의 그림자 뒤로 숨어 버린다. 그리고 나는 내 착각이 제대로 된 믿음이라 믿는다. 이는 진솔한 믿음이 생겨나는 과정이 아니라 의뭉스러운 착각이 만들어지는 과정이다. 내가 확신한다는 사실이 진리를 보증하지는 않기 때문이다.

그리스도인들은 확신을 중요시한다. 특히 구원의 확신이 중요하다. 그래서 구원의 확신 여부가 구원의 사실 자체와 연결된 것처럼 설명되기도 한다. 구원의 확신이 있을 때, 그러니까 자신이 구원받았다는 사실을 확실히 믿을 때, 그 사람은 구원을 받은 것이다. 반대로 구원에 대한 확신이 없을 때, 그 사람의 구원 자체도 확실하지 않은 것으로 간주된다. 물론 이렇게 대놓고 말하는 경우는 잘 없지만, 구원의 확신을 그토록 강조한다는 사실 자체가 이런 메시지를 전제한다. 여간 우스꽝스러운 이야기가 아니다. 구원이 나 자신의 확신에 달려 있다는 발상은 실제 성경이 말하는 구원의 방식과 거리가 멀기 때문이다. 사실 우리는 구원의 확신이 언제나 구원 여부를 알 수 있는 정확한 테스트는 아니라는 사실을 안다. 구원의 확신은 누구 못지않지만, '누가 보아도 정말 아닌' 사람들도 있기 때문이다.

잘못된 신념, 곧 빗나간 확신의 위험은 여기 있다. 곧 그 자신감 때문에 사실에 대한 정확한 관찰과 판단이 어려워지는 것이다. 내가 무언가를 확신하는 순간, 더 이상 열린 탐구가 필요치 않기 때문이다. 내가 구원받았다는 확신이 설 때, 그래서 내가 구원받은 사람이라는 자신감이 생길 때, 나는 언제나 '이미 화장실을 다녀온 사람'이 된다. 이제 나는 빨리 화장실에 가서 구원을 받아야 할 절박한 상황과는 무관하다. 이미 근본적 문제를 해결한 사람이기 때문이다. 가장 곤란한 문제가 해소된 후에 이전의 절박함을 생생하게 재생하기란 쉽지 않다. 그래서 화장실을 다녀온 후 삶을 바라보는 우리의 태도와 눈길은 화장실을 다녀오기 전과는 판이하게 다르다. 아쉬워서 돈을 꿀 때의 절박한 마음과 돈을 돌려줄 때의 아까운 마음이 다른 것처럼 말이다. 이처럼 상황의 변화는 마음가짐의 변화를 낳고, 마음가짐의 변화는 삶을 살아가는 우리의 자세를 다르게 만든다. 물론 그렇다고 아주 '막 가지는' 않는다. 구원받은 자답게 모두가 순종하고 싶어한다. 하지만 이 정도 마음으로 가능한 것이 순종의 삶이라면, 애초부터 문제가 생기지도 않았을 것이다. 만약 이것이 자연스러운 복음의 논리라고 생각하는 사람이 있다면, 그는 인간의 사악함에 대해 좀더 진지한 성찰을 하는 편이 좋을 것이다. 아니 작금의 교회 현실을 조금만 둘러보아도 좋을 것이다. 이것이 바로 필자가 '진정한 믿음은 반드시 순종으로 나타난다'는 식의 발언이 무책임하다고 생각하는 이유고, 어려운 질문을 이런 식의 말로 덮고 넘어가는 일부 신학자들에 대해 화가 나는 이유다.

확신은 중요하지만 착각은 마약처럼 위험하다. 내 욕망에 맞으니 달콤하지만 제대로 된 믿음이 아니라는 점에서 치명적이다. 그래서 성경은 지속적인 자기 검증을 요구한다. '서 있다'는 확신보다 더 중요한 것은 넘어지지 않도록 자신을 돌아보는 일이다(고전 10:12). 내가 '그리스도 안에 있다'고 확신할 수 있지만, 중요한 것은 그 확신이 내 삶의 현장에서 사실로 확인되는지 아닌지 검증하는 일이다(고후 13:5). 제대로 검증하려면 제대로 된 기준이 필요하다. 원칙이 분명해야 원칙을 기준으로 판단을 내릴 것이기 때문이다. 만약 애초부터 잘못된 생각을 갖고 있었다면 그 생각에 맞게 행동할 공산이 크고, 그래서 검증을 통과하지 못할 수도 있다. 실제로는 어떤 중요한 것도 갖지 못했는데 마치 모든 것을 다 가진 양 자신을 속일 수도 있다(갈 6:3). 애초에 기준을 착각했기 때문이다. 그래서 내 삶을 검증하는 것만큼이나 내 신학을 검증하는 것도 중요하다. 확신의 강도가 아니라 내 신념의 정당성을 따지는 것이다. 내가 가진 신학적 확신이 과연 성경이 가르치는 바와 일치하는가? 아니면 성경의 가르침을 애써 무시하면서 내게 더 달콤한 이야기만 편식하는 것은 아닐까?

그런 점에서 세례 요한의 이야기는 의미심장하다. 복음서의 증언에 따르면 요한은 메시아 예수의 선구자다. 하나님 나라의 도래를 선포하고, 심판을 경고하며, 회개를 촉구했다. 그러면서 자기 뒤에 오실, 자기보다 더 큰 메시아 예수를 증언했다. 그런데 그가 메시아의 오심을 준비하며 외친 경고의 메시지는 다름 아닌 **신학적 착각 혹은 그릇된 확신**의 문제를 건드린다. 그는 당시 유대인들 혹은 종교 지도자들에게 철저한 회개가 필요하다고 보았다. 그는 이런 타락한 삶의 배후에 위험한 신학적 착각이 놓여 있다고 보았다. 그래서 올바른 삶의 중요성을 강조함과 동시에 하나님의 백성으로 하여금 사회윤리적 일탈에 둔감하게 만드는 신학적 착각 자체를 문제 삼는다. 이 착각은 그릇된 확신과 안정감을 만들어 내 언약 관계의 긴장을 망가뜨리고, 이로 인해 내 욕망과 결탁한 죄의 전횡을 방관 혹은 방조하는 치명적인 결과를 낳는다. 사람들은 확신이라 우겼지만 요한은 그것을 착각이라 불렀다. 요한이 본 것은 과거 이스라엘의 선지자들이 목격한 현상과 다르지 않았다.

## 세례 요한을 거쳐 예수님에게로

네 복음서의 주인공은 모두 나사렛 예수다. 마가복음의 첫머리에서 말하는 것처럼, 복음 혹은 복음을 담은 복음서의 주제는 '하나님의 아들 예수 그리스도'다(막 1:1). 그래서 복음서 이야기는 예수님의 출생에서 시작하여 그분의 죽음 혹은 그분의 부활과 승천 이야기에서 끝난다. 하지만 예수님의 탄생 이야기가 네 복음서 저자 모두에게 중요한 것은 아니었다. 마가복음은 예수님의 출생과 성장 과정에는 아무런 관심이 없다. 그래서 그의 이야기는 이미 성인이 된 나사렛 예수가 공적 무대에 등장하는 대목에서 시작한다. 요한복음은 아예 시간의 경계를 지워 버리고 "태초에 말씀이 계셨다"라는 장중한 선언과 더불어 시작한다. 하지만 실제 '역사'의 무대에 등장하는 나사렛 예수는 이미 다 자란 성인의 모습이다. 정작 예수님이 출생할 당시의 상황에 관심을 갖는 건 마태와 누가 두 사람뿐이다. 그나마 이 둘의 이야기도 내용이나 분위기가 아주 판이하다. 두 성탄 이야기를 잘 버무려 풍미 넘치는 '섞어찌개'를 끓이는 우리의 습관과 달리, 마태와 누가의 성탄 이야기에는 몇몇 역사적 정보 말고는 겹치는 내용이 거의 없다.

이런 색다름은 복음서 저자가 속했던 신앙 세계와 저자 나름의 신중한 판단의 산물이다. 네 복음서는 모두 같은 예수님의 이야기를 들려주지만, 이야기를 선택하고 배열하고 다듬는 과정에서 각기 나름의 선명한 관점을 드러낸다. 하긴 네 개의 복음서가 모두 꼭같은 이야기를 할 것이었다면, 아예 한 권으로 집대성된 '결정판'을 갖는 게 나았을 것이다. 그렇다. 대상은 하나여도 그 대상을 바라보는 관점은 다양할 수 있다. 마찬가지로 신약 속의 네 복음서도 한 분 예수님의 이야기를 각기 나름의 방식으로 풀어 가며, 그분에 대한 나름의 메시지를 들려준다.[1] 그분의 출생 이야기를 들려주기도 하고 생략하기도 하며, 부활하신 이후 이야기를 길게 늘이기도 하고 짧게 줄이기도 한다. 혹시 조금이라도 틀릴까 노심초사하는 우리와는 달리, 예수님에 대한 나름의 초상을 그려 가는 복음서 저자들의 필치는 사뭇 대담하다. 그리고 그만큼 흥미진진하다.

　이런 독특함과 차이에도 불구하고 네 복음서에는 한 가지 흥미로운 공통점이 존재한다. 바로 세례 요한의 존재다. 모든 복음서의 주인공은 분명 나사렛 예수다. 그런데 네 복음서는 모두 약속이나 한 듯 요한이라는 한 사람에게서 이야기를 시작한다. '요한'이라는 이름은 유대인 이름 '요나'의 헬라식 표기로,[2] 매우 흔한 유대인 이름 중 하나였다. 그래서 성경의 다른 요한들과 구별하기 위해, 우리는 특별히 그를 '세례 요한'(John the Baptist)이라 부른다.

　바로 이 세례 요한이 예수님에 관한 네 복음서 이야기의 서두를 장식하고 있다. 어릴 적부터 성경을 습관처럼 읽어 온 사람은 별로 이상하게 생각하지 않을 수도 있다. 하지만 세례 요한에 대한 네 복음서의 집요한 관심은 생각하면 할수록 흥미로운 현상이 아닐 수 없다. 드라마 첫 장면의 주인공이 예수님이 아닌 요한이라는 사실은 어쩌면 당혹스럽기까지 하다. 하지만 한 가지 사실은 분명하다. 네 복음서 저자들의 판단에 따르면, 제대로 된 예수님 이야기는 어쨌든 세례 요한 이야기에서 시작할 수밖에 없다는 사실이다.

예수님에 관한 이야기지만 모든 이야기를 다 할 수는 없다. 한정된 지면은 선택을 강요한다. 상황에 따라 부모나 출생과 같은 중요한 이야기도 생략할 수 있다(마가복음, 요한복음). 마태복음이나 마가복음처럼 더없이 중요한 부활 이야기조차 간단하게 처리하거나 아예 생략할 수 있다. 예수님이 수많은 기적을 행하셨지만, 네 복음서가 모두 기록한 기적은 오병이어 하나뿐이다. 요한복음처럼 귀신을 쫓아내는 이야기를 아예 무시할 수도 있다. 하지만 어느 경우에도 세례 요한 이야기는 절대 빠지지 않는다. 아예 요한을 예수님의 친척으로 만들어 태어날 때부터 함께 얽힌 사이로 묘사할 수도 있고(누가복음), 서로 관계없던 두 사람이 공적 사역의 현장에서 처음 마주치는 것처럼 묘사할 수도 있다(마태복음, 마가복음, 요한복음). 하지만 어떤 식으로든 요한을 건너뛸 수는 없다. 제대로 된 예수님 이야기라면 그 이야기는 언제나 세례 요한이라는 첫 단추에서 시작해야 한다.

왜 요한이 예수님 이야기의 첫 단추가 되었을까? 물론 실제 이야기가 그렇게 흘러갔기 때문에 그렇게 기록되었을 것이다. 나사렛 예수의 공적 활동이 세례 요한의 사역을 바탕으로 출발했다는 사실은 부정하기 어렵다. 하지만 사실이라고 있는 그대로 모두 기록하는 건 아니다. 복음서 자체가 예수님의 행적과 가르침 중에서 저자의 필요에 따라 취사선택한 결과물이다(요 20:31; 21:25). 그렇다면 (주인공도 아닌) 요한이라고 예외는 아니었을 것이다. 더욱이 요한을 부각시킬수록 그의 뒤를 이은 예수님과의 관계에 대해 불편한 질문이 생길 수 있다. 굳이 그에 관한 이야기를 길게 쓸 필요는 없었을 것이라는 말이다.

실제 예수님이 요한에게 세례를 받았다는 사실은 많은 그리스도인을 불편하게 했다. 적어도 대중적 관점에서 보자면, 예수님이 요한의 제자로 사역을 시작했다는 말이 되기 때문이다. 그래서 마태복음은 요한과 예수님의 대화를 따로 소개함으로써 이 불편함을 해소하려 한다. 두 사람의 관계 자체를 따지면 예수님이 요한에게 세례를 베푸시는 것이 옳겠지만, '하나님의 의'라는 더 큰 명분을 위해 일부러 요한의 세례에 순종하셨다는 '해명'이다(마 3:13-15). 그래서인지 요한복음은 요한이 예수님에게 세례를 주었다는 사실을 생략한 채, 예수님을 증언하는 자로서의 모습에만 초점을 맞춘다(요 1:6-7, 26-27, 29-42). 그리고 더 커져야 할 예수님과 조용히 사라져야 할 요한 사이의 상대적 격차를 부각시킨다(3:30). 무엇보다 요한복음은 시작부터 세례 요한이 어두운 세상을 비추는 바로 그 '빛'이 아니라는 사실을 힘주어 강조한다(1:8, 19-28).

하지만 그렇다고 요한을 건너뛰지는 않는다. 오히려 공관복음과는 사뭇 다르게 두 진영의 제자들 사이에 생긴 갈등을 내비치기도 하고, 예수님의 첫 제자가 원래 요한의 제자들이었다는 '새로운'(?) 사실을 알려주기도 한다. 그리고 그중 하나인 안드레가 자기 형 베드로를 전도했다는 독특한 그림을 그려 낸다(1:35-42). 이처럼 네 복음서의 입장이 다 같을 수는 없다. 하지만 그들은 모두 요한의 이야기가 예수님 이야기의 출발점이라는 데는 의견을 같이했다. 그래서 먼저 요한 이야기를 알고 예수님 이야기로 넘어가도록 했다. 네 복음서 저자 모두, 우리가 요한이 했던 일을 확실히 알아야 그 뒤를 이은 메시아 예수의 면모를 제대로 이해할 수 있다고 말하는 셈이다.

## 메시아 오심을 증언하고 준비하는 세례 요한

네 복음서는 모두 세례 요한을 '오실 그분'(눅 7:19), 곧 메시아로 오실 나사렛 예수를 증언하는 사람으로, 그리고 이 증언을 통해 그의 오심을 준비하는 사람으로 묘사한다. 당시 팔레스타인에서는 세례 요한이 나사렛 예수보다 훨씬 더 유명했다. 유대 역사가 요세푸스의 글에 세례 요한은 등장하지만 나사렛 예수 이야기는 나오지 않는다. (현존하는 사본에 등장하는 예수 이야기는 요세푸스의 글을 필사한 후대의 그리스도인들이 덧붙인 것이다.) 그리고 공관복음에 분명히 나타나는 것처럼, 예수님은 요한에게 세례를 받는 것으로 그의 행보를 시작하셨다. 당시 요한과 같은 종교적 '거물'의 활동이 무명의(?) 예수님에 관한 증언으로만 채워졌다고 생각할 필요는 없다. 하지만 복음서 저자의 주 관심사는 나사렛 예수다. 당연히 그들은 오실 메시아에 대한 증언을 세례 요한이 수행한 사명의 핵심으로 간주했다. 그래서 마가복음은 단도직입적으로 요한의 다른 모습은 다 생략하고 예수님의 증언자로서의 요한의 활동에만 초점을 맞춘다.

요한의 설교나 활동을 먼저 소개한 후 이사야서 구절을 인용하는 마태나 누가와 달리, 마가는 먼저 야훼 하나님의 오심을 준비하는 사람에 관한 성경의 두 예언을 인용한다. 뭉뚱그려 이사야서라 했지만 실은 말라기 3장 1절과 이사야 40장 3절의 합성이다. 이사야서 구절은 마태와 누가에도 나오지만, 말라기 구절은 마가에만 나온다. 그런데 마가가 소개한 말라기 본문은 구약 말라기의 히브리어 본문과도 다르고 헬라어 번역인 칠십인역과도 다르다. 구약의 두 본문은 모두 '내가 내 사자를 보내겠다'는 약속과 '그가 내 앞에서 길을 준비할 것'이라는 약속을 담고 있다. 곧 하나님이 방문하실 텐데, 그의 사자가 미리 와서 그분의 방문을 준비할 것이라는 이야기다. 그런데 마가복음에서는 이 약속이 '내 사자를 네 앞에' 보내는 것으로, 그리고 그 사자가 '네 길을' 준비하는 것으로 바뀐다(막 1:2).[3] 물론 이 문맥에서 '너'는 메시아 예수다. 그리고 세례 요한은 바로 예수님의 길을 준비하기 위해 하나님이 먼저 보내신 사자다. 메시아의 길을 준비하라고 광야에서 외치는 소리일 뿐 아니라, 그 자신이 그 길을 준비하는 당사자이기도 한 것이다.

마가복음에 따르면, 세례 요한의 등장은 바로 이 두 성경 말씀의 성취다. 이 두 성경 말씀에 '기록된 것과 같이' 세례 요한이 광야로 왔고, 거기서 죄 용서를 위한 회개의 세례를 전파했다(1:3-4). 회개를 촉구하고 세례를 베풀었다는 간단한 설명 외에, 마가가 들려주는 유일한 이야기는 오실 메시아를 증언하는 그의 짧은 설교다. 그는 자기 뒤에 오실 누군가에 대해 이야기한다. 자기 뒤에 오실 분이지만 실은 자기보다 훨씬 더 큰 능력을 가지신 분이다. 자신은 그분의 오심을 준비하는 자로서 물로 세례를 베푼다. 그러나 그분은 성령으로 세례를 베푸실 것이다(1:7-8).[4] 이 증언 후 나사렛 예수가 요한에게 나아와, 그에게서 세례를 받으신다(1:9-11). 이처럼 요한은 두 가지 방식으로 메시아 예수의 오심을 준비했다. 한편으로는 능력자 예수님의 오심을 미리 증언했고, 다른 한편으론 그분에게 세례를 베풀었다.

하지만 오실 메시아를 위해 길을 닦는 요한의 활동이 예수님에 대한 직설적 증언으로만 채워진 것은 아니다. 그는 메시아의 오심을 예고하는 증인이기도 했지만, 그분의 오심을 미리 준비하는 자이기도 했다. 메시아의 도래를 준비하는 그의 사역은 바로 "죄 사함을 위한 회개의 세례"를 선포하는 것이었다(1:4). 하나님의 백성을 자처하는 유대인들에게 이는 그 자체가 하나의 큰 도전이었다. 그는 세례를 베풀었다. 요한의 사역에서 이 세례는 일상적 정화 의식을 넘어 회개하는 마음을 몸으로 보여 주는 의식이었다.[5] 회개는 자신이 죄인임을 인정하는 것이다. 그런 점에서 요한의 메시지는 아직 하나님을 모르는 이방 사람들에게 더 어울릴 법하다. 그런데 요한은 스스로를 하나님의 백성이라 자처하는 유대인 청중에게 "회개하고 죄 사함을 받으라"는 도발적 메시지를 던졌다.

놀랍게도 요한의 메시지는 많은 사람의 마음을 건드렸다. 수많은 이가 그의 메시지에 마음을 열고, "자기 죄를 고백하면서 요단강에서 그에게 세례를 받았다." 마가는 "온 유대 지방과 예루살렘 사람이 다" 그에게로 나왔다고 기록한다(1:5). 수사적 과장임을 감안하더라도 놀라운 수준의 반응이 아닐 수 없다. 필시 사람들은 요한의 모습과 그의 메시지에서 과거 엘리야에 필적하는 예언자적 존재를 감지한 것으로 보인다(1:6). 더욱이 엘리야는 하나님이 다시 한번 자신의 사자로 보내 줄 것을 약속했던 인물이다(1:2; 말 3:1). 그래서 당시 사람들이 요한의 정체를 궁금해한 것은 지극히 당연한 일이었다. 특히 그가 약속된 선지자 혹은 심지어 이스라엘의 메시아일지도 모른다는 기대감이 대중 사이로 퍼져 나갔다(6:15; 요 1:19-28). 하지만 이런 열광적 반응에도 불구하고 마가는 요한이 선포한 회개의 메시지 자체를 들려주지는 않는다. 우리는 마태복음과 누가복음에서 요한의 메시지를 보다 상세히 듣는다.

## 독사의 자식들과 위험한 착각

마태복음이 묘사하는 세례 요한 역시 마가복음과 겹친다. 그런데 마태는 요한이 외친 회개의 메시지가 실은 바싹 다가온 천국을 준비하는 움직임이었음을 알려 준다.

> 회개하십시오! 왜냐하면 천국이 가까이 왔기 때문입니다. (마 3:2)[6]

요한이 회개를 외치는 시점은 분명 일상적 상황은 아니다. 빈 들판에서 지내며 메뚜기와 야생 꿀을 먹고 고대의 예언자를 떠올리게 하는 옷차림을 했다는 사실부터가 심상찮다(3:1, 3-4). 요한이 이토록 절박하게 회개하라고 외치는 데는 그럴 만한 이유가 있다. 바로 천국이 코앞으로 다가왔기 때문이다. 요한은 이스라엘이 오랫동안 고대하던 바로 그 천국이 코앞으로 다가왔다고 말한다. 하지만 많은 사람의 희망사항과 달리, 천국의 도래는 마냥 춤추고 노래하며 기뻐할 일이 아니다. 분명 하나님이 오실 것이다. 그리고 자신의 택한 백성을 구출하시고 자신의 나라를 다시 세우실 것이다.

하지만 현실을 살아가는 각 개인에게 약속의 성취라는 이 새로운 상황은 그들이 그 '하나님 나라에 합당한' 존재가 되어야 한다는 엄중한 요구로 다가온다. 하나님은 구원자이실 뿐 아니라 심판자 이시기도 하며, 천국의 도래는 동시에 심판의 도래를 의미한다. 바로 이 심판이 요한의 주된 관심사였다. 그에게 천국의 도래는 철저한 회개의 요구를 의미했고, 그는 오래전 선지자들의 모습으로 회개의 필요성을 역설했다. 수많은 청중은 요한의 이 예언자적 호소에 마음을 열었고, 자신의 죄를 고백하며 요단강에서 요한에게 세례를 받았다(3:5-6).

하지만 세례 요한의 선포가 누구에게나 열정적으로 수용된 것은 아니었다. 잘못을 폭로하고 꾸짖는 행동이 다윗왕처럼 처절한 자기반성과 회개를 이끌어 내기도 하지만, 사울왕처럼 집요한 부정과 자기 합리화의 노력으로 이어질 수도 있다. 혹은 헤롯처럼 아예 불편한 존재를 제거하려는 음모로 이어질 수도 있다(마 14:1-12; 막 6:14-29; 눅 9:7-9). 그래서 선지자적 역할은 언제나 부담스럽고 위험하다. 특히 비판의 대상이 나를 해칠 수 있을 만한 권력을 쥐고 있다면 더욱 그렇다. 세례 요한의 사역 역시 당시 유대인 청중에게서 이런 이중적 반응을 촉발했다. 요한의 선포에 가책을 받고 자신의 죄를 회개하며 세례를 받은 사람이 있는 반면, 음흉한 의도로 접근한 사람도 있었다. 마태복음은 바로 이 두 번째 무리를 향한 요한의 날 선 메시지를 소개한다. 바로 '바리새인들과 사두개인들'이다. 이들은 알다시피 이후 나사렛 예수와도 가장 긴장된 관계를 형성했다. 말하자면 여기서 요한은 앞으로 예수님이 이들과 치러야 할

힘겨운 투쟁을 예견하는 일종의 전초전을 치르는 셈이다.

백성들에게 세례를 베풀던 요한은 '많은 바리새인들과 사두개인들'이 세례 베푸는 곳으로 오는 것을 본다(마 3:7).[7] 바리새인들과 사두개인들은 신학적으로나 정치적으로 서로 다른 길을 가는 별개의 그룹들이다. 하지만 여기서 마태는 이 둘을 한 울타리 속에 넣는다. 물론 마태복음에서 이들이 가진 실질적 공통점은 요한과 예수님을 적대시한다는 부정적 사실뿐이다. 그런 점에서 이 두 그룹은 요한에게 '나아와 자기 죄를 자복하고' 요한에게 '세례를 받는' 사람들과 선명하게 구별된다(3:5-6). 자세한 이야기는 없지만 후일 이들이 예수님을 대했던 모습을 떠올려 보면, 대중의 열광적 호응을 받는 요한의 존재에 위협을 느끼고 그의 활동을 견제하려 한 것이 분명하다. 따라서 이들에 대한 요한의 메시지 역시 냉소적 신랄함 그 자체다.

눈앞에 닥친 천국을 준비하며 회개하라던 요한의 절박한 호소는 바리새인과 사두개인들 앞에서 날카로운 심판의 경고로 돌변한다. 그들은 하나님의 백성도, 아브라함의 자손도 아닌, '독사의 자식들'이다(3:7). 이런 사람들에게 미래가 있을 수 없다. 요한은 그들이 가진 중대한 착각에 대해 경고한다. "누가 당신들에게 곧 다가올 진노를 피하라고 가르쳤습니까?" 표면적으로 요한의 수사적 물음은 마치 이들에게 회개의 의사가 있는 듯한 인상을 주지만, 사실이는 임박한 진노에 대한 그들의 무감각을 폭로하는 선언이다. "심판이 다가왔다고 누군가 가르쳐주기는 하더냐?" 하는 빈정거림일 수도 있고, "누가 너희에게 다가올 진노를 피할 수 있다고 가르치더냐?"는 반박일 수도 있다(참고. 롬 2:3). 한마디로 '너희들 역시 곧 닥칠 하나님의 진노를 피할 수 없다'는 선언이다.

여기서 요한은 '우리는 심판을 피할 수 있다'는 신념을 공격한다. 당시 유대인들이 하나님의 백성으로서 가졌던 '구원의 확신'이다. 일견 이런 확신은 이스라엘을 선택하신 하나님을 향한 무한한 신뢰의 표현처럼 보인다. 그렇기에 그 자체가 대단한 신앙의 증표로 여겨질 수도 있다. 하지만 요한은 그들의 자신감이 하나님에 대한 근본적인 오해의 산물이라고 목소리를 높인다. 앞에서 살핀 것처럼, 이는 구약 시대 선지자들의 메시지에서 지속적으로 등장했던 비판이다. 사실 이스라엘 자신이 잘 알고 고백했던 것처럼, 하나님의 가장 중요한 성품 중 하나는 공평하심이다. 하나님의 판단 혹은 심판은 공정하다. 이런저런 인간적 조건에 따라 사람을 편애하는 것이 아니라, 그야말로 '진리를 따라' 공평하게 판단하고 심판하신다. 곧 하나님은 인간적 조건(외모)을 따지는 대신, 철두철미 "각 사람의 행위를 따라 갚아 주신다"(시 62:12; 롬 2:6-11; 마 16:27; 벧전 1:17). 하나님이 행위를 따라 심판하신다는 이 신념은 구약에서부터 중간기 유대교를 거쳐 신약의 교회에 이르기까지 가장 일관되게 나타나는 신학적 고백의 하나다.[8] 예수님의 대속을 노래하는 십자가의 복음도, 바울이 역설한 믿음과 은혜의 논리도 이 행위 심판의 원리를 건드리지는 않는다. 공평하게 심판하시는 하나님이 그렇지 않은 분으로 바뀔 수는 없는 탓이다. 그러니까 마지막 심판 때에 하나님이 사람의 행위를 따라 심판하신다는 것은, 유대교나 기독교를 가릴 것 없이 하나님에 대한 가장 근본적인 신념의 하나인 셈이다. 하나님 나라의 도래를 예감하면서 요한은 바로 이 사실을 분명히 함으로써 백성들의 회개를 촉구한다.

심판에 대한 요한의 언급은 두 개의 구체적인 요구사항으로 이어진다. 백성들이 적극적으로 해야 할 것 한 가지와 그들이 절대 해서는 안 되는 것 한 가지다. 우선, 요한의 적극적 요구는 단도직입적이다. "그러므로 회개하고, 그에 맞는 삶의 열매를 맺으시오"(마 3:8). 요한의 날 선 요구는 현재 그들의 삶이 맺어야 할 열매를 제대로 맺지 못하는 상황, 곧 회개해야 하는 상황이라는 판단을 전제한다. 하지만 요한의 비판적 진단이 그의 청중에게도 공감을 불러일으킨 것은 아니었다. 요한의 비판적 평가와 절박함과는 달리, '바리새인들과 사두개인들'은 자신들이 회개해야 할 사람이라는 사실을 절감하거나, 그 사실 때문에 괴로워하는 부류가 아니다. 적어도 복음서의 기록 속에서는 그렇다. 요한의 어조를 보건대, 그들은 분명 삶의 열매가 없는 상황에서도 미래를 낙관하며 행복했다. 나름 '믿는' 구석이 있었다는 이야기다. 하지만 요한은 그들이 가진 믿음이란 하나님을 향한 제대로 된 믿음이 아닌, 그들 나름의 생각에 지나지 않는다고 질타한다. 그들은 중대한 착각을 하고 있었고, 요한은 임박한 심판을 바라보면서 그 위험한 착각에서 벗어나라고 경고한다. 그리고 하나님이 인정하시는 삶의 열매를 맺어야 한다고 선언한다.

그들의 행복한 확신, 곧 착각과는 달리 그들은 하나님의 진노를 피할 수 없다. 종교적·정치적으로 그들은 이스라엘의 지도층 인사들이었다. 하지만 그런 자리나 역할이 순종하는 삶을 담보하거나 대신하는 것은 아니다. 옛날 선지자들은 이를 입이 닳도록, 때로는 목숨을 걸고 지적했다. 그러나 그들은 백성들을 지도하는 입장에 있으면서도 하나님께 순종하는 삶을 살지 않았다. 그런데 하나님은 사람들을 심판하는 분이시다. 그분의 심판은 철저히 각 사람이 산출한 열매, 곧 그 사람의 삶과 행위를 따라 이루어진다. 따라서 바리새인들과 사두개인들 역시 하나님의 진노에 직면할 수밖에 없다. 그들의 신분이나 소속 때문이 아니라 그들의 삶에 열매가 없다는 단순한 사실 때문이다. 물론 그들은 진노를 피하고 싶을 것이다. 그렇다면 그들은 열매 없는 현재의 삶을 회개해야 한다. 그리고 회개의 진정성을 확증하는 '열매를 맺기 시작해야' 한다. 심판이 코앞으로 다가온 상황에서 지체하지 말고 지금이라도 회개하라는 권고다.[9]

두 번째로 요한은 열매 없는 삶 배후에 놓인 신학의 위험한 허구성을 폭로한다. 그들이 열매가 없는 삶을 살면서도 미래를 낙관했던 이유는 그런 낙관을 가능하게 하는 나름의 신학 혹은 신념 때문이다. 요한의 선포에 반응하여 다가올 천국/심판을 두려워하고 회개하는 수많은 대중과는 달리, 이들 종교 엘리트들은 자신이 하나님의 진노에서 자유롭다고 믿었다. 요한은 그들의 오만한 착각의 정곡을 찌른다.

속으로 '아브라함이 우리의 조상이다' 하고 말할 생각을 하지 마십시오. (3:9)[10]

'아브라함이 우리의 조상'이라는 이 한마디는 당시 많은 유대인의 '구원의 확신'을 지탱하는 신학적 기둥이었다.[11] 당시 유대인들은 '우리 조상 아브라함'을 내세우고 그의 후손임을 자랑스러워하며 바로 거기에 구원의 희망을 걸었다. 물론 여기에는 그럴 만한 이유가 있었다. 두말할 것도 없이 아브라함은 유대 민족의 실질적 조상이다. 그래서 창세기에서는 아브라함의 선택에서부터 새로운 역사가 시작된다. 당연한 말이지만 아브라함의 후손 이스라엘은 하나님이 그들의 조상 '아브라함과 이삭과 야곱'과 맺으신 언약에 호소하며 하나님이 자비를 베풀어 주시기를 기도했다(출 2:24; 신 9:27; 왕하 13:23). 단순히 아브라함이 언약의 첫 주체이기 때문이 아니다. 실제 사실이야 어떻든, 당시 유대인들은 아브라함을 비롯한 최초의 족장들은 하나님 앞에서 가장 온전한 삶을 살았던 의인들이라고 생각했다. 중간기의 한 문서에 따르면, 아브라함은 "주님께 대한 그의 모든 행위에서 완전했으며, 사는 모든 날 동안 의를 기뻐한" 사람이었다(『희년서』 23:10). 또한 열두 지파 이스라엘의 조상인 세 족장, 곧 아브라함과 이삭과 야곱은 의롭고 '하나님께 죄를 짓지 않은' 사람들, 그래서 '회개할 필요가 없는' 사람들로 여겨졌다(『므낫세의 기도』 8). 유대 랍비들의 표현을 빌리자면, 아브라함은 율법이 주어지기 이전에 이미 율법을 지킨 사람이었다(『미쉬나』 기두신 편 4:14).

아브라함은 허다한 나라의 위대한 시조이며, 그의 영광은 그 누구와도 비교할 수 없다. 그는 지극히 높으신 분의 율법을 지켰으며, 그분과 언약을 맺었다. 그는 자기 육신으로 그 언약 지킬 것을 보증했으며, 시험을 받았을 때에도 신실함을 잃지 않았다. (집회서 44:19-20)[12]

당시 유대인들로서는 아브라함이 완전한 사람이었다는 사실 자체가 가장 중요하지는 않았다. 보다 결정적인 것은 하나님이 아브라함에게 후손들의 구원과 보호를 약속하셨다는 사실이다.

당신은 그와[아브라함과] 영원한 언약을 맺으셨습니다. 그리고 결코 그의 후손을 버리지 않겠다고 약속하셨습니다. (『에스라4서』 3:15)

이 대목이 중요하다. 하나님은 모든 나라 위에 '아브라함의 후손'을 선택하셨고, 그들 위에 자신의 이름을 두셨다. 따라서 그는 "영원히 그들을 내치지 않으실" 것이다(『솔로몬의 시편』 9:9). 말하자면 아브라함의 후손이라는 신분이 구원의 관건이다. 그래서 이스라엘에게 '아브라함의 씨'라는 정체성은 그들을 장래의 구원으로 인도할 가장 확실한 보증수표였다(『솔로몬의 시편』 18:3). 그러니 이스라엘로서는 하나님이 아브라함에게 주신 이 구원의 약속을 굳게 붙잡고 여기에 희망을 거는 것이 지극히 당연한 일이었다. 아브라함에게 약속을 주신 하나님은 신실하시다. 그들이 아브라함의 후손인 한, 하나님은 그들을 결코 버리지 않으실 것이다. 물론 하나님의 공정하신 심판이 있을 것이다. 하지만 많은 유대인은 그 심판이 택하신 백성에게 유리하게 작용할 것으로 기대했다.[13] 그래서 그들은 회당에서 예배하며 기도할 때, 하나님을 '아브라함의 민족'을 위해 싸우시는 분이라 불렀다(『회당 기도』 2:23). 마치 그리스도인에게 그리스도의 이름이 그렇듯, 그래서 유대인들에게 아브라함의 이름은 그들의 구원을 확신하게 하는 가장 확실한 토대였다.[14]

물론 아브라함의 혈통적 후손이라는 신념 자체가 문제될 이유는 없다. 혈통적 논리를 넘어가기는 하지만, 사실 신약성경 역시 아브라함의 후손의 중요성을 부정하지 않는다. 누가복음에서도 '아브라함의 자녀'는 구원을 약속받은 사람이라는 의미로 사용된다(눅 19:9). 바울서신에서도 '아브라함의 후손/씨'는 믿음으로 의롭게 되는 사람이자 구원을 유산으로 받게 될 상속자다(갈 3:6-7, 15-18, 25-29; 롬 4:1-25). 바울은 유대인에게뿐 아니라 그리스도인들에게도 아브라함이 여전히 자랑스러운 '아버지'로 존재한다고 말한다(롬 4:11-12, 16). 그러니까 '아브라함의 후손'이라는 사실에 구원의 희망을 두는 행위 자체가 문제가 있는 것은 아니다.

하지만 이는 언약 백성이라는 정체성이 정상적으로 작동할 때의 이야기다. 구약의 언약 이야기들이 잘 보여 주는 것처럼, 관계 속에서의 정체성은 언제나 상호적이며 역동적이다. 정체성이 부여하는 권리만큼이나 살뜰한 책임이 동반된다. 책임이 저절로 이행되는 것은 아니기에 실제 언약은 늘 우리의 삶만큼이나 유동적이다. 따라서 언약이라는 특정한 관계 속에서 내 삶의 구체적 모습은 '내가 누구인가?' 하는 정체성에 대한 질문의 답변이 된다. 나의 정체성에 따라 나의 행동이 결정된다. 그리고 나의 행동은 나의 정체성을 확인하며 이를 더욱 단단한 것으로 강화시킨다. 혹은 내 잘못된 행동이 나의 정체성을 약화시키기도 한다. 그래서 이스라엘이 영적으로 건강할 때 '아브라함의 후손'이라는 이 은혜로운 정체성은 하나님이 기뻐하시는 거룩한 삶을 살도록 만드는 가장 강력한 동기로 작용했다(가령 『마카베오4서』 18:1). 그래서 죽음 앞에서도 신실함을 지킨 이들이 "참된 아브라함의 후손"으로 불린다(『마카베오4서』 17:1-6).

그 반면 실제 이스라엘의 삶이 아브라함의 후손이라는 아름다운 이름값에 미치지 못할 때, 그 물리적 정체성의 값어치는 심각한 의문의 대상이 된다. 유대인들 역시 하나님의 선택과 이스라엘의 불순종 사이에 놓인 이런 괴리를 두고 씨름했다. 특별히 종말을 예감하며 심판에 대해 숙고하던 이들에게 이는 더욱 심각한 문제로 다가왔다. 하나님 나라가 코앞으로 다가왔음을 직감한 세례 요한 역시 바로 이런 슬픈 현실을 지적한다. 그 자체로는 타당할 수 있는 정체성에 대한 신념과 그 신념을 뒷받침하지 못하는 공허한 삶 사이의 슬픈 괴리다. 오래전, 순종하지 않는 이스라엘을 꾸짖으며 "여러분은 하나님의 자녀가 아니다"라고 탄식했던 모세의 노래처럼(신 32:5), 혹은 "더 이상 내 백성이 아니다. 나는 너희 하나님이 되지 않을 것이다" 하고 분노하셨던 호세아의 하나님처럼(호 1:8-9), 세례 요한은 아브라함이 더 이상 그들의 조상이 아니라고 선언한다.

요한이 그들의 혈통적 정체성 자체를 문제 삼는 것은 아니다. 요한의 공격은 아브라함의 후손이라는 혈통적 정체성이 그 자체로 심판에 대한 면죄부 노릇을 할 것이라는 편리한 신념을 겨냥한다. 편리하지만 빗나간 신념 말이다. 하나님 앞에서는 회개에 합당한 열매를 맺는 것이 중요하다. 하나님은 행위의 열매를 근거로 심판하실 것이기 때문이다. 아브라함의 후손이라는 아름다운 이름이 그들의 아름다운 삶과 잘 어울렸더라면 좋았을 것이다. 하지만 아브라함의 후손다운 삶의 열매가 없을 때, 그들이 관성처럼 물려받은 혈통 자체가 그들의 구원이 될 수는 없다.

외면적 정체성에 대한 신뢰의 무의미함을 드러내기 위해 요한은 매우 적나라한 어법을 사용한다. "하나님은 이 돌들을 갖고도 아브라함의 자손으로 일으킬 수 있는 분이시다"(눅 3:8).[15] 거듭 강조하지만, 당시 유대인들은 아브라함의 후손이라는 혈통을 중요시했다. 인간적 혈통이 자손이 되는 유일한 가능성이기 때문이다. 할례를 받고 개종하여 유대인이 될 수도 있었지만, 이들의 위상이 아브라함의 혈통적 후손들의 위상과 같을 수는 없었다. 하지만 하나님이 고려하시는 사정은 전혀 다르다. 그분은 생명을 창조하는 창조주시며, 그래서 필요하다면 황무지 땅에 나뒹구는 돌을 갖고서도 아브라함의 후손을 만들어 내실 수 있다.[16] 그런 분 앞에서 인간적 혈통 자체는 아무런 의미가 없다. 특히 그 혈통이 아브라함의 후손다운 삶을 보장하지 못할 때는 더욱 그러할 것이다. 나아가 혈통적 확신 때문에 오히려 삶의 긴장을 놓고 자기 욕망대로 살아간다면, 차라리 길가에 나뒹구는 돌들로 새로운 아브라함의 후손을 만들어 내는 것이 나을지 모른다. '아브라함의 후손'이라는 이름을 아무런 생명조차 없는 돌멩이에 비유한 요한의 움직임은 그 정체성을 소중하게 여기고 의지하던 유대인 청중에게는 대단히 모욕적인 도발로 다가왔을 것이다.[17]

요한은 아브라함의 후손이라는 외적 정체성이 다가올 심판에서 면죄부 역할을 할 것이라는 오만한 신념을 해체한다. 신념이 약한 것이 문제가 아니라 신념 자체가 틀렸다. 적어도 삶의 열매를 산출하지 못하는 상황에서는 그렇다. 오히려 이 신념 때문에, 이 신념이 주는 만족감 때문에 열매 없는 자기 삶의 가난함을 인식하지 못하면, 이 신념은 우리의 미래를 파괴하는 무서운 암세포로 탈바꿈한다. 요한은 무려 '아브라함이 우리 아버지'라는 오랜 신념이 백성들의 삶에서 이런 파괴적 역기능을 수행하고 있음을 보았다. 그래서 그는 공허하고 위험한 이 신념을 해체하고, 유일한 심판과 구원의 기준인 삶의 열매에 주목하도록 청중에게 호소한다.

요한은 내려친 도끼가 이미 나무뿌리에까지 가닿았다고 말한다 (마 3:10; 눅 3:9). 문자적으로 심판이 이미 시작되었다는 뜻이 아니라 그만큼 시간이 촉박하다는 뜻이다. 집에 가까이 왔을 때 "다 왔다"라고 말하는 것과 같다. 헛된 자부심을 버리고 당장 회개에 합당한 열매를 맺기 시작하지 않으면 더 이상 심판의 불을 피할 수 없을 것이라는 절박함이다. 요한은 하나님 나라를 선포했다. 그런데 그에게 있어 하나님 나라의 가장 중요한 의미는 심판이었다. 심판은 사태의 본질을 드러낸다. 그리고 사람의 운명을 결정한다. 이 심판이 바로 코앞으로 다가왔다. 이런 절박한 상황에서 중요한 것과 중요하지 않은 것이 선명하게 드러난다. 진정 우리를 하나님 나라로 인도할 가치들과 실망과 슬픔으로 끝날 가짜 신념들이 가려진다. 빗나간 종교적 신념과 의식이라는 허망한 가치와, 삶으로 맺는 순종이라는 참소망의 근거 사이의 차이다.

## 회개에 합당한 구체적인 열매

누가복음이 소개하는 세례 요한의 메시지도 마태복음과 동일하다. 그러나 그 맥락과 의도는 사뭇 다르다. 회개를 촉구하는 날카로운 메시지가 '바리새인들과 사두개인들'이라는 특정 그룹을 겨냥했던 마태복음과는 달리 누가복음에서 요한의 독설을 듣는 청중은 불특정 다수인 '무리들'이다. 하지만 요한이 세례 주는 곳을 애초부터 불순한 의도를 품고 찾아온 이들과, 분명 "세례를 받기 위해" 요한을 찾아온 이들이 같을 수는 없다. 따라서 내용상 비슷한 독설이지만, 이를 전달하는 두 복음서의 뉘앙스는 다소 달라진다. 심판 자체에 초점을 맞추는 마태복음과는 달리, 누가복음에서 요한의 메시지는 비판과 정죄를 넘어, 실질적 회개를 유도하기 위한 건설적 비판의 기능이 더 두드러진다.[18] 따라서 독설과 심판에 대한 경고에서 바로 '내 뒤에 오실 분'에 대한 증언으로 넘어가는 마태복음과 달리, 누가복음에는 회개하고 세례를 받으려는 무리와 요한 사이에 '회개에 합당한 열매'의 구체적인 모양에 대해 묻고 답하는 이야기가 길게 더해진다(눅 3:10-14).

누가복음과 사도행전 전체의 관심사를 반영하듯, 여기서 회개에 대한 요한의 권고는 주로 삶의 경제적 측면에 집중된다. 옷이든 먹을 것이든, 필요한 것보다 더 많이 가진 사람은 그것이 필요한 사람과 나누는 것이 마땅하다. 어리석은 부자의 경우처럼, 보다 안정적인 자신의 미래를 위해 재물을 축적하느라 당장 어려움을 겪는 이웃의 사정을 외면하는 것은 하나님 백성다운 삶의 태도가 아니다. 하나님의 손에 달린 미래를 인간적 수단으로 확보하려는 오만이기도 하지만, 한 형제인 이웃의 아픔을 돌아보지 않는 사악함이기도 하다(12:13-21; 16:19-31). 그래서 하나님께 돌아오는 참된 회개는 삭개오의 경우가 보여 주듯 재물에 대한 자폐적 집착을 버리고 이웃을 향해 내 삶과 내 소유를 개방하는 급진적 변화를 수반한다(19:1-10).

'무리'를 향한 요한의 원론적 권고는 세리와 군인이라는 두 특정 그룹의 사례를 통해 보다 실질적인 충고로 구체화된다. 이들은 스스로 권력을 소유하지는 않았지만 정부의 권력을 위임받아 백성들 사이에서 실질적 강제력을 발휘할 수 있다. 이들에게는 언제나 위임받은 권력을 사적 용도로 남용하고 싶은 유혹이 존재하고, 이는 요한 당시의 팔레스타인에서도 마찬가지였다. 따라서 이런 자리에 있는 사람들의 회개란 당연히 나라의 운영을 위해 주어진 권력을 자신의 사리사욕을 위해 남용하는 태도, 그 과정에서 타인에게 억울한 피해를 입히는 행태를 멈추는 것이다. 가령 정부의 권력을 위임받아 세금을 걷는 세리들은 부과된 것 이상을 걷으려 해서는 안 된다. 당시 대부분의 사람들에게 세금은 감당하기 쉽지 않은 부담이었다. 그리고 세리들은 자신의 자리를 이용하여 부당한 욕심을 채우는 사람들로 간주되었다. '세리들과 죄인들'이라는 표현이 사실상 하나의 숙어처럼 사용되던 당시의 현실이 이를 잘 말해 준다(5:30; 15:1). 따라서 세리에 대한 요한의 권고는 단순히 '정직하라'는 개인윤리의 차원을 넘어, 당시 사회에서 관행처럼 통용되던 사회악과 결별하라는 급진적 권고가 된다. 삭개오의 사례가 잘 보여 주는 것처럼, 제대로 된 회개란 자신이 벌어들인 소유의 상당 부분을 사회에 환원하겠다는 결단뿐 아니라 축재를 위해 자신이 저질러 온 잘못, 곧 자신의 권력을 이용하여 '속여 빼앗았던' 타인의 재산을 '네 배로 갚겠다'는 순종의 결단을 포함한다(19:1-10).[19]

군인들의 경우도 마찬가지다. 이들에게는 합법적인 폭력의 권리가 주어진다. 그래서 이들은 주어진 힘을 자신의 이익을 위해 활용하려는 욕심, 그 힘으로 남의 소유를 강탈하거나 부당하게 누군가를 고발하고 싶은 유혹에 노출된다.[20] 여기서 회개하고 세례를 받으려는 군인들은 점령군인 로마 군대의 일원이 아니라 일상적 치안을 위해 고용된 유대인 군인들을 가리킬 것이다. 이들에게 주어진 급료에 만족하는 삶은 마냥 쉽지 않았을 것이다. 그래서 군인들 사이에서도 빠듯한 수입을 보충하는 나름의 수단들이 통용되었을 것이다. 하지만 자신의 이익을 확대하려는 그런 '수단들'은 사적으로든 구조적으로든 더 힘이 없는 계층의 억울한 희생을 강요하는 것이기 쉽다. 당시의 팔레스타인처럼 사회 전체가 경제적으로 열악한 상황이었다면 더욱 그랬을 것이다. 따라서 이럴수록 권력을 소유한 사람들에게는 더 신중한 절제가 필요하다. 당시의 관행이 어떠했든, 하나님의 백성답게 살고자 하는 군인이라면 주어진 급료에 만족하면서 자신의 임무에 최선을 다하는 자세로 돌아가야 한다.

이 점에서 누가의 이야기는 흥미롭다. 임박한 하나님 나라를 묵시적 언어로 선포하며 피할 수 없는 심판의 엄중함을 강조했지만, 정작 요한의 실천적 권고는 지극히 일상적이다. 부자는 재산을 소비하고, 세리는 평소처럼 세금을 걷는다. 군인들 역시 전쟁터로 몰려가는 것이 아니라, 주어진 자리에서 치안이나 행정에 필요한 역할을 수행한다. 별다른 일이 없는 평범한 나날의 풍경이다. 하지만 그 일상을 살아가는 태도와 방식은 임박한 하나님 나라의 논리 아래 급진적 변화를 겪는다. 자기만의 안락함에 유폐되었던 부자는 곳간의 문을 열고 재산을 이웃과 나눈다. 세리나 군인도 권력을 남용하지 않는다.

임박한 심판을 경고하지만, 그래서 필요한 것은 현실로부터의 도피가 아니라 정의로운 일상의 회복이다. 우스갯소리를 하자면, "주님이 곧 재림하실 거니까 더 열심히 사과 농사를 짓자"고 말하는 격이다. 그런 점에서 요한은 모든 일상의 활동을 중지하고 다가올 종말을 준비해야 한다는 소위 '시한부 종말론자'가 아니다. 종말을 너무 강조하다 보면 현재를 소홀히 할 수 있다는 염려는 성경적 가르침과는 무관한 기우(杞憂)다. 성경적 논리 속에서 임박한 심판은 철저한 반성과 확실한 돌이킴의 계기는 될 수 있지만, 주어진 삶 자체를 포기하거나 멈출 이유가 될 수는 없다. 어떤 식으로든 삶 자체의 종결은 하나님의 권한이지 우리 자신의 결정이 아니다. 그래서 심판을 준비하는 우리는 지금 내게 주어진 일상을 더 제대로 살아 내야 한다. 우리가 맺는 삶의 열매가 우리를 심판하실 근거가 되기 때문이다. 심판의 논리가 우리의 일상적 책임을 포기하도록 만든다면, 그 역시 우리가 감당해야 할 책임을 회피하는 위선적 이데올로기가 된다. 하나님이 수행하실 심판을 핑계 삼아 우리가 맺어야 할 순종의 열매를 거부하는 꼴이 되기 때문이다.

## 하나님의 통치와 복종 그리고 위선

하나님은 아름답지만 가벼운 입술의 말이 아니라, 투박하지만 단단한 삶의 열매를 요구하신다. 세속적 욕망의 전횡에서 자유롭지 못한 인간들에게 이 열매는 종종 '회개'라는 절차를 전제한다. 그래서 세례 요한은 자신의 유대인 청중에게 '회개에 합당한 열매'를 요구했다. 하지만 욕망에 민감한 인간들은 값비싼 회개를 피해 갈 장치를 만들어 낸다. 그 장치 중 하나가 하나님의 은혜와 선택에 대한 그릇된 호소다. 여기서 '그릇됨'은 하나님의 은혜와 관련된 것이 아니라, 그 은혜와 관계를 맺는 인간 자신의 태도와 관련된다. 하나님의 은혜로운 약속을 언약 관계라는 본래의 맥락에서 분리하여 내 마음대로 써먹을 수 있는 일종의 요술 봉으로 둔갑시키는 것이다. 말하자면 언약 백성으로서의 책임은 무시한 채, 하나님의 약속 자체에만 집착하는 이기적 행태다. 할례받은 백성이요 아브라함의 후손이라는 이름에 호소하지만, 하나님이 할례와 더불어 아브라함에게 원하신 것이 바로 하나님 앞에서의 온전한 삶이었다는 사실은 생각하지 않는다(창 17:1; 18:19). 하나님의 약속 자체가 언약이라는 관계 속에서 주어졌고, 그 언약 자체가 올바른 백성을 만들기 위한 하나님의 움직임이라는 사실을 망각하는 것이다(엡 1:4-5; 2:9-10).

임박한 하나님 나라와 심판을 상기시키며, 요한은 멋진 신학적 고백과는 달리 언약의 궤적에서 멀어져 버린 백성의 일상의 삶 자체를 하나님과의 언약 관계 속으로 회복시키고자 했다. 물론 백성의 도덕적 책임을 강조하는 것이 아브라함에게 주신 은혜로운 약속을 상대화하는 것은 아니다. 인간의 관계 속에서도 그렇듯이, 우리의 책임을 강조하면 할수록 오히려 우리는 더 깊은 하나님의 은혜를 깨닫는다. 그래서 누가복음에서 요한의 사역은 바로 이 약속, 곧 "우리 조상 아브라함에게 하신 맹세"를 떠올리게 한다(눅 1:73). 하나님은 이스라엘을 위해 구원자를 보내시고, 그를 통해 자기 백성을 원수의 압제에서 건지실 것이라는 약속을 실행하신다. 이렇게 하여 그분은 "우리 조상을 불쌍히 여기시고 그 거룩한 언약을 기억하셨다"(1:68-72). 하지만 이방의 압제로부터의 구원은 고삐 풀린 망아지 같은 삶이 아니라 하나님의 통치의 회복을 의미한다. 이를 인간 편에서 말하면 순종의 회복이다. 바로 이것이 애초에 하나님이 아브라함과 그 후손을 선택했을 때 의도하신 목표다. 곧 공평과 정의를 행하고 주님의 길을 따르는 백성을 만들어 내는 것이다(창 18:19). 세례 요한의 탄생을 목격하며, 그의 아버지 사가랴는 바로 이 오랜 약속을 떠올렸다. 그래서 하나님의 구원은 늘 하나님의 자비라는 날실과 성결한 섬김이라는 씨실이 교차하며 완성된다. 하나님이 "우리 조상 아브라함"에게 "주시기로" 약속하신 것은 바로 이것이다.

> 우리가 원수의 손에서 건지심을 받아 두려움 없이 평생토록 주 앞에서 거룩함과 의로움으로 섬기는 것. (눅 1:74-75)

우리는 구원 자체에만 집착하고 싶지만, 하나님이 계획하신 최종 목표는 언제나 언약 관계의 회복이요 사람됨의 회복이었다. 창조주 하나님과 피조물인 인간 사이에서 이 관계는 자연 왕이신 하나님을 향한 겸허한 섬김의 형태를 띤다. 그러니까 하나님의 구원 행동은 바로 이 섬김의 삶을 회복하고 구현하기 위한 일종의 선결 과제다. 이방의 압제로부터 건짐을 받아야만 두려움 없는 삶이 가능하고, 그래야만 성결과 의로움으로 하나님을 섬길 수 있기 때문이다. 이집트의 압제로부터의 구원이 하나님 섬김을 가능케 하는 조치였듯이(출 5:1, 17; 8:1, 8, 20, 27; 9:1, 13), 예수님을 통한 새로운 출애굽 역시 참된 섬김의 회복을 바라본다.

이 땅에서 하나님과의 관계는 언제나 백성들과 더불어 살아가는 일상의 삶이 그 무대가 된다. 우리 중에 물리적으로 존재하시는 하나님과 관계를 맺는 것이 아니기 때문이다. 그 대신 우리는 하나님과의 언약 아래, 우리의 이웃과 관계를 맺으며 살아간다. 그리고 하나님을 향한 우리의 태도는 이웃을 향한 우리의 태도를 통해 구체화된다.[21] 언약의 부르심으로 인해 사람과 사람 사이의 일상에 하나님과 백성의 관계라는 초월의 색조가 부여되는 것이다. 따라서 우리의 삶이 하나님께로 돌아오는 회개는 이웃과 함께하는 일상의 회복으로 나타난다. "아버지의 마음을 자식에게, 말 안 듣는 사람을 의인의 슬기로움에 돌아오도록" 만드는 과정이 바로 "주를 위하여 세운 백성을 준비하는" 과정이다. 이것이 바로 엘리야의 심령과 능력을 입은 요한의 역할이었고(눅 1:1-17), "지극히 높으신 분의 선지자"로 부르심을 받은 그가 "주 앞에 가서 그 길을 준비하는" 방식이었다(1:76).

'우리 조상 아브라함'은 아무리 되뇌어도 식상하지 않은 멋진 고백이다. 그래서 이를 고백하는 행위 자체가 마치 우리 신앙의 증거처럼 보이기도 한다. 자신감 넘치는 고백이, 짙은 감정이 실린 찬양이 우리를 신실한 신앙인으로 보이게 하는 것과 같은 효과다. 우리의 언어가 우리의 삶의 표현일 때, 그 고백은 가장 멋진 고백이 된다. 하지만 우리의 언어가 우리의 삶을 배반할 때, 내 속마음은 세상이 원하는 욕망과 어울린 채 텅 빈 입술만 하나님의 은혜를 노래할 때, 우리의 고백은 가장 저급한 형태의 위선으로 전락한다. 심판을 떠올리지 않아도 되는 우리의 일상에서는 모든 것이 정상으로 보일지 모른다. 나 역시 자신의 고백과 찬양의 언어에 속아, 내가 아브라함의 후손이라고, 하나님이 나에게 구원을 약속하셨다고 믿을 것이다. 하지만 갑작스레 다가오는 하나님의 심판은 얄팍한 위선의 가면을 벗기고, 우리를 사태의 진실에 직면하게 만든다. 바로 열매 없는 삶의 진실이다.

✢ ✢

세례 요한은 텅 빈 입술의 고백의 허망함을 경고하고, 회개에 합당한 열매를 요구했다. 어느 시인의 말처럼, 한마디로 "껍데기는 가라!"는 외침이었다. 그의 선포는 오실 메시아를 맞아들이는 준비의 과정이었다. 그래서 마태복음에서 예수님은 요한의 메시지를 그대로 이어받아 선포하는 것으로 사역을 시작하신다. "회개하시오! 천국이 가까이 왔단 말이오!"(마 4:17) 이는 복음서가 증언하는 예수님의 활동과 메시지 역시 요한의 메시지와 다르지 않을 것임을 예상하게 한다. 물론 물로 세례를 베푸는 요한의 예고편과 불과 성령으로 세례를 주는 예수님의 본편이 동일할 수는 없다. 하지만 그렇다고 메시지 자체가 달라지는 것은 아니다. 네 복음서 모두 세례 요한의 이야기를 거쳐 예수님의 이야기로 옮아가는 것처럼, 요한의 사역과 메시지는 이어질 예수님의 이야기를 바라보는 하나의 안경처럼 작용한다. 그래서 메시아 예수의 사역은 요한이 드러낸 회복의 메시지를 더욱 선명하게 제시하면서, 자신의 모범과 희생을 통해 그 회복의 시나리오를 현실 속에서 구현하는 것으로 나타난다. 그렇기에 하나님의 통치를 구현하는 그의 사역 속에도 순종 없는 고백, 곧 위선적 영성의 위험을 폭로하는 작업이 포함된다. 이것이 다음 장의 주제다.

5장

# 위선에 맞서는 하나님 나라

메시아 예수의 사역

## 메시아 예수의 사역의 시작

요한복음과는 달리, 공관복음은 예수님의 사역이 세례 요한의 사역을 이어받은 것으로 소개한다. 요한이 투옥되어 그의 사역이 중단되자, 나사렛 예수는 요단강으로 돌아와 사역을 본격적으로 시작하신다(마 4:12-17; 막 1:14-15; 눅 3:20). 마태복음에 따르면, 나사렛 예수는 요한에게 세례를 받으셨을 뿐 아니라, 그의 핵심 메시지도 그대로 계승하셨다. 예수님이 공적 사역을 시작하시며 외친 첫 메시지는 세례 요한이 회개의 세례를 베풀며 선포했던 메시지 그대로다. "회개하시오! 천국이 가까이 왔단 말이오!"(마 4:17; 3:2) 앞에서 살핀 것처럼 메시아의 오심을 준비하는 요한의 사역은 이스라엘을 회개하게 만드는 것, 그리하여 그들의 마음을 하나님께로 돌이키는 것이었다(눅 1:16-17, 76-77). 그래서 그의 사역은 또한 자신의 죄를 부정하고 회개하기를 거부하는 '독사의 자식들'과의 정면 대결로도 나타났다. 예수님이 세례 요한의 사역을 이어받으셨다면, 그분의 사역 역시 비슷한 상대들과의 비슷한 투쟁으로 점철되었으리라고 쉽게 예상할 수 있다. 실제 네 개의 복음서는 예수님의 하나님 나라 선포가 시종일관 논쟁과 갈등의 연속이었음을 여실히 보여 준다.[1] 어떤 면에서 나사렛 예수가 겪으셔야 했던 다양한 형태의 갈등들은 그분이 수행한 메시아 사역의 본질을 보다 선명하게 들여다볼 수 있는 창문들과 같다. 하나님 나라를 반대하는 사람들을 향한 비판과 독설 속에서 그분이 구현하고자 한 그 나라의 속성이 그만큼 날카롭게 드러날 것이기 때문이다. 당연히 그분이 제자들과 무리를 향해 선포하신 메시지나 그들을 위해 수행하신 놀라운 일들은 중요하다. 하지만 그에 못지않게 그분이 겪으신 부딪힘과 그분이 내뱉으신 비판적 독설들 역시 그분이 꿈꾸었던 하나님 나라에 대한 중요한 계시들이다.

## 갈등과 저항의 이야기

위인들의 삶이 대개 그렇듯, 예수님의 삶 역시 처음부터 갈등의 연속이었다. 복음서 기록들이 엄밀한 연대기가 아니기에, 그 갈등의 역사적 궤적을 추적하기는 어렵다.[2] 하지만 예수님이 수행하신 공적 활동의 상당 부분이 다양한 세력들과의 논쟁과 갈등으로 채워졌다는 사실만은 분명하다. 신약성경의 첫 부분을 장식하는 마태복음이 그리는 예수님의 탄생은 유대인의 왕 자리를 놓고 벌어지는 적나라한 투쟁 이야기다. 이방의 점성가들이 멀리서 '유대인의 왕'을 찾아와 경배하는 놀라운 이야기이기도 하지만, 유대 나라의 통치자인 헤롯왕이 새로 태어난 미래의 왕을 제거하려 애를 쓰는 처절한 왕권 다툼의 이야기이기도 하다. 이 긴장감 넘치는 탄생과 싸움 이야기는 앞으로 복음서 전반에 걸쳐 예수님의 삶이 어떠할지를 예감케 하는 복선으로 기능한다.

그 반면 누가복음은 예수님의 사역이 처음부터 격한 갈등에 휩싸였던 것으로 묘사한다. 예수님이 본격적인 사역을 시작하신 곳은 자신의 고향 나사렛의 회당이었다. 예수님의 가족을 잘 아는 회당의 청중은 놀랍게 달라진 예수님의 모습에, 그리고 그분이 선포하는 은혜로운 말씀에 아낌없는 찬사를 보냈다. 하지만 예수님의 메시지는 점점 날카로워졌고, 유대인의 민족 정서를 자극하는 날선 메시지는 금방 마을 사람들을 격분시켰다. 그리고 이는 그분을 살해하려는 집단적 시도로 이어졌다. 사역의 첫발을 내딛는 순간에, 그것도 그분을 가장 잘 아는 고향 사람들이 그분을 없애려 하는 섬뜩한 이야기다. 갈등의 핵심에는 예수님이 새로운 질서를 선포하셨다는 사실이 놓여 있다. 불가불 이는 기존 질서를 향해 '헤쳐모여!'를 외치는 것을 포함한다. 따라서 그분의 선포는 기존 구조에 익숙한 사람들 혹은 그 구조의 혜택을 누리는 사람들을 불편하게 한다. 그리고 예수님의 사역 전반에서 그들이 느끼는 불편함 혹은 분노는 다양한 형태의 갈등으로 터져 나온다(눅 4:28-30).

누가복음에서 나사렛 회당의 설교는 메시아 예수의 취임 연설에 해당한다. 그 결과 벌어진 섬뜩한 살해 시도 역시 앞으로 이어질 예수님의 사역 전체를 소개하는 일종의 신호탄이다. 성전에서 메시아를 기다리던 예언자 시므온이 아기 예수님의 어머니 마리아에게 말했던 것처럼, 메시아가 된다는 것은 '많은 사람을 넘어뜨리고 또 일으키는' 자로서 살아가는 것을 의미한다. 이처럼 적나라하게 사람들의 삶을 건드리는 것은 결국 많은 사람에게서 '비방을 받는 표적'으로 살아간다는 말과 다르지 않다(2:34).

나사렛 예수가 많은 사람을 넘어뜨리고 일으키며 '비방의 표적'으로 살 수밖에 없는 이유는 그분의 역할이 '여러 사람의 마음의 생각을 드러내는' 것이기 때문이다(2:35). 마음은 삶을 좌우하는 존재의 출발점이다. 마음에 담긴 생각이란 실제 삶의 생김새를 가장 정확하게 그려 낸, 내밀하고 진솔한 삶의 속내를 의미한다. 이 '속내'는 곧잘 그럴듯한 명분 뒤로 숨는다. 많은 경우, 심지어 나 자신의 활동적 의식에도 포착되지 않을 정도로 깊이 숨는다. 그럴듯한 명분으로 다른 사람 앞에 나서지만, 그 배후엔 음흉한 속내가 도사리고 있다. 알면서 그럴 때도 있고, 내가 나 자신조차 속이는 때도 있다. 자기기만이다. 그래서 우리의 만남은 늘 복잡하다. 진짜 의도는 감춘 채 다른 사람들과 마주할 때가 적지 않기 때문이다. 이처럼 복잡한 정치적 경쟁의 현실에서 승리란 많은 경우 나의 속내를 얼마나 잘 감추느냐에 달려 있다. 이를 위해 아예 나 자신까지 속이기도 하는 것이다.[3] 실제로는 이기적 욕망을 추구하면서도 마치 멋진 명분을 추구하는 양 포장하는 기술, 바로 그것이 우리가 바라는 삶의 기술이다. 그리고 많은 경우 그 기술은 종교의 옷을 입는다. 거룩한 치장일수록 감춤의 효과가 더 크기 때문이다.

선구자 요한이 그랬던 것처럼, 예수님 역시 사람들의 숨은 속내를 드러냄으로써 그들을 회개로 인도하신다. 자신의 죄를 인정하고 회개하는 사람은 임박한 하나님의 진노 앞에 가슴 아픈 무릎을 꿇는 사람들, 그럼으로써 오히려 자비로운 하나님 나라에 들어갈 자세를 갖춘 사람들이다. 그 반면 예수님이 선포하는 복음의 밝은 조명 아래서도 자신의 참모습을 부인하며 끝까지 자신의 겉모습에 집착하는 이들은 하나님의 진노를 피하지 못할 것이다. 하나님 나라는 이런 사람들에게 문을 닫는다.

## 하나님 나라에 들어가려면

예수님은 하늘나라 혹은 하나님 나라를 선포하셨다.[4] 예수님이 선포하신 메시지가 '그 나라의 복음'이라 불릴 만큼(마 4:23; 9:35; 24:14), 하나님 나라는 예수님이 선포하신 복음의 핵심 주제다. 하지만 여기에는 추가로 설명이 필요하다. 항간의 오해와는 달리, 사실 예수님은 하나님 나라 자체가 무엇인지에 대해서는 별로 가르치신 적이 없다. 엄밀히 말해 예수님이 '하나님 나라란 무엇인가?'라는 제목으로 순회강연을 다니신 것이 아니다. 오히려 그분의 선포 속에서 하나님 나라는 당시 유대인 청중 모두에게 이미 익숙한 것으로 전제된다. "회개하시오! 하나님 나라가 가까이 왔단 말이오!" 하고 외칠 때, 청중은 그분이 말하는 하나님 나라가 무엇인지 물을 필요가 없었다. 그분 역시 그 나라가 어떤 나라인지 굳이 설명하실 필요가 없었다.[5] 그 대신 예수님은 청중이 잘 알고 또 고대하던 **하나님 나라에 들어가는 방식** 혹은 들어가는 조건에 관해 주로 선포하셨다. 그분의 메시지의 핵심은 회개하고 하나님 나라에 들어갈 준비를 하라는 것이었지, 사람들이 잘 모르고 있던 하나님 나라를 보여 주거나 대중이 가진 하나님 나라 개념을 교정하는 것이 아니었다. 물론 '하나님 나라는 마치 …와 같다'는 말로 시작하는 비유가 많아 마치 하나님 나라 자체의 본질이 설교의 주제인 듯도 보인다. 하지만 이렇게 시작하는 비유들은 대부분 하나님 나라 자체가 무엇인가에 대한 설명이 아니라 어떻게 그 나라에 들어가느냐 하는 질문에 답하는 이야기들이다. 또한 우리는 하나님 나라에 대해 유난히 열광하지만,[6] 사실 복음서에서 하나님 나라는 미래의 구원이나 영생과 마음대로 바꾸어 쓸 수도 있는 동의어들이었다. 부자 청년의 이야기에서 보는 것처럼, "내가 무슨 일을 해야 영생을 얻을 수 있는가?" 하는 질문을 예수님은 어떻게 하면 "하나님 나라에 들어갈 수 있느냐?" 하는 질문으로 바꾸시고, 제자들은 다시 이를 "그러면 누가 구원을 받을 수 있느냐?" 하는 물음으로 바꾸어 표현한다(19:16, 23-24, 25). 그 반면 요한복음에서도 하나님 나라가 영생과 호환 가능한 단어로 사용되지만, 여기에서는 하나님 나라보다 영생을 더 요긴한 개념으로 활용한다. 하나님 나라나 영생이나 구원이나 사실상 다 같은 이야기라는 뜻이다.

그래서 예수님의 가르침은 처음부터 '천국'에 관한 이야기로 시작한다. 소위 '팔복 말씀'은 누가 천국을 상속할 것인가 하는 질문을 바탕에 깔고, 그 나라에 합당한 삶의 자태를 열거하는 것으로 대답한다. 이 단락은 "천국이 그들의 것이다"라는 말씀으로 시작하여 동일한 말씀으로 끝나는 수미 상관 구조를 취한다(5:3, 10). 물론 그 사이의 다양한 표현 모두 동일한 의도를 전달한다. 그러니까 팔복의 내용 전부가 어떤 사람이 천국을 차지하는 행복을 누릴 것인가에 관한 이야기다.

영이 가난한 사람들은 행복하다
하늘나라가 그들의 것이니까.
슬피 우는 사람들은 행복하다
그들이 위로를 받게 될 테니까.
온순한 사람들은 행복하다
그들이 땅을 상속받게 될 테니까.
의로움에 배고프고 목이 마른 사람들은 행복하다
그들이 배불리 먹게 될 테니까.
자비로운 사람들은 행복하다
그들이 자비를 입게 될 테니까.
마음이 깨끗한 사람들은 행복하다
그들이 하나님을 뵙게 될 테니까.
평화를 도모하는 사람들은 행복하다
그들이 하나님의 자녀들이라 불리게 될 테니까.
의로움 때문에 박해를 받는 사람들은 행복하다
하늘나라가 그들의 것이니까. (마 5:3-10)

예수님의 말씀은 "행복하다"라는 선언이 가장 먼저 나오고, 그 행복의 이유(ὅτι, "왜냐하면")가 제시되는 익숙한 구조다(참고. 시 1:1). 문법적 형태는 직설법의 선언이지만, 청중은 여기 묘사된 삶이 이미 구현된 현실이 아니라 그들이 애써 구현해야 할 현실이라는 사실을 잘 안다. 이런 상황에서는 단도직입적인 선언이 오히려 더 강력한 명령이자 권고로 다가온다. 이미 지적한 것처럼, 예수님의 팔복 선언은 처음과 마지막이 동일하게 "하늘나라가 그들의 것이니까"라는 약속으로 시작하고 끝난다(3, 10절). 그러니까 이 본문에 등장하는 다양한 부류의 사람들은 모두 장차 하늘나라를 소유하게 될 사람들이다.[7] 곧 마태복음에서 예수님의 이 선포는 어떤 종류의 사람이 하늘나라를 소유할 것인지 혹은 누가 그 나라에 들어가는 행복을 누릴 것인지에 대한 최초의 선포다. 여기 등장하는 다양한 성품과 행위들이 회개의 결과라 본다면, 팔복 말씀은 "회개하시오! 하나님 나라가 가까이 왔단 말이오!"라는 원론적 선포에 보다 구체적인 설명으로 살을 입힌 것이다(4:17). 마찬가지로 첫 3절과 마지막 10절 사이에 등장하는 다양한 미래형 약속들은 모두 '하늘나라가 그들의 것'이라는 포괄적 약속을 다양한 방식으로 형상화한 이미지들이다. 슬피 울던 자가 위로를 받는 것, 온순한 자가 땅을 상속받는 것, 의로움 때문에 배고프고 목마른 자들이 배부르게 되는 것, 이런 것들은 모두 '하늘나라가 그들의 것'이라는 약속을 보다 구체적인 경험치로 풀어낸 표현들인 것이다.

하지만 천국에 들어가게 하는 삶, 그러니까 팔복 말씀 속에 묘사된 그런 방식의 삶은 결코 수월하지 않다. 무엇보다 이런 삶은 이 세상이 기대하는 통상적 행동의 패턴을 벗어난다. 당연히 이런 삶을 고집하는 제자들은 자신의 욕망을 추구하는 주변 사람들에게 불편한 존재가 될 것이다(참고. 벧전 4:4). 그래서 다양한 형태의 압박과 보다 적나라한 박해에 직면할 공산이 크다. 그래서 천국에 들어가는 복된 사람들은 마지막 여덟 번째 선언에서 '의로움 때문에 박해를 받는 사람들'로 규정된다(10절). 그러니까 팔복의 말씀은 어떤 사람이 천국에 들어갈 것인가에 관한 선포이면서 동시에 그로 인한 박해를 인내하는 이들에게 주어질 천국이라는 보상에 대한 약속이다.

물론 예수님의 말씀은 누구나 다 아는 일반적 진리를 되새기자는 것이 아니다. 예수님의 일반적 필치는 애초부터 그분에게 나아온 이들, 그분의 제자가 되고자 하는 이들을 염두에 둔 것이다. 그래서 팔복 말씀이 끝나고 그 뒤를 잇는 11-12절은 팔복 말씀의 다소 막연한 3인칭 선언("…하는 사람들은")을 지금 그분의 말씀을 듣고 있는 제자들("너희들")에게 직접 적용한다. 그렇다고 앞에 한 말을 일일이 반복할 필요는 없다. 그래서 이 적용 부분에서는 3-10절의 내용을 하나하나 적용하는 대신, 박해에 관한 마지막 10절에만 초점을 맞춘다. 10절의 "의로움 때문에"는 "나[예수님] 때문에"로 바뀌고, "박해를 받는 자"라는 집약적 표현은 "사람들이 너희를 욕하고 박해하고 온갖 악한 거짓말로 너희를 해칠 때"처럼 보다 구체적이고 적나라한 묘사로 발전한다. 그리고 "천국이 그들의 것이다"라는 약속은 "하늘에서 너희 보상이 크다"는 직접적 약속으로 바뀐다.[8] 나아가 여기에 "기뻐하고 즐거워하라"는 응원과 더불어 "너희 전에 있던 선지자들도 이같이 박해를 받았다"는 격려의 말씀이 더해진다. 이런 흐름의 의도는 분명하다. 곧 여기서 가장 중요한 메시지는 결국 '박해를 기꺼이 인내하라'는 권고다. 인내한다는 것은 단순히 고통을 참는다는 의미를 넘어, 박해가 예상되는 상황 속에서도 팔복에 묘사된 삶의 자태를 포기하지 않는다는 것을 의미한다. 그러니까 예상되는 박해에도 불구하고 제자다운 삶을 지키는 사람들이 되라는 권고다. 그리고 그런 삶을 사는 자들에게 하늘나라가 주어질 것이라는 약속이다.

### 경고로서의 소금과 빛 이야기

예수님이 말씀하시는 천국은 가볍게 들어갈 수 있는 나라, 소위 '오직 은혜'로 들어갈 수 있는 나라가 아니다. 천국은 팔복 말씀 속에 묘사된 것과 같은 분명한 삶의 자태를 요구한다. 그리고 제자다운 삶을 유지하는 일은 세상의 박해를 기꺼이 견디는 인내를 필요로 한다. 하지만 현실의 우리 삶은 그처럼 간단하지 않다. 죄의 욕망에서 자유롭지 않은 우리 자신이 그렇고, 우리 주변 세상의 유혹도 그렇다. 박해의 부담과 압박은 자꾸 제자다운 삶의 자태를 적당히 양보하거나 아예 포기하도록 우리를 부추긴다. 하지만 천국에 들어가는 복된 삶에 대한 예수님의 요구는 결코 타협의 대상이 아니다. 그래서 예수님의 말씀 속에는 천국에 들어갈 자들을 향한 축복의 말씀만큼이나, 천국에 들어가지 못할 상황에 대한 경고 역시 매우 자주 등장한다. 이는 첫 설교인 산상수훈에서도 마찬가지다. 천국에 들어가는 복된 사람들에 관한 이야기는 곧바로 버림받을 가능성에 관한 엄중한 경고로 이어진다. 바로 소금과 빛에 관한 말씀이다(5:13-16).

이 구절은 흔히 세상의 소금으로, 세상의 빛으로 살아가라는 가슴 벅찬 격려로 읽힌다. 하지만 실제 소금과 빛에 관한 예수님의 말씀은 제자들의 실패 가능성에 대한 날카로운 경고다. 예수님은 제자들을 '땅의 소금'에 비유한다(5:13). 제자들은 소금이다. 소금이 '되라'는 명령이나 청유가 아니라, '너희는 소금이다' 하는 직설법이다. 물론 제자는 사람이지 소금이 아니다. 그래서 이 표현은 '너희는 마치 소금과 같다'는 은유적 표현이 된다.

여기서 예수님은 일상에서 조미료나 방부제 역할을 하는 소금의 이런저런 용도에 초점을 맞추시는 게 아니다. 제자를 소금에 비유할 때 예수님의 유일한 관심은 소금 자체의 독특한 속성, 곧 맛을 잃으면 다시 짜게 할 수 없다는 단순한 사실에 있다. "무엇으로 짜게 하겠느냐?"라는 수사적 물음의 관심사는 음식이 아니라 맛을 잃은 소금 자체다. "무엇으로 맛을 잃은 그 소금을 다시 짜게(to make it salty again, NIV) 할 수 있느냐?" 하는 물음이다. 곧 소금이란 한번 그 짠맛을 잃으면 다시는 그 맛을 회복할 도리가 없다는 뜻이다. 짜야 할 소금이 짠맛을 잃었다. 그런데 그 짠맛을 되찾을 방법이 없다. 그렇다면 그 소금에게 남은 것은 '오로지 밖에 버려져 사람들에게 밟히는 것뿐'이다. 이것이 바로 예수님이 경고하신 바다.

제자들의 존재가 바로 이와 같다. 제자는 제자다워야 제자다. 하지만 제자의 삶에는 박해가 따른다. 그래서 우리는 짠맛을 포기하고 주변 세상과 같아짐으로써 박해를 모면하고 싶은 유혹에 시달린다. 주먹이 날아오면 피하려 드는 심리와 같은 이치다. 그렇다고 제자가 만약 제자다운 맛을 잃으면 어떻게 되는가? 제자란 소금과 같은 존재다. 제자다운 맛은 상실과 회복을 마음대로 반복할 수 없다. 제자의 길은 실패와 재시도를 몇 번이고 반복할 수 있는 연습경기가 아니라, 한 번의 실수도 심각한 결과로 이어질 수 있는 실전이다. 그런 점에서 제자의 존재는 한번 맛을 잃으면 다시 그 맛을 회복할 수 없어 버려지는 소금을 닮았다. 그러니 제자들은 제자로서의 맛을 잃지 않도록 주의해야 한다. 아니면 맛없는 소금이 되어 주님께 버림을 받는 불행에 처할 것이다.[9]

맛을 포기하는 것 말고 세상의 박해를 피하는 방법은 또 있다. 아예 사람들 앞에 나서지 않는 것이다. 사적 공간에서 혹은 자칭 제자들로 이루어진 우호적인 공동체 내에서 나름의 짠맛을 한껏 드러내고 표현한다. 하지만 적대적인 사람들이 우글거리는 공적 공간에는 나서지 않는다. 제자로서의 신앙을 철저히 사적 문제로 규정하거나 제자도의 개념을 교회 봉사 영역에 국한함으로써, 내 정체성을 세상에는 감추는 것이다.

'세상의 빛'에 관한 말씀은 바로 이런 꼼수를 겨냥한다(5:14a). 제자들은 '세상의' 빛, 곧 세상을 위한 빛이다. 이 말씀 역시 세상의 어둠을 밝히라는 권고가 아니라, 제자의 존재가 빛의 속성과 닮았다는 비유적 설명이다. 이것이 무슨 말일까? 예수님이 제자를 빛에 비유하신 의도는 두 가지 추가적 설명 속에서 분명하게 드러난다. 멀리서도 잘 보이는 아크로폴리스처럼, 높은 산 위에 세워진 도시는 숨겨질 수 없다(5:14b). 당연한 이야기다. 숨길 요량이었다면 아예 땅굴을 파고 지하 시설을 만들었을 것이다. 산 '위에' 세웠다는 사실 자체가 온 동네 사람에게 '보여 주겠다'는 의사 표시다. 빛이 그렇다. 빛이 가진 핵심적 속성의 하나는 사람들에게 '보이는' 것이다. 빛 스스로가 '보이는' 곳에 있어야 다른 것들을 '보이게' 만들 수 있다. 이어지는 설명이 이 점을 분명하게 보여 준다. 우리는 등불을 켜서 말(bushel)과 같은 큰 통 '아래' 감추지 않는다. 등불이 숨어서 주변을 밝힐 수는 없는 노릇이다. 그래서 우리는 등불을 잘 보이는 높은 곳, 곧 등잔대 '위에' 올려놓는다. '위에' 있다는 것은 모두에게 노출된 위치, 곧 '집안 모든 사람에게 비치는' 위치에 있다는 뜻이다. 그래야 온 집안을 환하게 밝힐 수 있다(5:15). 그렇다. 빛이라는 것은 사람들에게 드러난 위치에 있을 때라야 밝히는 기능을 수행할 수 있다. 산 '위에' 있어야 사람들에게 보이는 것이다.

이처럼 빛에 관한 말씀의 핵심도 시대나 세상의 '어둠을 밝히라'는 것이 아니라, "이와 같이 너희 빛을 사람들 앞에 빛나게 하라"는 것이다(5:16).[10] 여기서 중요한 대목은 '사람들 앞에'라는 자리매김이다. 땅 속 아래가 아니라 산 위에 도시가 서고, 말 아래가 아니라 등잔대 위에 등불이 놓이듯, 모두가 볼 수 있게 노출된 자리에 제자들이 존재한다. 그리고 이런 공개된 삶의 자리에서 제자다운 삶의 빛으로 사람들 앞에 '반짝인다.' 사람들 사이에서 빛이 반짝이면 사람들은 그 빛을 '볼' 것이다. 바로 이것이 제자도가 작동하는 방식이다. 제자들은 제자다운 삶의 빛으로 존재감 있게 반짝인다. 그리고 사람들은 그 빛을 본다. 이렇게 제자와 세상이 만나는 것이다. 결론 부분에서 예수님은 이 빛을 '선한 행실'이라는 일반적인 말로 번역하신다. "이와 마찬가지로 너희 빛을 사람들 앞에 빛나게 하라. 그래서 그들이 너희 선한 행실을 보고, 하늘에 계신 너희 아버지께 영광을 돌리도록 하라"(5:16). 올바른 삶, 곧 제자다운 삶을 사람들에게 보여 주는 것이 제자의 기능 방식이다.

## 순종으로 들어가는 하나님 나라

이처럼 천국은 세상 속에서 제자다운 삶의 맛을 유지하는 사람들, 사람들 속에서 제자다운 삶의 빛으로 반짝이는 사람들이 들어가는 나라다. 예수님이 직접 설명하신 것처럼, 세상 속에서 제자들이 드러내는 맛과 빛은 '선한 행실'이라는 모양을 띤다(5:16). 우리는 예수님의 선명한 메시지에 물을 타지 말아야 한다. 예수님은 결코 '율법이나 선지자들'을, 곧 (구약)성경의 계시와 가르침을 폐기하러 오신 것이 아니다(5:17). 예수님이 말씀하신 율법은 바울이 유대주의자와 싸우면서 거론했던 부정적 '율법'과는 그 맥락이 다르다. 여기서 예수님이 말씀하신 율법은 야고보가 말한 것과 같은 '최고의 법'이요 '자유의 율법'이다(약 2:8-13). 하나님의 백성이 당연히 순종해야 할 '계명'으로서의 율법이다. 천국을 선포하고, 그 천국을 다가오게 하는 예수님의 사역은 이 율법과 선지자를 '성취하는' 사역이다.

많은 이들의 오해와는 달리, 예수님이 율법을 성취하신다는 것은 그의 대리적 성취에 힘입어 우리는 순종의 의무에서 벗어난다는 말이 아니다. 하나님에 대한 순종의 의무는 회복되어야 할 관계의 핵심이지 면제되어야 할 부담이 아니다. 복음은 순종의 의무를 제거하는 것이 아니라 참된 순종의 길을 제시한다. 율법은 '천지가 없어지기 전까지는' 일점일획도 없어지지 않고 다 이루어질 것이다(마 5:18). 예수님이 알아서, 우리 대신, 다 성취해 주신다는 뜻이 아니다. 사실인즉슨, 지금 이 율법의 '계명' 중 아주 사소한 하나라도 무시하고 또 그런 식으로 가르치는 자는 앞으로 천국에서 지극히 작다는 평가를 받을 것이다. 반대로 율법의 모든 계명을 소중하게 여기고 그 계명들을 지키는 사람은 천국에서 높은 사람이라는 칭송을 받을 것이다. 천국에서 작다는 평가를 받는다는 말은 '일단 천국에는 들어가지만 거기서 미미한 존재로 취급받는다'는 말이 아니라, 천국의 관점 혹은 천국의 기준에서 볼 때 '지극히 작다'는 평가를 받는다는 뜻이다. 그러니까 사실상 '천국에 들어가지 못한다'는 말과 다르지 않다. 그 반대 역시 마찬가지다. 한마디로 계명에 대한 순종 여부가 천국에 들어갈지 말지 그 여부를 결정한다는 것이다(5:19).[11]

천국에 들어가는 조건을 선명하게 가르치는 방법의 하나는 천국에 못 들어가는 경우를 구체적으로 예시하는 것이다. 이 대목에서 예수님의 강력한 경고 역시 천국에 들어가지 못할 대표적 부류와의 날카로운 대조를 통해 더욱 선명하게 제시된다.

> 너희 의로움이 많아져서(περισσεύσῃ) 서기관과 바리새인들의 의보다 더 크지 않으면 결코 천국에 들어가지 못할 것이다. (5:20)[12]

천국은 의로움을 요구한다. 천국이 요구하는 의로움은 과연 어떤 것일까? 흥미롭게도 예수님은 '서기관들과 바리새인들의 의로움'을 비교 대상으로 언급하신다. 예수님이 유독 이들을 비교 대상으로 선택하신 것을 보면, 아마 그들의 '의로움'이 당시 유대인들에게 경건의 대표 사례로 간주되었던 것 같다. 혹은 영적 언론을 장악한 서기관과 바리새인들에 대해 못내 의심을 떨칠 수 없었던 다수의 청중과 의미심장한 눈빛을 교환하며, 그 '의로움' 앞뒤에 따옴표를 치셨을지도 모른다.[13] 당시 사람들이 이들의 영성에 대해 어떤 견해를 가졌건, 그들의 '의로움'은 천국의 문을 열기엔 턱없이 부족했다. 천국에 들어가려면 그보다는 훨씬 더 풍성한, 그보다는 훨씬 더 큰 의로움을 가져야 한다. 물론 예수님의 이 말씀을 정확하게 이해하려면 우선 천국의 하한선으로 설정된 기준, 곧 서기관들과 바리새인들의 의로움이 어떤 성격의 의로움인지를 파악해야 한다. 예수님이 언급하신 서기관들과 바리새인들의 의로움이란 과연 무엇을 가리킬까?

많은 그리스도인은 서기관과 바리새인들, 그중에서도 특히 바리새인들을 소위 '율법주의자'의 전형으로 간주한다. 여기서 율법주의자란 무엇보다 율법을 철저히 준수함으로써 하나님 나라에 들어갈 수 있다고 믿었던 사람들, 다시 말해 율법을 지키는 자신의 '행위에 근거한 의로움'(works-righteousness)을 신봉한 사람들이다.[14] 종종 이들의 순종에 '형식적'이라는 수식이 붙기도 한다. 물론 우리는 이것을 나쁘다고 생각한다. 그래서 예수님의 경고 역시 바로 그런 전제하에서 해석한다. 천국에 들어가려면 서기관과 바리새인들의 의로움으로는 충분치 않다. 물론 이들은 누구보다 철저히 율법을 준수하려 했던 사람들, 곧 율법에 순종하여 얻을 수 있는 의로움의 최대치를 자랑하는 사람들이다. 전직 바리새인인 바울의 표현을 빌리자면, '율법의 의로움으로 치자면 흠이 없는' 부류다(빌 3:6). 하지만 예수님의 선포와 치유를 통해 도래하는 천국의 문은 그들이 성취한 수준의 의로움으로도 열리지 않는다. 천국의 문을 열고 들어가려면 이들이 가진 것보다 '더 큰 의로움'이 필요하다.

행위를 구원의 열쇠로 간주했던 '서기관과 바리새인들'보다 더 큰 의를 갖는 것이 가능한가? 그렇다면 예수님이 인간이 이룰 수 있는 도덕적 성취의 최고치를 넘어서라는 불가능한 주문을 하시는 중인가? 물론 그건 아닐 것이다. 그렇다면 여기서 예수님의 권고는 아예 발상의 전환을 요구하는 말씀일 공산이 크다. 서기관과 바리새인 수준의 행위로도 안 되는 일이니, 아예 율법을 지켜서 의로움을 쌓겠다는 전략 자체를 포기하라는 말이다. 천국에 들어가기 위해서는 스스로 율법을 지켜 얻을 수 있는 수준의 의로움을 초월하는, 보다 완벽한 수준의 의로움이 필요하다. 이는 사람의 힘으로는 불가능하다. 그러나 그 의로움을 얻을 수 있는 길이 있다. 곧 순종의 본을 보이시고, 완전한 의를 이루신 예수님을 믿는 것, 그리고 그 믿음을 통해 그분의 완전한 의로움을 우리의 것으로 인정받는 것이다. 그렇다면 '더 큰 의로움'에 대한 요구는 결국 믿음을 통해 우리에게 전가되는(imputation) 예수님의 대속적 은혜를 의지하라는 요청이 된다. "수고하고 무거운 짐 진 자들아, 다 내게로 오라. 내가 너희를 쉬게 하겠다"라는 초대의 말씀도 그런 견지에서 이해된다(마 11:28).

이와 같은 설명이 예수님의 말씀 자체에는 나오지 않는 신학적 전제, 곧 통속적 바울신학의 안경으로 읽어 낸 것이라는 사실을 눈치 채기는 어렵지 않다. '더 큰 의로움'이 무엇일지 생각하면서, 우리는 마태복음 내에서 예수님의 가르침을 조사하는 대신, 바울의 편지를 뒤적이며 적당한 해석의 실마리를 찾는다. 바울에게서 배우는 은혜와 믿음의 복음이 복음의 진수라고 생각하고, 성경의 다른 말씀들은 이 바울의 안경을 쓰고 읽는 것이다. 성경이 전부 동일한 하나님의 말씀이니 전혀 문제가 없는 것 같지만, 이처럼 예수님의 말투를 바울의 말투와 곧바로 섞는 것이 현명한 해석인 경우는 드물다. 궁극적으로는 동일한 관점을 제시하는 경우라도, 그 관점을 설명하는 구체적 방식이나 어조는 서로 다를 때가 많다. 그래서 현명한 태도는 예수님의 말씀을 내가 이해한 바울신학의 다리미로 섣불리 다림질하지 말고, 우선 예수님의 말씀 그 자체의 맥락 속에서 충실하게 이해하는 것이다.

산상수훈은 처음부터 제자다운 맛과 빛, 곧 팔복에 묘사된 것과 같은 삶의 자태를 요구한다. 하늘 아버지처럼 원수조차 사랑하는 삶을 사는 사람만이 장차 하나님의 아들이 될 것이다(5:43-45). 산상수훈의 결론에서도 마찬가지다. 진짜와 가짜를 가리는 것은 겉모습이 아니라 열매, 곧 삶으로 드러나는 행동의 열매다(7:15-20). 천국은 말로만 "주여, 주여!"를 외치는 사람이 아니라 "하늘에 계신 내 아버지의 뜻대로 행하는" 사람만이 들어갈 것이다(7:21-23). 그래서 반석 위에 집을 세우는 지혜로운 사람과 모래 위에 집을 세우는 어리석은 사람의 차이는 예수님의 말씀을 듣고 행동으로 옮기는 사람과 듣기만 하고 행하지 않는 사람의 차이다(7:24-27). 예수님의 메시지는 매우 일관되다. 천국은 제자들의 순종을 요구한다. 제자들의 순종을 지속적으로 강조하는 문맥 속에서 '예수님이 자신의 대속적 공로를 믿으라고 말씀하시는구나' 하고 생각할 청중은 없었을 것이다. 그렇다면 예수님이 요구하신 것은 무엇일까? 그분이 천국에 들어가지 못하는 의로움의 대표적 사례로 제시하신 '서기관들과 바리새인들의 의로움'이란 과연 어떤 것일까? 예수님은 이들의 화려한 영성에서 과연 어떤 문제를 발견하셨을까?

## 배제하는 자와 포용하는 자

복음서에서 예수님의 무리와 바리새인들은 예수님이 세금 징수원이었던 '레위'를 부르시는 장면에서 처음으로 대면한다(막 2:13-17; 마 9:9-13; 눅 5:27-32. 마태복음에서는 마태로 나온다. 어떻게 해서 이름이 바뀌었는지는 알 도리가 없지만, 이 복음서가 마태복음이라는 사실과 관련이 있을 것으로 추정할 수는 있다). 예수님은 군중을 가르치셨다. 그리고 지나가시다가 사무실에서 업무 중인 (알패오의 아들) 레위를 보셨고, 바로 그를 소환하신다. "나를 따르라." 이에 레위는 "일어나 그의 뒤를 따랐다." 누가는 그가 "모든 것을 버려두고" 예수님을 따랐다는 사실을 강조한다. 재물에 관한 누가의 관심을 드러내는 대목이다.

그 후 레위는 집에서 예수님을 위해 큰 잔치를 베풀었고(눅 5:29), 이 잔치 자리에는 많은 '세리와 죄인들'(마태복음, 마가복음) 혹은 '많은 세리와 다른 사람들'(누가복음)이 함께했다. 자연 바리새인들은 이런 상황에 분개한다. 그들은 예수님에게도 들릴 만한 '혼잣말'로(마가복음), 혹은 제자들을 향하여(마태복음, 누가복음), 혹은 아예 직접 예수님을 향해 불평을 늘어놓았다. "왜 당신들은(그는, 당신들의 선생은) 세리들과 죄인들과 함께 식사하는가?" 이에 대한 예수님의 답변은 가장 유명한 말씀 중 하나다. "건강한 사람에게는 의사가 필요 없지만, 아픈 사람들에게는 의사가 필요한 법이다." 예수님은 자신이 세상에 온 목적을 선언하는 것으로 상황을 마무리하신다. "나는 의로운 사람들을 부르러 온 것이 아니라 죄인들을 부르러 왔다." 누가는 표현을 살짝 바꾸어 회개의 주제를 덧붙인다. "…죄인을 불러 회개하게 만들려고 왔다"(5:32).

상황은 분명하다. '세리와 죄인들'이라는 관용구가 말해 주듯, 세리들은 당시 사회에서 거의 이방인과 비슷한 취급을 받았던 '죄인들'의 대표였다. 그런데 바리새인들과 예수님은 이 세리들에 대한 두 가지 상이한 대응 방식을 보여 준다. 바리새인들은 '분리된 자들'이라는 이름의 의미에 맞게, 죄인들과 분명한 거리를 유지하려고 애를 썼다.[15] 죄인들과의 접촉이 자신을 부정하게 만든다고 믿었기 때문이다. 세상은 거룩한 것과 거룩하지 않은 것으로 나뉜다. 그래서 먹지 말아야 할 음식이 있고, 손대지 말아야 할 물건들이 있고, (이방인들처럼) 피해야 할 사람들이 있다. 세리들은 혈통으로는 분명 유대인이었지만, 로마의 권력과 결탁하여 가난한 백성을 착취하는 부류로 간주되었다. 그런 의미에서 그들은 이스라엘의 일부라 말할 수 없었다. 분명 유대인이었지만, 많은 사람에게 사실상 이방인 취급을 받았던 셈이다. 사실 예수님도 "이방인과 세리처럼 여기라"는 표현을 쓰신 적이 있다. 그러니까 이는 그저 바리새인들만의 독선적 편견이라기보다는 예수님도 받아들이신 사회적 통념에 가까웠다(마 18:17). 그렇게 보면 바리새인들이 세리들을 멀리하는 것은 전혀 이상한 일이 아니다. 오히려 매우 바람직한 태도에 가깝다. 여기서 의로움은 이런 죄인들과의 거리로 측정된다.

이런 '상식적인' 태도가 예수님의 태도와 대비된다. 예수님은 세리들이 나쁜 사람이라는 사실을 부정하신 적은 없지만, 그들과 관계를 맺는 방식은 바리새인들과는 판이하다. 그분은 세리 레위를 자신의 제자로 부르셨을 뿐 아니라, 그의 집에 초대받아 식사를 함께 나누신다. 식사는 가장 친밀한 사귐의 표현 중 하나다. 우리도 '같이 차 한잔하는' 관계보다는 '같이 밥 한번 먹는' 관계가 더 친밀하지 않은가. 당시 율법에서도 금하지 않았던 세리/죄인들과의 식사를 유대인들이 부정하게 여긴 것도 바로 이런 이유 때문이었을 것이다(행 10:28). 그런데 예수님은 이런 '세리와 죄인들'의 무리와 어울리신다. 바리새인들이 보기에는 분명 예수님 자신을 부정하게 만드는 행위다. 예수님이 언젠가 말씀하신 것처럼, 세리와 죄인들은 정말 "이방인과 세리처럼" 여겨야 하는데(마 18:17), 오히려 예수님 자신이 죄인들과 어울리며 함께 밥을 먹다니!

예수님은 자신의 도발적 행동을 이렇게 변호하신다. 의사가 필요한 것은 아픈 사람들이지 건강한 사람들이 아니다. 일견 당연한 듯 보이는 이 답변은 상황에 대한 급진적 재해석의 결과다. 예수님은 의인과 죄인이라는 기존의 틀을 버리고, 건강한 자와 약한 자라는 새로운 관점을 덧입히신다. 죄인은 정죄와 배제의 대상이지만, 환자는 치유와 회복의 대상이다. 그러니까 예수님은 바리새인들의 '죄인'을 '아픈 자'로 바꾸어 부르심으로써, 상황을 보는 눈에 공감과 동정의 색을 입히신다. 물론 이는 예수님 자신이 단순한 동료가 아니라 아픈 사람들의 의사시라는 사실을 전제한다. 상황에 대한 진단이 달라지면 당연히 처방도 달라진다. 서기관과 바리새인들이 구사하던 분리와 정죄의 전략은 다가감과 돌이킴의 전략으로 바뀐다. "나는 의인들이 아니라 죄인들을 부르려고 왔다." 예수님은 당시 바리새인들처럼 죄인들과의 경계를 선명히 함으로써 자신의 거룩함을 지키려 하신 것이 아니라, 죄인들을 소환하여 회개하게 하고(눅 5:32), 이렇게 그들을 공동체 안으로 회복시키신다.

마태복음은 호세아서의 한 구절을 인용함으로써 본문의 이런 흐름을 생각의 표면으로 끌어낸다. "가서 '나는 자비를 원하지 제사를 원하는 것이 아니다' 하는 이 말씀이 무슨 뜻인지 배우시오"(9:13; 호 6:6). 실상 예수님의 '급진적' 재해석은 예언자들의 선포와 상통한다. 구약 예언자에 관한 논의에서 보았듯이, 야훼께 돌아가는 길은 제의적 거룩함이 아니다(호 6:1-3). 회개의 진짜 장애물은 허술한 제사가 아니라 그들의 '행위', 곧 도덕적 불순종이다(5:4). 많은 제단을 쌓았지만 그건 죄를 조장하는 제단일 뿐이다(8:11). 무엇보다 그들은 '하나님을 아는 지식이 없는' 삶, 곧 '진실도 없고 사랑도 없는' 삶을 회개해야 한다(4:1-2). 하나님이 원하시는 것은 사랑(히. 헤세드, 인애, 자비)이지 사랑 없는 제의가 아니다. 마태복음의 예수님은 바리새인들로 대표되는 현 이스라엘의 영적 상황이 예언자가 질타한 바로 그 상황과 상통한다는 것을 잘 알고 계셨다. 그래서 그분은 거룩함을 향한 그들의 제의적·분리주의적 열망 아래 작동하는 냉혹함을 폭로하신다. 사랑으로 다가가 회개와 회복으로 초대해야 할 이들을 향해 '죄인'이라는 이름표를 붙이며 그들과 (의로운) 우리 사이에 차가운 담장을 세우는 모습, 이것이 예수님이 포착하신 바리새인들의 영적 실루엣이었다.

## '거룩'이라는 이름의 정치

바리새인들의 정책은 모든 부정한 것들로부터 안전한 거리를 유지하는 것이었다. 그 자체로 보면 이는 매우 현명한 방침일 수 있다. 하지만 인간의 세상에서 선한 의도는 종종 쉽게 타락하며, 그리하여 애초에 의도하지 않았던 음흉한 욕망의 수단으로 변질된다. 그 이유를 알기는 어렵지 않다. 분리는 경계를 필요로 한다. 일단 설정된 경계는 시간과 더불어 견고해지고, 건드릴 수 없는 삶의 조건으로 고착화된다. 특히 내 거룩함만큼이나 상대방의 더러움도 선명한 경계 설정에 효과적이어서 우리는 자신의 거룩함뿐 아니라 상대의 더러움에 관심을 보인다. 사회적 평판 자체가 애초부터 제한된 재화이기에, 나의 고상함만큼이나 상대방의 저급함도 더없이 효과적인 것이다. 그래서 때로는 바쁜 눈을 굴려 내 거룩함을 돋보이게 해 줄 누군가의 부정함을 발굴하거나 애써 그런 존재를 만들어 낸다. 그리하여 애초에는 선한 의도를 담았을 분리주의적 태도는 쉽게 나를 위한 정치적 몸짓으로 변모한다. 하나님 앞에서 거룩한 삶을 살아가려는 영적 시도가 (거룩한) 나와 (부정한) 너를 차별하는 사회정치적 몸짓으로 변질되는 것이다.

    죄인과 의인에 관한 예수님의 이야기를 듣노라면 우리의 관심은 의인과 죄인에 관한 또 하나의 이야기로 자연스레 넘어간다. 진짜 의인과 악인에 관한 이야기가 아니라 '자신이 의롭다고 믿지만' 실상은 죄인과 다를 바 없는 바리새인과 자신이 죄인인 줄 아는 세리에 관한 이야기다(눅 18장). '비유'라고 했으니 실제 사건은 아니다. 하지만 아무리 보아도 글의 내용은 현실보다 더 현실적이다. 특정 사건을 보도한 건 아니니 분명 허구이지만, 예수님이 보신 바리새적 영성의 핵심을 드라마로 꾸민, 전형적인 장면이라 할 수 있다. 문학에서 말하는 소위 '진실을 말하는 거짓말'인 셈이다.

바리새인의 모습은 그의 분리주의적 태도를 적나라하게 드러낸다. 위치 선정부터가 그렇다. 그는 '서서 따로' 기도했다. 기도의 내용도 마찬가지다. 그는 다른 사람들과 구별된 자신의 모습이 한층 도드라지도록, 자신이 하지 않은 나쁜 일들의 목록을 작성한다. 아니, 자신은 하지 않은 나쁜 일을 하는 '사람들'의 목록을 작성한다. 갈취하는 사람들, 정의롭지 않게 행동하는 사람들, 부부간의 정절을 지키지 않는 사람들. 그는 이런 부류들과 절대 '같지 않다.' 실제 그의 생각이 늘 이렇게 일반적이고 막연하지는 않다. 오히려 그의 일반적 어조 속에는 그의 삶에서 마주치는, 보다 구체적인 비교 대상들이 생생하게 살아 있다. 그러니까 그의 속내는 사실 이렇다. '**이 세리**와 다르다는 사실이 감사합니다.' 여기서 우리는 저쪽에 선 세리를 향해 내뻗은 그의 거룩한 손가락에 눈길이 간다. 나아가 그는 자신의 '다름'을 더욱 확실히 하고자 자신이 성취한 일들의 목록을 작성한다. 그는 일주일에 두 번씩 금식하고, 소득의 십일조를 드리는 모범적인 사람이다.

이쯤 되면 이 바리새인의 행복은 하나님 앞에서 거룩하다는 사실보다는 저 세리들과는 다르다는 사실에 더 기대고 있는 것처럼 보인다. 표면적으로야 언제나 하나님을 향한 거룩한 열정이 목표라 하겠지만, 구체적 상황에서 그의 행동의 목표는 '세리와 죄인들'과 경계를 설정하고 그들과의 거리를 확보하는 데 놓인다. 이렇게 거룩한 경건의 열망은 우리의 내밀한 욕망과 자만심과 손을 잡고, 금방 차별과 배제의 정치로 타락한다. 이제 나는 내 거룩함을 더 선명하게 보여 주기 위해 '세리와 죄인들'이라는 희생 제물이 필요하다. 내가 하나님을 향한 거룩함에 열심을 내는 만큼 내 주변 사람들은 더욱 가망 없는 죄인이 되어 가는 것이다. 아니, 저 세리가 형편없는 사람일수록 내 거룩함은 그만큼 더 멋져 보일 것이다.

내가 만일 이런 분리와 "배제"의 패러다임 속에 있다면, 그런 내가 세리와 죄인들을 "포용"하고 그들의 돌아옴을 기뻐하기는 어렵다.[16] 그들의 회복은 경계를 희미하게 만들고, 그만큼 내 거룩함도 흐려질 것이기 때문이다. 의식적 거부까지는 아니어도, 나는 그런 회복 운동이 불편할 것이다. 그래서 나의 눈에는 그들의 회복을 꿈꾸는 예수님의 선구자적 뒤엉킴이 거룩함을 포기하는 경박한 행동으로 비칠 것이다. 그래서 바리새인들은 예수님의 행보를 받아들일 수 없었다. 잃은 자를 찾기 위한 사랑의 행동이 거룩함의 비전을 허무는 불경함으로 비쳤기 때문이다. 안타깝게도 여기에 그들의 불행이 있었다. 모든 가족의 아버지는 아들 하나를 잃은 상황에 만족할 수 없다. 잃은 아들을 찾기까지 샬롬은 존재하지 않는다. 그래서 하나님은 독생자를 보내셨고, 예수님은 잃은 자를 회복하여 이 땅에 샬롬을 구현함으로써 하나님의 나라를 도래케 하신다. 이 예수님은 병든 자를 치유하는 의사이시며, '죄인을 불러 회개케' 하는 '샬롬의 왕'이시다(사 9:6; 눅 2:14; 19:42). 누가복음 15장의 세 비유는 바로 이 부분을 건드린다. 잃은 자식을 애타게 기다리다 그 아들이 돌아왔을 때 느낀 아버지의 '기쁨'을 헤아리지 못한 큰아들처럼(15:5-7, 9-10, 22-24, 32), '세리들과 죄인들'을 맞아들이는 예수님의 행태를 못마땅해한 '바리새인들과 서기관들'을 향한 통렬한 질타의 메시지인 것이다.

## 거룩과 위선의 미묘한 경계

회복과 샬롬이라는 하나님의 꿈을 공유하지 않는 거룩함과 의로움이란 실상 사람들 사이에서 내 자리를 지키기 위한 정치적 몸짓일 공산이 크다. 거룩이라는 경건한 이름을 붙였지만, 사실은 사람들 사이에서 내 자리와 내 의도를 관철하려는 이기적 욕망의 기제다. 우리는 이것을 위선(hypocrisy)이라 부른다. 예수님이 바리새인들에게 주신 대표적인 이름이 바로 '위선자들'(hypocrites)이었다. 개역개정은 '겉을 꾸민다'는 뜻에서 '외식(外飾)하는 자'라고 번역했다. 복음서에 담긴 몇몇 충돌의 이야기들은 회복과 샬롬의 길을 열어 가는 예수님의 눈에 비친 바리새인들의 위선적 면모를 적나라하게 드러낸다.

마가복음 7장과 마태복음 15장에 기록된 일화가 대표적이다. 예수님이 사역의 초점을 '회복'에 맞추신 사실의 자연스러운 결과겠지만, 예수 공동체가 추구한 경건의 모양새는 당시 유대인들이 가졌던 전통적 경건의 그림과는 달랐다. 마가복음에 따르면 당시 바리새인과 모든 유대인에게는 음식을 먹기 전에 손을 씻고, 시장에서 돌아오면 씻은 뒤 음식을 먹으며, 잔과 주발과 놋그릇을 씻는 것에 관한 많은 '전통'이 있었다(막 7:3). 율법에는 없는 이런 까다로운 규정들은 필시 이스라엘이 거룩한 '제사장 나라'가 되어야 한다는 언약적 열정을 반영한 관습이었을 것이다. 제사장의 나라답게 모든 백성이 제사장과 같은 수준의 정결함을 지키자는 아름다운 열심이었다(출 19:6). 그들은 이렇게 율법에 순종하는 것이 그들을 이방의 압제에서 건져 줄 메시아이자 구원자를 기다리는 그들 나름의 준비라고 생각했을 것이다.[17] 적어도 이상적으로는 그랬다.

그런데 예수님의 제자들은 이런 전통을 무시하고 '부정한 손', 곧 씻지 않은 손으로 음식을 먹었다. 당연히 바리새인들과 서기관들은 이를 문제 삼았다. "당신의 제자들은 왜 장로들의 전통을 지키지 않고 씻지 않은 손으로 밥을 먹습니까?" 제자들의 이런 행동은 부주의해서 생긴 실수가 아니다. 예수님은 자기 제자들의 행동에 아무런 문제도 없다고 생각하셨다. 오히려 그분은 제자들의 자유로운 행동을 문제시하는 바리새인들의 태도를 문제 삼으신다. 대화의 순서는 두 복음서가 서로 다르지만, 예수님의 응답은 동일하다. 장로들의 전통을 위반했다고 제자들을 비난하는 바리새인들에게 예수님은 오히려 그들이 하나님의 계명을 지키지 않는다고 공격하신다. 역설적인 것은, 바리새인들의 이런 불순종이 '사람의 전통'을 지키려는 열성의 결과라는 사실이다. 보다 적나라하게 말하면 사람의 전통, 아니 '당신들의 전통'을 지키자고 하나님의 계명을 어기며, "당신들이 전해 준 전통으로 하나님의 말씀을 폐기한다"는 것이다(마 15:3, 6).

역설이다. 본래 '장로들의 전통'은 순종을 위한 몸부림의 결과였다. 시대가 변하고, 삶의 여건도 달라지면 오래전에 주어진 율법의 유효성이 문제가 된다. 물론 하나님의 말씀은 언제나 유효하다. 하지만 그 옛날의 계명이 어떻게 지금의 삶에 유효한 것일까? 이런 물음과 더불어 이스라엘의 랍비들은 하나님의 계명을 오늘날 적용 가능한 것으로 만들기 위해 땀을 흘렸다. 그 노력이 오랜 세월 쌓이고 쌓여 '장로들의 전통'으로 자리를 잡았다.[18] 율법에 대한 전통적 해석이라는 점에서 이 해석의 전통은 율법 자체와 분리될 수 없었고, 자연 율법과 같은 권위를 가진 것으로 받아들여졌다. 그런데 예수님은 율법에 대한 순종을 가능케 하기 위해 생겨난 그 전통이 오히려 불순종의 빌미로 전락하는 현실을 보셨다. 이런 관찰을 근거로 예수님은 권위 있는 전통에 대한 열심이 곧 하나님을 향한 열심이라는 당연한 전제를 문제 삼으신다. '사람의 전통'과 '당신들의 전통'과 같은 표현은 예수님의 이런 비판적 관점을 매우 선명하게 드러낸다.

이 이야기에서 예수님의 핵심 논점은 두 가지다. 첫째로 음식에 관한 집착은 무의미하다. 사람 밖에서 몸 안으로 들어가는 음식은 배로 들어가 자기 역할을 다한 후 뒤로 배설된다. 다시 말해 음식은 마음, 곧 우리 존재의 본질로 들어가는 것이 아니다. 따라서 음식은 결코 사람을 부정하게 만들지 않는다. 그러니 실상 거룩함과는 아무 상관도 없는 음식을 두고 왈가왈부하는 것은 우습다. 분명

맞는 말이지만, 당시 경건의 패러다임 속에서는 급진적인 발상이 아닐 수 없다. 마가는 이렇게 해서 예수님이 모든 음식을 깨끗하다 선언하셨다는 자기 나름의 설명을 덧붙인다(막 7:19b). 그 반면 정작 사람을 더럽게 하는 것은 사람의 마음에서 밖으로 흘러나오는 "악한 생각"들, 곧 "음란과 도둑질과 살인과 간음과 탐욕과 악독과 속임과 음탕과 질투와 비방과 교만과 어리석음" 같은 것들이다. 이런 악한 생각들이 우리의 몸, 곧 우리의 행동을 더럽게 한다. "이 모든 악한 것들이 다 속에서 나와 사람을 더럽게 하느니라." 따라서 진정 율법에 순종하고자 한다면 우리 속에 존재하는 이 악들을 처리해야 한다. 곧 정말 경건을 위한 장치라면 음식과 같은 무의미한 것들을 건드릴 것이 아니라, 우리 속의 악함을 다스리는 것이 옳다. 하지만 바리새인들은 실제 우리를 더럽게 하는 악은 도외시한 채, 경건한 듯 보이지만 실상은 무의미한 식탁에서의 예법에 집착하고 있다. 속의 악을 다스리는 경건은 나를 타인들과 구별하고, 나를 더 돋보이게 하는 데는 별로 도움이 안 되기 때문이다.

둘째로, 예수님은 자신의 논점을 밝히기 위해 한 가지 구체적 사례를 든다. 바로 '고르반'과 관련한 관습이다. 고르반은 하나님께 '바친다' 혹은 '하나님께 바친 것'을 의미한다. 요즘으로 치면 '헌금'에 해당한다. 그런데 이런 경건한 몸짓도 하나님의 계명, 곧 부모를 공경하라는 계명을 피해 가는 수단으로 도용될 수 있다. 하나님께 바치는 일은 다른 모든 인간적 필요나 요구에 우선한다. 이 원칙을 철저히 지킬수록 경건한 사람이 될 것이다. 따라서 경건한 사람들은 먼저 하나님께 드릴 것을 확보해 놓고, 나머지 것으로 자신의 삶을 영위할 것이다. 그러다 보면 넉넉지 못한 살림에서는 부모조차 제대로 부양하지 못하는 경우도 생길 것이다. 종종 벌어지는 이런 안타까운 상황들은 마음이 아픈 만큼 더욱 감동적인 경건의 사례들로 기억될 것이다.

하지만 실제 상황이 늘 그렇게 아름답지만은 않다. 인간의 이기적 본성이 변하지 않았기에, 예나 지금이나 부모는 자식들에게 '짐'이다. 자기가 아쉽고 필요할 때는 최소한의 관심이라도 보이지만, 아쉬운 상황이 끝나면 금방 자식의 뇌리에서 사라지는 것이 부모의 존재다. 자식을 잘 돌보라는 명령은 십계명에 없지만, 부모를 공경하라는 계명은 도덕적 명령 중 제일 먼저 나온다. 그냥 명령만 하면 잘 지키지 않을까 봐, 부모를 공경하면 오래 살게 해 준다는 현상금까지 붙여 놓았다(출 20:12; 신 5:16; 엡 6:1-3). 그만큼 쉽지 않다는 이야기다. 그래서인지 바쁜 자녀들의 삶에서 부모 공경은 우선순위에서 늘 뒤로 밀린다. 이처럼 부모 섬기는 일이 부담스러운 우리, 하지만 불효자라는 적나라한 비난은 피하고 싶은 우리에게는 "하나님께 바쳤습니다" 하는 경건의 수사가 편리한 상황 타개의 수단이 될 수 있다. 평소에는 내가 하고 싶은 것을 다 하고 산다. 마지막에 조금 남는 상황까지 그대로 간다. 그리고 그 남은 것을 놓고 하나님께 바칠까 부모에게 드릴까 고민하는 모양새를 보인다. 안타깝지만 결국 '고르반'일 수밖에 없다. 하나님께 드리는 것이 우선이니까.

사태의 전모를 잘 모르는 이웃들은 고뇌하는 나를 보며 하나님을 향한 나의 신앙을 칭찬할 것이다. 남은 돈이 얼마 없는 월말에야 그런 고민이 반복된다는 흥미로운 사실, 이런 갈등이 이미 나 자신의 욕심을 다 차리고 난 이후의 상황이라는 사실은 나의 의식 아래 감추어진다. 그래서 나 자신조차 이런 상황을 초래한 자신의 욕망은 잊어 버린 채, 지금 이 순간 정말 내가 심지어 부모 공경보다 하나님 공경을 앞세우는 깊은 경건의 소유자인 듯 착각에 빠진다. 하지만 처음부터 이 모든 상황을 죽 지켜본 사람의 눈에는 이보다 더 역겨운 위선이 없다. 부모 공경이라는 부담을 지기 싫어서, 그러면서도 나쁜 놈이라는 비난은 피하고 싶어서, 아니 그러면서도 경건한 사람이라는 이미지를 획득하고 싶어서 하나님을 끌어들인다. 이건 경건은커녕, 무엇보다 소중한 경건의 덕목으로 자신의 욕망을 위장하려는 역겨운 위선의 표현일 뿐이다.[19]

이들을 향한 예수님의 경고 속에 이사야서 말씀이 인용된다.

> 이 백성이 입술로는 나를 공경하지만 마음은 내게서 멀다. 나를 경배해 봐야 소용없는 일이다. 사람의 계명을 교훈이라고 가르치는 마당에.
> (막 7:6-7; 사 29:13)

입술과 마음, 사람(의 계명)과 나 사이의 대조는 예수님의 논점을 정확하게 표현한다. 돈이 안 드는 입으로는 하나님을 향한 거룩함을 마음껏 표현하겠지만, 실제 돈이 사용되는 그들의 삶은 하나님에게서 한참 멀다. 그들의 경배는 사람의 교훈에 기초한 것일 뿐, 하나님이 원하시는 그런 방식의 경배가 아니다. 오히려 사람의 계명을 하나님의 뜻인 양 내세우며, 그들의 욕망을 경건의 외피로 포장할 뿐이다.

## 위선자들을 향한 심판의 경고

분명히 하자. 사실 하나님을 향한 종교적/제의적 열성이 나쁠 이유는 없다. 그 자체가 하나님이 명령하신 섬김의 방식이기도 하다. 구약 예언자들이 분명히 선포한 것처럼, 정작 문제는 제의적 열심 배후에 작동하는 욕망이다. 우리의 삶이 이러한 욕망에 지배를 받으면, 우리의 종교적 영역도 그 욕망의 지배에서 자유롭지 않다. 이렇게 되면 나의 제의적 몸짓조차 나의 욕망을 가리는, 그리하여 실은 내 욕심을 차리면서도 사람들에겐 경건한 삶을 사는 것처럼 보이게 하는 위선의 장치로 전락한다.

복음서에서 위선적 영성에 대한 가장 신랄한 경고는 마태복음 23장에 나온다. 한 장 전체가 '서기관들과 바리새인들'을 향한 비판으로, 예수님의 마지막 설교인 종말에 관한 긴 가르침(24-25장)의 서론이라고도 할 수 있다. 이 본문은 당시 '모세의 자리에 앉아 있던' 사람들, 곧 율법의 말씀을 선포하고 가르치는 권위를 누렸던 서기관들과 바리새인들에 대한 예수님의 불만이 무엇인지 가장 적나라하게 보여 준다. 예수님이 보시기에 이 존재감 강한 종교인들은 율법을 성실히 지키면서 자신의 의를 자랑한 사람들이 아니다. 오히려 진실은 그 반대에 가깝다. 정확하게 말하자면 이들 서기관들과 바리새인들은 "말만 하고 지키지는 않는" 자들이었다(3절). 이들의 가르침은 예수님의 제자들도 따라 행하는 것이 마땅하다. 이들이 가르치는 율법의 말씀이 나쁠 이유는 없기 때문이다. 하지만 그들의 행동은 절대 따라하지 말아야 한다. 왜냐하면 그들은 멋진 말로만 다른 사람들을 가르칠 뿐, 정작 그 말씀을 스스로 실천하려고 들지는 않았기 때문이다. 그들은 율법에 충실한 사람인 양 "사람에게 보이려고" 할 뿐, 실제 하나님의 계명을 지키지는 않았다(5절).

예수님의 입에서 후렴구처럼 반복되는 명칭 그대로, 그들은 '위선자들'(ὑποκριταί, hypocrites; 개역개정에서는 "외식하는 자들")이었다 (13, 15, 23, 25, 27, 29절).[20] 그들이 입으로 베푸는 가르침은 문제가 없었을지 모르지만, 정작 그들의 행동은 절대 본받지 말아야 할 수준이었다(3절).[21] 멋진 가르침으로 무거운 짐을 사람들에게 지웠지만, 정작 그들 자신은 그 짐을 지려고 손가락 하나 까딱하지 않았다(4절).[22] 예수님은 이들을 겉만 화려하고 속은 더러운 그릇(25-26절), 혹은 겉으로는 아름답지만 속에는 온갖 더러운 것을 품고 있는 '회칠한 무덤'에 비유하신다(27절a). 물론 여기서의 겉과 속의 대조는 공간적 의미의 겉과 속이 아니다. 그들 속에 담긴 '탐욕과 방종'(25절)이나 '위선과 불법'(28절)은 마음속에서 생겨나지만, 이는 결국 마음 밖으로 나와 다른 사람들과의 관계 속에서 실행되는 욕망들이다. 3절에서 분명히 제시된 대로, 여기서 겉과 속의 대조는 말만 있고 실천은 없는 상태, 곧 모세의 자리에 앉아 종교적이며 사회적인 권위를 한껏 행사하기는 하지만 정작 몸으로 그 율법을 실천하는 모습은 보여 주지 못하는 위선적 상태를 포착하는 표현이다(참고. 롬 2:28-29).

사람은 몸이 없는 것처럼 살 수 없다. 그래서 그들 역시 나름의

'행위'를 하면서 산다. 하지만 실제 그들의 행위, 곧 그들의 실천적 삶을 이끄는 원리는 사람들에게 인정을 받겠다는 욕망이다. 그들이 보여 주는 삶의 본질은 율법의 말씀에 순종하려는 선한 열망도 아니고, 또 그 순종을 공로 삼아 하나님의 인정을 받겠다는 오만한 행위구원론도 아니다. 예수님이 바라보신 그들의 '행위'란 하나님을 향한 진솔한 순종의 행위가 아니라 그럴듯한 모양새를 '사람들에게 보여 주려는' 작위적 몸짓이었다(5절).[23]

그처럼 마음에 없는 연기 혹은 정치적 몸짓이 절실해지는 이유는 달리 보여 줄 삶의 열매가 없고, 오히려 그들의 삶이 더러운 것들로 가득하기 때문이었다. 무덤 겉에 회를 칠해야 하는 이유가 무덤 속에 더러운 것이 가득하기 때문이듯, 서기관과 바리새인들 역시 더러운 욕망에 휘둘리는 그들의 실상을 가릴 수 있는 '의로움'이라는 두터운 포장지가 필요했다(27-28절). 그것은 사람의 눈을 피하기 위한 가림막일 수도 있다. 대접의 겉을 반짝이게 만듦으로써 그 안에 더러운 것이 있으리라는 생각을 못하게 해야 한다. 인상적인 경건의 광채를 사람들 앞에 비추면서, 밝음 뒤편의 어둠 속에 숨어야 한다. 이렇게 여론의 시선을 돌린 후 보다 안전하게 자신 속의 내밀한 욕망을 만족시킬 수 있다.[24] 경건한 사람이라는 인상이 강해질수록, 내 삶을 향한 사람들의 시선 역시 그만큼 느슨하고 그만큼 관대해지는 법이니까. 이처럼 더러움을 감추는 포장이든, 욕망을 위장하는 가림막이든, 그들에게는 외식, 곧 겉 꾸밈이 필요했다.

이런 점에서 신앙의 영역은 참 편리하다. 내가 괜찮은 사람이라는 인상을 가장 효과적으로 심어 줄 수 있기 때문이다. 역설적이지만, 종교의식을 철저히 수행하기 위해 내 욕망을 포기해야 하는 경우는 많지 않다. 그래서 '종교적 이미지 메이킹'은 많은 사람이 찾는 인기 상품이다. 예수님의 비판에 따르면, 당시 바리새인들의 삶 역시 그랬다. 그들은 사용되는 양이 워낙 적어 무시해도 좋을 것 같은 '박하와 회향과 근채'까지도 십일조를 드렸다(23절). 삶이 모두 이런 식이었다면 정말 철저한 순종이고 정말 위대한 영성이었을 것이다. 하나님을 위해서든 누구를 위해서든, 내 소득의 10분의 1을 떼내는 일은 부담스럽다. 그러다 보니 나가는 돈이 최대한 적어지는 쪽으로 계산하고 싶은 마음이 생긴다. 나름으로 적당한 선을 긋고 싶어지는 것이다. 그런데 심지어 식탁의 향신료까지 십일조를 하는 사람들이 있다. 도대체 얼마나 철저한 경건이기에, 그냥 무시해도 좋을 그런 미미한 물건까지 십일조를 하는 것일까? 하지만 선지자 예수님의 눈길 앞에서 그들의 이런 가시적 몸짓은 사태의 본질, 곧 율법에 대한 불순종을 감추기 위한 작위적 행동이었던 것으로 드러난다.

  그들의 행동을 참된 경건으로 받아들일 수 없는 이유는 이런 멋진 행동들 배후에서 그와는 어울리지 않는 음험한 삶의 행태가 관찰되기 때문이다. 한껏 경건의 깃발을 쳐들었지만, 사실 그들은 하나님이 가장 소중하게 여기시는 율법의 계명들, 곧 다른 사람들과 더불어 살아가며 지켜야 할 '정의와 자비와 신의'라는 핵심적 덕목에는 무관심했다(23절). 앞에서 예언자들에 관해 살피며 확인했던 것처럼, 하나님이 그 백성들에게 요구하신 가장 기본적인 삶의 자태가 바로 정의와 공의였다. 많은 경우 정의는 우리 사회의 약자들을 향한 자비의 형태로 나타난다. 하나님은 그분의 백성에게 무한한 사랑을 베풀며, 그들의 삶에 이런 가치들이 넘쳐 나기를 바라셨다. 이것이 바로 하나님이 기대하신 의로움이요, 이스라엘이 본받아야 할 하나님의 거룩함이었다. 하지만 예수님이 관찰하신 서기관과 바리새인들의 삶은 자신의 욕망을 추구하며, 하나님의 계명들을 저버리는 삶에 지나지 않았다. 이런 삶의 실상을 감추기 위해 사람들의 '눈에 확 들어오는' 순종의 몸짓을 흉내 냈던 것이다(23절). 피상적 관찰자에겐 이런 모습이 놀라운 영성으로 비쳤겠지만, 내부 사정을 아는 이들은 그들의 행태를 견디기 쉽지 않았을 것이다.

예수님은 이를 "하루살이는 걸러 내고, 낙타는 삼키는" 행동에 비유하신다. 정결한 물을 마시겠다고 물에 빠진 하루살이조차 걸러 내는 호들갑이 실은 물에 빠진 낙타는 그냥 삼키는 실상을 감추려는 위선이었던 것이다(24절).[25] 그들이 그릇의 겉을 부지런히 닦아야 했던 이유는 그릇 속에 담긴 내용물 자체가 탐욕과 부정함같이 더러운 것들이기 때문이었다. 사람들의 눈에는 의롭게 보였겠지만, 그들의 실제 삶은 위선과 불법으로 가득했다는 것이다(28절).

신앙적 수사와 과시적 행동의 착시 효과를 뒤로하고, 그들의 삶을 냉철히 관찰해 보면, 그 속에는 신앙과 무관한 욕망이 꿈틀거린다. 예수님은 그들의 화려한 영적 제스처와 그 배후에서 꿈틀거리는 불순한 욕망 사이의 미심쩍은 거리를 측량하신다. 그 결과 그들이 보여 준 화려한 신앙적 몸짓은 속이 찬 영성이 자연스레 흘러나온 것이 아니라, 불순한 욕망을 위장 내지 포장하는 속임수에 불과했음이 드러난다. 예수님은 이를 "너희의 전통으로 하나님의 계명을 어기는" 행태라 규정하신다(15:3, 6). 편의상 우리는 이를 (많은 사람이 보는) '회당과 거리의 영성'이라 부를 수 있다. 예수님은 위선적 몸짓으로는 결코 천국에 들어갈 수 없다고 경고하셨다. "뱀들아, 독사의 새끼들아, 너희가 어떻게 지옥의 심판을 피할 수 있겠느냐?"(23:33)

여기서 우리는 바리새인들의 이런 위선이 의식적이고 계획적이었다고 속단하지 말아야 한다. 분명 그들의 행태는 위선적이었다. 하지만 정작 자신들은 겉과 속의 격차를 잘 인식하지 못했을 가능성도 크다.[26] 성전에서 기도하는 바리새인의 모습에서 보듯, 이들은 정말 '자기는 의롭다고 믿고, 남을 멸시하는' 부류들, 곧 자신은 정말 경건하게 살고 있다고 생각하던 이들이었다(눅 18:9). 분명 위선자들이었지만, 스스로도 그 위선을 감지하지 못하는 "눈먼" 위선자들이었던 것이다(마 23:26). 바로 여기에 종교적 외양의 위험이 존재한다. '자기 속임', 곧 착각의 위험이다(참고. 갈 6:7). 화려한 종교적 외양은 그것을 보는 다른 사람들뿐 아니라, 그것을 조작해 내는 우리 자신까지 속인다. 실제로는 율법의 중요한 덕목들을 무시하고 살면서도 스스로 경건하다고 믿는다. 또 동시대 선지자들의 비판적 메시지는 무시하면서, 옛날 선지자들의 무덤을 만들고 과거의 의인들을 위해 비석을 세운다. 그러면서 "만약 우리였다면 선지자들을 죽이는 데 참여하지 않았을 것"이라고 생각한다(30절). '나는 박하와 회향과 근채까지 계산하여 십일조를 바치는 열성을 가졌다. 그렇다면 다른 더 중요한 덕목들에 있어서는 오죽하겠는가?'

스스로 이런 논리에 빠지는 것이다. 그런 우리에게는 사람들 눈에 띄는 넓은 경문 띠와 긴 옷술 혹은 잔치의 윗자리와 사람들의 존경 또한 이러한 신념을 재확인하는 사회적 상징들로 작용한다. 자신이 만들어 낸 종교적 몸짓의 현란함에 스스로 현혹되어 자신의 내적 가난함을 망각하고, '나는 정말로 의로운 사람'이라는 착각으로 나아가는 것이다.

하지만 '눈먼'이라는 수식어가 폭로하듯(23:16, 17, 19, 24, 26; 참고. 15:14), 그들의 편리한 신념 자체가 바로 그들이 안고 있는 무기력증의 한 징후다. 외양적 치장들을 근거로 대단한 영성을 자랑할 수 있다는 것은, 자신을 바라보는 그들의 시선이 그만큼 무뎌졌음을 말해 준다. 그들이 스스로를 어떻게 생각하건 그들은 선지자를 죽인 조상들의 자손이며, 그들의 실제 행태 역시 그들 조상의 분량을 채우는 행위를 넘어서지 않는다(31-32절). 세밀한 십일조 배후에는 더 소중한 율법의 조항들, 곧 '정의와 자비와 신실함'을 팽개치는 불편한 현실이 존재한다. 하루살이를 걸러 내는 철저함 배후에는 낙타는 그냥 삼키는 터무니없는 이율배반이 자리하고 있다(23-24절). "하나님께 드렸습니다"(고르반)라는 거룩한 말 이면에는 '이젠 부모에게 신경 쓸 필요 없다'는 사악한 생각이 도사리고 있다. 하나님께 드리는 거룩한 영적 행위가 실상은 부모에게 드리지 않으려는 저급한 욕망의 가림막으로 도용된다(15:4-6). 결국 그들이 만들어 놓은 순종의 실천적 원리들, 곧 '사람의 전통'은 실상 하나님의 계명을 어기며 자기 욕망을 채울 때조차 마치 계명에 순종하는 것처럼 보이게 만드는 위선의 장치들이 된다.[27] 예수님은 이런 헛된 영성, 곧 영적 위선의 속내를 적나라하게 폭로하신다. 그리고 바리새인들은 예수님의 이런 불온한 가르침에 격분한다(15:12). 꼭꼭 감추어 두었던 속내를 들킨 사람들의 분노다.

## 더 큰 의로움

예수님은 제자들에게 서기관과 바리새인들의 의로움보다 '더 큰 의로움'을 가져야 천국에 들어갈 수 있다고 가르치셨다. 여기서 예수님이 내놓으신 것은 "너의 행위를 의지하지 말고 나를 믿으라"는 부흥집회식 초청이 아니라, "서기관과 바리새인의 위선적 종교성에 속지 말고, 삶의 열매로 드러나는 알찬 영성을 보이라"는 도전이다. 그럴듯해 보이지만 텅 빈 종교성이 아니라, 순종하는 행보로 꽉 찬 삶, 곧 내실이 있는 믿음을 가지라는 요구다. 위선자들의 거짓 의로움과는 다른 실질적 의로움에 대한 예수님의 가르침(마 5:20)은 다음 장에서 더욱 상세하고 구체적인 가르침으로 발전한다.

마태복음 6장은 그 전체가 바리새인들의 위선적 영성에 대한 대안, 곧 '서기관과 바리새인들'의 껍데기 의로움보다 '더 큰 의로움'이 어떤 것인지를 생생한 사례들과 함께 보여 주는 후속적 가르침이다. 6장의 첫 구절은 신문의 헤드라인처럼 전체 메시지를 핵심적으로 요약한다. "사람들에게 보이게 하려고 그들 앞에서 너희 의로움을 실천하지 않도록 주의하라"(6:1a). 23장에서 본 '서기관들과 바리새인들', 곧 하나님께 순종하는 것처럼 "사람들에게 보여 주려고"(23:5) 의로운 행동을 조작하는 '위선자들'의 행태에 대한 비판이다.

예수님의 말씀은 그저 조금 더 나은 삶의 방식에 대한 도덕적 조언이 아니다. 지금 예수님의 선포는 천국에 들어가느냐 못 가느냐 하는 질문을 앞에 놓고 이루어진다. "그렇게 하지 않으면 하늘에 계신 내 아버지께 보상을 받지 못한다"(6:1b). 여기서의 '보상'을 천국에 등급이 있다는 식으로 오해해서는 안 된다. 신약성경에서 이 단어는 신자들의 신실한 순종에 대해 하나님이 '갚아 주시는' 종말론적 '보상'을 가리키기 위해 자주 사용된다. 개역개정은 '상'으로 옮겼지만, 승리자가 받는 '상'(prize)이 아니라 '임금, 품삯'(wage)이라는 뜻이다. 그렇다고 계약 관계를 말하는 것은 아니다. '갚아 줌'이나 '품삯' 등의 개념을 사용하는 이유는 하나님과 우리 관계가 일종의 계약 관계여서가 아니라 우리가 하나님 앞에서 우리 삶에 대해 종말론적 책임을 지는 존재임을, 하나님이 내리시는 종말론적 보상의 필연성을 강조하기 위해서다. 여기서 아버지께 받을 '보상'은 다름 아닌 천국이다. 신실한 제자들에게 주어질 바로 그 천국 말이다(5:3-10; 7:21). 그 반면 예수님이 '독사의 자식'이라 부르신 위선자들에게는 '지옥의 판결'이 주어진다(23:33). 그게 그들의 '보상'이다.

위선에 대한 경고는 당시 '유대교의 세 기둥'으로 간주되었던 세 가지 핵심적 '의로움'을 예로 삼아 전개된다. 바로 구제(6:2-4)와 기도(6:5-15)와 금식(6:16-18)이다. 이방인 회심자의 상징적 인물인 고넬료의 사례에서 보듯, 특별히 구제와 기도는 하나님의 백성인 유대인의 경건에서 가장 중요한 덕목들로 간주되었다(약 1:27).[28] 재물에 관한 예수님의 가르침에서 종종 나타나는 것처럼, 이 땅에서의 구제는 하늘에 영원한 재산을 비축하는 행동이요 하나님께 대해 부자가 되는 행동으로 여겨졌다(마 5:19-20; 19:21; 눅 12:21, 33). 우리가 경건한 사람들에게서 가장 먼저 기대하게 되는 대표적인 선행의 덕목들이다. 고객을 잘 속이는 가게 주인들 중 교회의 집사와 장로가 적지 않은 것처럼, 아름다운 이름일수록 도용의 가능성도 큰 법이다. 장로나 집사가 원래 나쁜 사람이 아니라, 그 좋은 이름을 도용하는 사람이 많다는 이야기다. 구제나 기도나 금식과 같은 경건의 덕목들은 아름답다. 아름다운 만큼, 가짜도 들끓는다. 경건한 척 위장하는 데 효과적인 포장지가 되기 때문이다. 그래서 예수님은 '위선자들'이 어떻게 이런 덕목들을 경건의 치장으로 활용하는지를 보여 주시며, 그런 행태를 진정한 경건과 혼동하지 말라고 경고하신다.

위선자들은 봐 줄 관중이 많은 '회당과 거리'를 구제의 무대로 삼는다. 그들이 구제한다는 사실을 수많은 사람 앞에 '나팔을 불어' 광고한다. 그리고 그 멋진 행동으로 '사람에게서 영광을 받으려' 한다(마 6:2). 기도할 때도 마찬가지다. 그들은 '회당과 큰 거리 어귀에 서서' 기도하기를 즐긴다. '사람에게 보이고' 싶은 것이다(6:5). 위선자들은 금식할 때도 애써 '슬픈 기색'을 하고, '얼굴을 흉하게' 한다. 금식하고 있다는 사실을 '사람에게 보이기 위해서'다(6:16). 이들에 대한 예수님의 판단은 간단하다. "그들은 그들의 보상을 이미 받았다"(6:2, 5, 16). 앞에서 지적한 것처럼, 여기서의 '보상'은 승리의 상이 아니라 우리 모두가 각자의 삶에 따라 하나님께 받게 될 종말론적 '보상'(reward)을 말한다. 위선자들의 경우, 그들의 위선적 이벤트를 통해 지금 사람들의 칭찬이라는 보상을 받았다. 물론 사람과 사람 사이에서 살아가는 이들에게 이는 더없이 달콤한 보상이다. 그래서 더욱 열성적으로 구제와 기도와 금식을 할 것이다. 그럴수록 사람들은 그들의 깊은 영성에 감명을 받을 것이다. 하지만 그것이 전부다. 애초에 하나님을 향한 행위가 아니었기에 하나님께 받을 보상이 있을 리 없다. 일단 현세의 지평을 넘으면 그들을 위해 준비된 것이라곤 '마귀와 그 사자들을 위해 준비된 영원한 불', 곧 '영원한 형벌'뿐이다(25:41, 46). "너희가 어떻게 지옥의 판결을 피할 수 있느냐?"는 말씀과 같다(23:33). 진정으로 미래를 믿지 않는 사람들, 궁극적 절망의 그림자 아래 현세 인간적 삶의 지평에서 의미와 만족을 추구하는 사람들로서는 최선의 정책인 셈이다.[29]

 하지만 이것이 궁극적 만족일 수는 없다. 사람들에게 인정받는 '의로움'이란 불가불 타인과의 경쟁에 근거한 상대평가의 결과물이다. 내 구제나 기도나 금식이 칭찬의 대상이 되는 이유는 다른 많은 사람이 그런 일에 관심이 없거나 열정이 덜하기 때문이다. 그래서 하나님 앞에서 실천하는 의로움과는 달리, 사람들을 의식한 의로움이란 항상 '나는 저 사람보다 낫다'는 비교 우위에 민감하다. 그리고 이는 나를 의롭게 보이기 위해 다른 불의한 사람을 필요로 하는 소외의 구조를 만들어 낸다. 앞에서 살펴본 것처럼, 성전에 기도하러 올라간 바리새인과 세리의 이야기는 위선적 영성의 이런 파괴적 속성을 여실히 보여 준다. 자신의 죄에 아파했던 세리와는 달리, '서서 따로' 기도했던 바리새인의 속내는 '이 세리와도 같지 아니함을 감사하나이다' 하는 것이었다(눅 18:11). 이는 함께 의를 이루며 '평화를 도모하는'(마 5:9) 하나님의 자녀로서의 삶이 아니라, 나의 의로움을 주장하기 위해 타인을 불의한 자로 만들어야 하는 차별과 폭력의 논리다. 물론 이런 거짓 영성의 배후에는 자신을 섬기는 욕망의 논리가 작동한다.

## 하나님을 바라보는 의로움

이런 위선적 행태와는 달리, 제자들은 '은밀한 중에 보시는 너희 아버지'를 바라보며 그들의 의를 행하도록 배운다(마 6:4, 6, 18). 이를 강조하기 위해 예수님은 아예 의로운 행위를 사람들의 시선으로부터 숨기라고 권고하신다. 구제할 때는 '오른손이 하는 일을 왼손도 모르게' 하고(6:3), 기도할 때는 '골방에 들어가 문을 닫고' 할 것이며(6:6), 금식할 때도 사람들이 눈치 채지 못하도록 '머리에 기름을 바르고 얼굴을 씻고' 하라는 것이다(6:17). 물론 여기에는 수사적 과장이 들어 있다. 궁극적으로 중요한 것은 사람에게 보이느냐 아니냐가 아니라 우리의 의로움이 진정 하나님 앞에서 행한 것이냐 아니냐가 될 것이기 때문이다. 하지만 위선적 영성이라는 집요한 유혹을 생각하면, 과장이라기보다는 현실적 조언으로 들리기까지 한다. 사람의 의지로는 이길 수 없는 사이렌의 유혹처럼, 아예 숨지 않으면 사람의 시선에서 자유롭지 못한 것이 우리이기 때문이다.

하지만 아무도 보지 않는 상황에서 우리의 '의로움'이 과연 흥이 날 것인가? 이 물음 앞에서 우리의 영성은 작위성의 허물을 벗는다. 사람들의 인정이라는 달콤한 만족감을 상실한 상황에서도 우리는 여전히 구제하고, 기도하고, 금식할 것인가? 아무런 간을 하지 않은 병원 밥을 먹을 때처럼, '죽지 못해' 삼키는 우리를 발견하게 되는 것은 아닐까? 아니면 몰래 병원을 빠져나가 마음껏 '바깥 음식'을 즐기게 되는 것은 아닐까? 칭찬받을 만한 일을 했는데 그걸 아무도 모르고 있을 때의 속 쓰림을 아는 사람이라면, 예수님의 이 가르침이 지닌 날카로움을 이해할 것이다. 하지만 바로 이것이 제자됨의 조건이다. 우리는 바로 이 은밀함의 요구가 "자기를 부인하고, 자기 십자가를 지고 나를 좇으라"는 말씀의 한 의미임을 깨닫는다. 사람들의 인정을 포기하는 것은 결국 사람들의 시선에 기댄 내 자아를 부인한다는 말과 같기 때문이다.

고행을 위한 고행을 하자고 사람들의 인정을 포기하는 것이 아니다. 우리의 '은밀한' 행보는 우리의 삶이 '하늘에 계신 우리 아버지'를 향한 경건이어야 한다는 신념의 표현이다. 하나님을 안다는 것은 현세의 삶이 전부가 아니며, 그분이 예비하신 영원한 '천국'이 있음을 깨닫는 것이다(25:34). 그래서 우리의 행보는 현세적 지평을 넘고 사람들의 평판을 상대화하는 대신, 영원의 지평을 바라보며 "영원의 관점에서"(sub specie aeterni) 이루어진다. 바로 이런 삶이 '하늘에 계신 우리 아버지께 보상을 받게 될 것'을 잘 알기 때문이다(6:1). 우리의 아버지는 '은밀한 중에 보시는' 분, 곧 하나님의 관점에서 삶을 보고 하나님 앞에서 살아가는 이들에게 좋은 것으로 갚아 주시는 분이다(6:4, 6, 18).

예수님이 지적하신 것처럼, 내적 더러움은 종교적 열정이나 의식으로 해결할 수 없다. 포장지로는 선물을 만들 수 없는 것과 같다. 내면의 더러움을 해결하는 유일한 방법은 내면 자체를 깨끗하게 하는 것이다. 이것이 우리가 의를 행하는 방식이며, 바로 이런 삶이 "하나님 나라와 그의 의를 추구하는" 삶이다(6:33). 복음서에서 이 회개와 갱신의 절차는 "수고하고 무거운 짐 진 자들아, 다 내게로 오라"는 초대에 응하는 것으로 시작된다(11:28-30). 하지만 이런 휴식으로 초대하신 이유는 "이젠 안 해도 된다"는 헛된 위로를 던지기 위해서가 아니라, 자신의 죽음과 부활을 통해 이루시는 새롭고 참된 삶을 함께 나누기 위해서였다. 주님이신 예수님이 걸어가신 참된 삶의 길을 따라 걷지 않고서는 결코 하나님 나라에 들어갈 수 없기 때문이다(마 7:21; 18:21-35; 22:11-14; 25:31-46). 마태복음은 바로 이 부분을 강조한다. 주님의 초대에 응하는 믿음은 그분과 더불어 십자가의 길을 걷는 것, 그리하여 '하늘에 계신 내 아버지의 뜻대로 행하는' 삶이다.[30]

✢

복음서의 적나라한 가르침을 묵상하며 혼란스러워하는 사람들이 적지 않다. 예수님의 가르침 자체가 모호해서는 아니다. 자기 십자가를 져야 한다는 주님의 말씀은 더없이 선명하다. 문제는 행함을 요구하는 천국에 관한 주님의 엄중한 가르침이 믿음과 은혜로 집약되는 바울의 복음과 어떻게 연결되는지 알 수 없기 때문이다. 예수님은 껍데기 영성이 아닌 알찬 영성을 요구하셨다. 그래서 위선자들과 싸우셨다. 그 반면 바울은 '행위가 아니라' 믿음이라고, 우리 자신의 성과가 아니라 하나님의 은혜라고 목소리를 높인다. 그래서 마치 행하려고 노력하는 사람들과 한판 승부를 벌이는 것처럼 보인다. 이 상반되는 눈길을 어떻게 하나로 조화시킬 것인가? 이런 질문을 품고 우리의 이야기는 바울에게로 넘어간다.

6장

## 사도 바울의 목표와 바울 복음의 성격

## 바울의 목표

구약의 예언자들에게도, 세례 요한이나 예수님에게도 죄, 그 죄를 감추려는 신학적·의례적 위선이 문제였다. 예언자들은 바로 이 문제로 고통스러워하며 새 언약의 비전을 노래했고, 요한은 위선을 공격하고 심판을 예고하며 오실 메시아를 증언했다. 나사렛 예수 역시 잎만 무성하고 실천은 없는 위선의 현실을 아파하시며, 하늘 아버지의 뜻을 행하는 사람들이 들어가는 하나님 나라를 선포하셨다. 이 점에서는 바울도 마찬가지다. 이것이 이 책의 나머지 부분에서 하고 싶은 이야기다.

인간 행위의 한계를 인식하고, 행위에 의존하는 길이 막다른 골목임을 깨닫고, 그리하여 우리 자신의 행위 아닌 예수님의 대속적 은혜를 바라보는 믿음. 바울은 이런 발상을 복음으로 선포하지 않았다. 바울은 인간의 한계를 누구보다 잘 알았지만, 그 한계의 본질은 **행위 자체가 아니라 행위의 적나라한 부재**였다. 바울이 제시한 복음 역시 '우리의 행위가 아닌 오직 믿음과 은혜'가 아니라, 우리를 구원에 이르는 삶으로 변화시키는, 생명의 능력을 지니신 창조주 하나님의 강력한 은혜였다. 바울은 바로 이런 하나님, 곧 죽은 자를 살리시는 하나님을 깨닫고 그 하나님의 약속에 의존하며 살아가는 삶을 믿음이라 불렀다. 그래서 바울도 올바른 행위가 없는 자들에게는 하나님 나라의 문을 닫았다. 바울 복음의 독특함은 구원이 행위 없이 주어진다고 말한 것이 아니라(그는 이런 말을 한 적이 없다), **죄 아래 놓인 인간을 해방시켜 하나님 나라에 합당한 삶을 살게 하는 하나님의 능력을** 선포했다는 사실에 있다. 지금까지 살펴본 성경의 일관된 관심, 곧 진솔하고 알찬 신앙에 대한 관심을 고스란히 이어받으면서, 하나님이 나사렛 예수의 십자가와 부활을 통해 어떻게 그 삶을 가능하게 하시는지를 보여 준 것이다.

바울이 전한 복음의 성격을 제대로 이해하는 길의 하나는 그가 복음을 통해 이루고자 한 목표가 무엇이었는지 살펴보는 것이다. 바울의 사도적 섬김은 결코 사적 선택이나 비전이 아니었다. 그는 하나님께 받은 사명이 있었다. 비유대인들, 곧 '이방인'들에게 복음을 전하는 것이었다(갈 1:15). 말로 복음을 전하기만 하면 되는 것이 아니라, 복음으로 사람들을 불러 그리스도인으로 만들고, 하나님의 사람으로 만들어야 했다. 이 회심의 과정 역시 입술로 그리스도를 고백하면 끝나는 것이 아니었다. 바울이 의도한 변화는 삶 자체의 변화다. 바울은 데살로니가 교회의 성도들에게 이렇게 말한다.

여러분도 알다시피, 마치 아버지가 자녀에게 하는 것처럼 우리가 여러분에게 권고하고 격려하고 훈계했던 것은 여러분을 불러 자기 나라와 영광에 들어가게 하시는 하나님께 합당하게 살아가도록 만들기 위해서였습니다. (살전 2:11-12)

이는 아무렇게 사는 것보다 신실하게 사는 것이 더 나아서 그런 것이 아니다. 바울에게 있어 성도들의 거룩한 삶은 그 무엇으로도 양보할 수 없는 절대 조건이었다. 이는 하나님이 주신 사명을 바라보는 바울의 자기 이해와 깊은 관련이 있다. 로마서 말미에 드러나는 것처럼, 바울은 자신의 소명을 구약 제사장의 역할에 비견되는 것으로 이해했다. 로마의 성도들에게 편지를 쓰게 된 동기를 밝히면서 바울은 자신이 받은 사도로서의 책임에 대해 이렇게 말한다.

> [제가 사도 직분의 은혜를 받은 목적은] 제가 이방인을 섬기는 그리스도 예수의 일꾼이 되어 하나님의 복음을 따라 제사장의 역할을 수행하는 것이며, 이를 통해 드려지는 이방인의 제물이 성령으로 거룩하게 되어 하나님께서 기뻐 받으시는 제사가 되도록 하는 것입니다.
> (롬 15:16)

제사장의 책임은 제사를 드리는 것 자체에 있지 않다. 하나님이 기쁘게 받으실 수 있는 제사, 곧 거룩한 제사가 되도록 하는 것이 제사장 본연의 책임이다. 그런 점에서 바울의 사도 직분은 제사장의 역할과 같다. 그는 복음을 통해 이방인을 제물로 드리는 제사장이다. 당연히 그의 책임은 '이방인의 제사/제물'을 하나님이 기쁨으로 받아들이실 만한 제사로 만드는 것이다. 그래서 이 제사는 거룩해야 한다. 바울은 자신이 선포하는 복음을 통해 바로 이 거룩한 제물, 거룩한 제사를 준비한다.

복음으로 이방인들을 거룩하게 하는 과정은 사람의 능력이 아니라 성령을 통하여 이루어진다. 자신이 복음을 전했지만 실제 변화는 복음을 통해 드러나는 성령의 결과로 일어난다. 이를 두고 바울은 "이방인들을 순종하게 하기 위하여 그리스도께서 나를 통하여 일하셨다"고 말한다(롬 15:18). 이 그리스도의 능력은 바울이 선포하는 '말'과 그가 보여 주는 '행위'로, 그의 사역 속에 강력하게 나타나는 '표적과 기적들'을 통해 드러났다. 한마디로 '성령의 능력'이다(15:18-19). 이 능력의 목적은 '이방인들을 순종하도록 하기 위한' 것(15:18), 곧 하나님이 기쁘게 받으실 '거룩한 제물'로 만들기 위한 것이었다(15:16).

그래서 바울의 관심은 처음부터 신자들의 삶에 있다. 하나님께 제사로 드릴 수 있는 거룩한 신자들의 공동체를 만드는 것이다. 물론 그들이 하나님 앞에 서서 거룩한 제물로 드려지는 때는 최종적인 심판의 날, 곧 그리스도가 다시 오시는 그날이다. 그러니까 바울의 책임은 이방 신자들이 그리스도의 날에 하나님 보시기에 거룩하고 흠이 없는 교회로 인정을 받는 것이다. 바울이 수행한 섬김은 이를 기준으로 평가될 것이다. 그리스도의 날에 그의 신자들이 거룩한 제물로 받아들여진다면, 그가 사도적 책임을 제대로 이행한 것이다. 반대로 성도들이 거룩한 제물이 되지 못할 때, 바울은 하나님 앞에서 할 말이 없을 것이다. 바울의 입장에서는 그야말로 성도들의 거룩함이 사도로서의 승패를 결정하는 관건이 되는 것이다.

우리의 소망이나 기쁨이나 자랑할 승리의 면류관이 무엇입니까? 우리 주 예수 그리스도께서 오실 때 바로 그 앞에 서 있을 여러분이 아닙니

까? 여러분이 우리의 영광이요 기쁨입니다. (살전 2:19-20)

무슨 일을 하든, 원망과 시비가 없이 하십시오. 그래서 여러분은 흠이 없고 깨끗한 사람들로, 비틀리고 반역하는 세대 가운데서 하나님의 흠 없는 자녀로, 어두운 세상의 밝은 빛으로 나타나야 합니다. 또한 생명의 말씀을 굳게 붙잡아 [사도로서] 나의 달음질이 헛되지 않기를, 나의 수고가 헛되지 않기를, 그리스도의 날에 내가 자랑할 것이 있기를 바랍니다. (빌 2:14-16)

그러므로 하나님을 향한 바울의 기도와 소원이 언제나 성도들의 거룩함으로 모아지는 것은 결코 우연이 아니다.

여러분의 마음을 굳건하게 하시고 우리 주 예수께서 그의 모든 성도와 함께 오실 때 하나님 우리 아버지 앞에서 거룩함에 흠이 없게 하시기를 바랍니다. (살전 3:13)

평화의 하나님께서 친히 여러분을 완전하게 하시고, 또 여러분의 온 영과 혼과 몸이 우리 주 예수 그리스도께서 오실 때 흠 없이 보존되기를 바랍니다. (살전 5:23)

성도들을 향한 그의 권고 역시 하나님을 향한 기도와 다를 수 없다. 바울이 바라는 바는 한마디로 이렇다.

그러므로 형제 여러분, 하나님의 모든 자비를 힘입어 여러분께 권합니다. 여러분의 몸을 하나님이 기뻐하시는 거룩한 산 제물로 바치십시오. (롬 12:1)

그러므로 형제 여러분, 마지막으로 주 예수 안에서 여러분께 부탁하고 권고합니다. 여러분은 어떻게 살아야 하는지, 어떻게 해야 하나님을 기쁘시게 할 수 있는지 우리에게서 배웠습니다. 바로 지금 여러분이 실천하고 있는 그런 모습입니다. 이런 삶을 살아가는 데 더 큰 힘을 내어 주시기 바랍니다. 우리가 주 예수를 통해 여러분에게 어떤 명령을 주었는지 여러분이 잘 알고 있습니다. 하나님의 뜻은 바로 이것, 곧 여러분의 거룩함입니다. (살전 4:1-3)

바울이 성도들의 거룩함에 이처럼 집요한 관심을 기울이는 것은 바로 그것이 하나님이 계획하시고 수행하시는 구원 계획의 핵심이라는 사실을 깨달았기 때문이다. 성도들의 거룩함은 하나님의 구원에 사후적으로 따라오는 부가적 결과가 아니라, 처음부터 구원 계획의 중심 목표였다. 그래서 성도의 거룩함은 하나님의 예정으로까지 거슬러 올라간다. 그가 에베소서에서 밝히는 것처럼, 하나님은

우리가 사랑 안에서 자기 앞에 거룩하고 흠이 없는 존재가 되게 하시려고 창세 전에 그리스도 안에서 우리를 택하셨고, 우리가 예수 그리스도를 통해 자기 자녀들이 되게 하시려고 그 기쁘신 뜻대로 우리를 예정하

셨습니다. (엡 1:4-5; 참고. 롬 8:29)

성도들이 '거룩하고 흠이 없는' 사람들이 되는 것, 곧 그의 자녀다운 존재가 되는 것이 하나님의 예정이었고, 그분의 거대한 구원 계획은 바로 이 과정을 통해 이루어진다. 당연히 그리스도의 사역 역시 이 예정을 역사 속에 실행하는 것으로 그려진다. 남편들에게 아내 사랑하기를 권고하는 맥락에서 밝히는 것처럼, 그리스도가 교회를 위해 자신을 내어 주신 이유는

물로 씻고 말씀으로 깨끗하게 하여 **거룩하게** 하시고, 자기 앞에 영광스러운 교회로 세우셔서 티나 주름 잡힌 것이나 이런 것들이 없이 **거룩하고 흠이 없도록** 만들기 위해서입니다. (엡 5:26-27)

앞서 이방 신자들의 회심의 과정과 목적을 설명하는 대목에서도 동일한 취지로 예정에 관한 이야기가 나온다.

우리는 그가 만드신 존재들, 곧 그리스도 예수 안에서 **선한 일을 하기 위해** 창조된 사람들입니다. 하나님은 처음부터 이 선한 일을 **미리 준비해 두셔서** 우리가 이를 실천하며 살아가도록 하셨습니다.
(엡 2:10; 참고. 딛 2:11-14)

바울은 성도의 거룩한 삶을 원했다. 이 결과를 이루기 위한 수단은 그가 전한 복음이었다. 여기서 우리는 한 가지 중요한 사실을

추론할 수 있다. 곧 그가 전한 복음은 시종일관 성도들의 거룩함을 핵심 목표로 내세웠을 것이다. 앞에서 인용한 데살로니가서 말씀처럼, 바울은 성도들에게 그들을 하나님 나라로 불러 주시는 하나님 보시기에 합당한 삶을 살아가야 한다고 가르쳤다. 이 하나님은 성도들이 거룩하고 흠이 없는 존재가 되도록 창세 이전부터 예정하시고 준비하셨던 분, 그리스도를 통해 자신의 그런 뜻을 현실로 만들어 가시는 하나님이다. 곧 거룩하게 살아가라는 하나님의 뜻을 성도들의 삶에 구현하는 방법이 바로 예수 그리스도의 복음이었던 셈이다.

거룩한 삶으로 집약되는 바울의 사도적 섬김은 바울 복음의 중심을 칭의론으로 간주하고, 칭의론의 중심 주장을 '행위가 아니라 믿음'이라는 구호로 요약하곤 하는 통상적 관점에 매우 근본적인 질문을 던진다. 거룩한 삶, 선한 행위를 지향한 사도 바울의 복음이 과연 성도의 선한 '행위'와 예수 그리스도를 믿는 '믿음'을 상반된 가치로 내세웠을까? 하나님이 창세 이전부터 신자들의 선한 행실을 염두에 두고 구원을 계획하고 준비하셨다면, 어떤 식으로든 신자의 행위와 믿음이 서로 경쟁하는 상황이 발생할 가능성은 없어야 하는 것이 아닐까? 칭의론의 맥락에서 등장하는 '율법의 행위가 아니라 믿음으로'라는 바울의 논증을 도덕적 의미의 '행위'와 수동적 수납으로서의 '믿음'으로 파악한 것 자체가 바울의 사역과 복음에 대한 근본적인 오해의 산물이 아닐까? 바울은 정말 성도의 선한 행위와 믿음을 상반된 가치로 설정했을까?

## 믿음과 행위

갈라디아서와 로마서를 급하게 읽으면 마치 바울이 믿음과 도덕적 행위를 서로 맞서는 구도 속에 배치한 것으로 오해할 수도 있다. 하지만 사실 평소 바울의 말투에는 그런 오해를 유발할 소지가 전혀 존재하지 않는다. 대놓고 믿음과 행위를 연결하기 때문이다. 가장 인상적인 구절이 데살로니가전서의 시작 부분이다. 바울은 데살로니가 교회 초신자들의 영성에 대해 무척이나 염려하다가 그들이 견실한 신앙을 지키고 있음을 확인하고 기쁜 안도감으로 이 편지를 보냈다. 바울은 그들의 '믿음'이 염려되어 그들의 '믿음'을 확인하고 또 더 견고하게 만들려고 디모데를 파송하였고, 디모데는 성도들의 '믿음과 사랑'이 견고하다는 복된 소식을 바울에게 전해 주었다(살전 3:6). 당연히 이 편지의 목적 중 하나는 그들의 신앙에 대해 감사하고 그들을 더욱 격려하는 것이다. 바울은 그들의 건강한 신앙을 이렇게 표현한다.

> 여러분이 보여 주는 믿음의 행위(work of faith)와 사랑의 수고와 (우리 주 예수 그리스도에 대한) 소망의 인내…. (1:3)

바울은 이들의 신앙을 그 유명한 믿음-사랑-소망의 삼중적 개념으로 정리한다. 이는 가장 중요한 믿음에 사랑과 소망이 살짝 더해진 것이 아니다. 실제 이 표현은 서로 다른 세 태도를 가리키는 것이 아니라 건강한 성도들의 건강한 신앙 전체를 세 관점에서 바라본 것이다. 하나님과의 관계에서 볼 때 성도들의 역동적 신앙은 '믿음의 행위'(行爲, work of faith)라 부를 수 있다. 이를 수평적 관계의 축으로 보면 서로를 향한 '사랑의 수고'(labor of love)다. 그리고 이렇게 수고하고 행동하는 삶을 종말론적 관점에서 보면 소망을 품고 신앙의 자태를 유지하는 '끈질긴 인내'(steadfastness of hope)가 될 것이다.

여기서 특별히 인상적인 것은 믿음과 행위를 쉽게 결합하는 바울의 움직임이다. 바울은 성도들의 행동을 주목했다. 그리고 그 행동을 믿음이라 불렀다. 믿음의 행위, 곧 믿음이 구체화되어 나타나는 삶의 모습이다. 이는 서로를 향한 땀 흘림을 사랑으로, 그리고 그들의 견실함과 끈질김을 소망으로 묘사하는 것과 같다. 이런 삶의 모습이 바로 데살로니가 교회에서 사라질까 염려했던 삶의 모습, 곧 바울이 성도들에게서 가장 보고 싶어 했던 신앙의 구체적 자태다. 바울은 "자기 나라와 영광에 들어가도록 부르시는 하나님께 합당하게 살아가는" 성도들의 삶이 바로 이래야 한다고 생각했고 그가 복음을 선포하고 가르친 목표 또한 여기에 있었다(2:11-12).

바울이 말하는 이 '믿음의 행위'는 어쩌다 한 말실수도 아니고 곧 사라질 순간의 관심사도 아니다. 동일한 관심이 데살로니가후서에도 그대로 나온다. 교회의 형편은 여전히 어려웠던 것 같다. 하지만 거기서도 바울은 성도들의 '믿음'이 더욱 자라나고 서로를 향한 '사랑'이 풍성하다는 사실에, 그리고 온갖 박해 중에서도 '인내와 믿음'을 지키고 있다는 사실에 감사를 드린다(살후 1:3-4). 바울은 이런 삶의 자태가 그들을 하나님 나라에 들어갈 자격이 있는 사람들로 인정받게 하는 표식이라고 성도들을 격려한다(1:5). 그리고 성도를 위해 하나님께 기도한다. 하나님이 그들을 "그의 부르심에 합당한" 사람들, 곧 하나님 나라에 들어갈 자격이 있는 사람들로 여겨 주시기를, 그리고 하나님의 능력으로 "모든 선한 일을 기뻐하는 삶과 믿음의 행위가 이루어지도록" 기도하는 것이다(1:11-12). 그래서 믿음과 사랑은 아예 한 덩어리로 결합되기도 한다. 신자들이 갖추어야 할 영적 무장에서 구원의 소망이 머리를 보호하는 투구와 같다면, 믿음과 사랑은 심장을 보호하는 '호심경'(breast-plate)과 같다(살전 5:8-9).

믿음의 역동적 면모는 바울서신 다른 곳에서도 쉽게 확인할 수 있다. 가령 고린도후서에서 바울은 "우리는 믿음으로 살아가지[행하지] 보이는 것에 의존하여 살아가지 않습니다"라고 말한다(고후 5:7). 여기서 믿음은 지성적 신념의 차원을 넘어 실천적 삶의 원리로 여겨진다. 또 편지 말미에서는 성도들에게 "여러분이 과연 믿음에 서 있는지 스스로를 검증해 보십시오"라고 호소한다(13:5). 물론 여기서 검증되어야 할 믿음이란 특정한 신념이나 의지하는 마음의 강도가 아니라 구체적인 삶의 자태로 드러나는 믿음이다. 곧 견고한 '믿음에 서 있다'는 말은 하나님의 구원에 대해 강한 확신을 가졌다는 것이 아니라, '그 어떤 악도 행하지 않는' 삶을 사는 것, 곧 '선을 행하며' 살아가는 것을 가리킨다(13:7). 바로 이것이 바울이 기도해 온 성도들의 '완전함'이다(13:9). 빌립보서에서도 바울은 빌립보 교회의 신자들이 하나님께 드리는 '믿음의 제사와 예배/섬김'에 관해 이야기한다(빌 2:17). 이 역시 하나님의 은총만을 바라보고 의지하는 모습을 말하는 것이 아니라, 하나님께 불순종하는 시대정신을 거슬러, '흠이 없고 순전한' 사람들로 살아가는 것, 그리하여 이 세상에서 '하나님의 흠 없는 자녀로 드러나는' 것을 의미한다(2:15-16). 그렇게만 된다면, 설사 바울 자신이 감옥에서 생을 마감하더라도 기뻐할 수 있다는 것이다(2:17-18).

## 갈라디아서와 로마서에서의 믿음

이처럼 평소의 바울은 믿음과 행위를 한 호흡으로 생각한다. 이런 그가 칭의론 대목에서 견해를 바꾸어 믿음과 행위를 서로 상반되는 것으로 대결시켰다고 생각하기는 어렵다. 사실 믿음과 구체적 행위를 하나로 묶는 모습은 데살로니가전서에만 나오는 것이 아니다. 칭의 교리가 명시적으로 등장하는 편지들에서도 마찬가지다. 가령 갈라디아서는 칭의 교리가 가장 먼저, 그리고 가장 날카롭게 개진된 편지다. 여기서 그 유명한 "율법의 행위들이 아니라 믿음으로"라는 대립적 표현이 처음 등장한다(갈 2:16). 성령을 받는 것도 "율법의 행위들을 통해서가 아니라 듣고 믿음으로써"다(3:2, 5). 그런데 바로 이 핵심 논증의 절정 부분에서 바울은 믿음에 관해 매우 흥미로운 진술을 내어놓는다.

> 그리스도 예수 안에서는 할례도 무할례도 [우리를 의의 소망으로 이끌어 줄] 아무런 효력이 없습니다. 유일하게 효력이 있는 것은 사랑으로 그 위력을 드러내는 믿음뿐입니다. (5:6)

믿음이 우리를 의의 소망으로 인도할 것이다(5:5). 하지만 이 믿음은 소위 '수동적' 믿음이 아니다.¹ 바울의 복음에서 우리를 의롭게 하는 믿음이란 사랑의 삶으로 그 본연의 역동성을 드러내는 믿음이다. 이 사랑은 율법이 가장 중요한 계명으로 요구하는 자태이기도 하다. 바울은 사랑의 삶에서 믿음이 그 본연의 구체성을 획득한다고 말한다. 이렇게 보면 갈라디아서의 '믿음을 지키라'는 요구는 사실상 사랑의 모습을 보이라는 요구와 다르지 않다. 그래서 '율법의 멍에를 메는' 모습의 반대는 믿음을 지키는 삶으로 표현되기도 하고, '사랑으로 서로 종노릇하라'는 말로 표현되기도 한다(5:1, 13).

이보다 더 흥미로운 대목은 바울이 믿음을 아예 성령의 열매에 포함시키고 있다는 사실이다.

> 그러나 [하나님 나라를 상속하지 못하게 만드는 '육체의 행위들'과 반대되는] 성령의 열매는 사랑, 기쁨, 평화, 견고한 인내, 친절, 선의, 믿음, 온유, 자기 절제입니다. (5:22-23)

바로 이런 삶의 자태가 미래의 하나님 나라를 상속할 수 있도록 해 준다. 물론 이는 인간의 삶에서 자생하는 것이 아니라 성령의 인도하심에 따라 생겨나는 결과다. 그런데 바울은 우리의 삶에 드러나는 이런 열매 속에 '믿음'을 포함시킨다. 함께 언급된 다른 단어들과 마찬가지로, 성도들의 삶 속에 드러나야 할 실천적 자태의 하나라는 것이다. 그러니까 여기서 믿음은 자연스럽게 '믿음직스러움' 혹은 '신실함'과 같은 의미가 된다. 그래서인지 개역개정은 '믿음'

이라는 단어를 피하고 아예 '충성'이라고 옮겼다. 하지만 이 단어는 갈라디아서에서 여태까지 '믿음'으로 번역된 바로 그 단어다. 여기서도 우리는 바울이 믿음을 사랑이나 선의나 친절 등과 마찬가지로 성도들의 삶에서 구체적으로 드러나는 자태로 간주한다는 사실을 확인한다. 바로 앞에서 믿음이 사랑을 통해 그 구체적 면모를 드러낸다고 말한 것과 같다(5:6).

믿음의 역동적 성격은 로마서에서도 예외가 아니다. 여기서도 갈라디아서에서처럼 '율법의 행위들이 아니라 믿음으로'라는 주제가 나타난다. 그리고 이는 대체로 '행위가 아니라 믿음'이라는 의미로 해석된다. 하지만 정작 바울 자신의 움직임은 다르다. 바로 이 편지의 결말 부분에서 바울은 자신의 소명의 목적을 설명하면서 믿음과 행위를 하나로 엮는다. 이번에는 행위라는 단어 대신 순종이라는 표현을 골랐다. 사실 이 단어는 로마서 1장에서 바울이 이미 사용했다.

또한 그[그리스도]를 통하여 우리[내]가 사도 직분이라는 은혜를 받았고, 그 은혜의 목적은 그분의 이름을 위해 모든 이방인 중에서 **믿음의 순종**을 이끌어 내는 것입니다. (롬 1:5)

바울이 사도로서 가진 사명은 이방인들을 '믿음의 순종'(obedience of faith)으로 이끄는 것이었다. 바울은 동일한 표현을 로마서 말미에 다시 쓴다. 하나님이 선지자들의 글을 통해 그리고 이제는 바울의 선포를 통해 영원 전부터 감추어져 있던 '신비의 계시'를 알게 하시는데, 그 목적은 모든 민족이 복음을 통해 '믿음의 순종'에 이르게 하려는 데 있다는 것이다(16:25-26). 개역개정은 1장과 16장에서 모두 '믿어 순종케 하나니'로 동사처럼 풀었지만, 본래는 두 개의 명사가 결합된 표현이다. 여기서 핵심어는 물론 순종이다. 바울은 이방 신자들을 순종하는 사람들로 만들려 한다. 그런데 이 순종은 율법으로 가능해지는 순종이 아니라(롬 7장) 복음을 통해 믿음의 역동적 표현으로 나타나는 순종이다. 그래서 '믿음의 순종'이라 불린다. 이 믿음의 순종이 그가 선포하는 복음의 목적이었다.

바울이 믿음과 행위를 대조하는 것처럼 보이는 경우가 없지는 않다. 대표적인 예가 에베소서 2장이다. 여기서 바울은 그리스도 안에서 그리고 그리스도와 연합함으로써 이루어진 이방 그리스도인의 회심이 순전히 하나님의 주권적 은혜의 결과라는 것을 강조하기 위해 믿음과 은혜 개념을 나란히 사용한다.

> 왜냐하면 여러분은 은혜로, 믿음을 통해 구원을 받았기 때문입니다. 그리고 이것은 여러분에게서 난 것이 아닌, 하나님의 선물입니다. 행위에서 난 것이 아닌 것은 아무도 자랑하지 못하게 하려는 것입니다.
> (엡 2:8-9)

여기서 바울은 분명 '행위가 아니라 믿음으로' 얻는 구원을 이야기하는 것처럼 보인다. 한편으로는 맞는 이야기다. 하지만 성급한 결론을 내리기 전 고려해야 할 사항들이 있다. 우선, 여기서 바울이 말하는 '구원'은 종말론적 구원, 곧 마지막 심판 때 하나님의 진노로부터 구출되는 구원이 아니라 이방 신자들에게 이미 현실이 된 구원, 곧 과거 허물과 죄로 죽었던 삶으로부터의 구원 혹은 그때 그들을 지배하고 있던 악한 영들로부터의 구원을 말한다. 데살로니가전서식으로 말하자면 우상을 숭배하다가 살아 계시고 참되신 하나님께 돌아온 '회심'을 가리키고, 로마서식으로 말하자면 그리스도의 십자가 희생을 통해 의롭다 하심을 얻은 것을 가리킨다(롬 3:21-26; 5:1). 회심의 놀라운 경험이 장래 하나님의 진노로부터의 구원과 구별되고(살전 1:9-10), 현재적 의미의 칭의가 하나님의 진노로부터의 구원과 구별되는 것처럼(롬 5:9-10), 에베소서 2장에서 말하는 '구원' 역시 미래에 하나님의 진노로부터 벗어나는 종말론적 구원과 다르다(5:5-7).[2] 그러니까 여기서 바울은 원래 언약과 상관없던 이방인들이 하나님의 백성으로 부르심을 받은 것이 순전히 하나님의 주도적 사랑 때문이라고 말하는 것이다. 우상에게서 하나님께로 돌아오는 회심의 경험이 순전히 하나님의 의지와 행동 때문이라는 사실은 당연한 이야기다. 여기에는 행위든 무엇이든, 그 어떤 인간적 요인을 갖다 댈 수 없다. 한마디로 하나님이 거저 주신 선물이지 '여러분에게서 난 것이 아니라'는 것이다.

또한 바울이 '행위에서 난 것이 아니라'는 말을 언급하는 맥락을 고려해야 한다. 바울은 원래 에베소서의 독자들이 '허물과 죄로 죽었던' 존재고, 악한 영의 지배 아래 불순종의 삶을 살던 존재라는 사실을 강조한다. 어떤 식으로든 나름의 행위를 자랑할 여지가 있었던 상태가 아니라 아예 영적·도덕적으로 죽어 있던 존재들, 그야말로 '불순종의 자녀들'로 살던 사람들이었다(엡 2:1-3). 그런 이들에게 바울은 그들에게 주어진 놀라운 변화가 그들의 '행위에서 난 것이 아니라'고 지적한다. 구원의 가능성을 놓고 소위 행위가 믿음과 어깨를 견주며 경쟁하는 분위기에서 믿음의 편을 들어 주는 선언이 아니라, 그 어떤 식으로든 '여러분과는 무관하다'는 진술의 일부로 등장한 것이다. 율법을 지켜야 하는지 아닌지에 관한 논란을 잠재우기 위해 제시된 사실이 아니라 그들의 회심이 처음부터 하나님에 의해서, 그리스도를 통해서, 예정되고 실행된 것임을 분명히 하기 위해서다. 그래서 그들은 자랑할 게 없다(2:9). 물론 이 자랑은 그들의 도덕적 행위에 대한 자랑이 아니다. 애초부터 허물과 죄로 죽었던 사람을 살려 낸 것이기 때문이다. 바울의 언어에서 무언가를 자랑한다는 것은 단순히 뻐기는 것이 아니라, 그것을 삶의 원칙으로 삼고 의지한다는 의미다. 그리스도의 십자가만을 자랑한다고 할 때의 의미가 바로 이것이다(갈 6:14). 그러니까 이제 자랑할 수 없다는 것은 그들이 지금까지 내세우던 세속적 삶의 가치와 방식을 더 이상 고집하지 못한다는 의미다. 구원의 부르심 자체가 하나님의 주권적 결정이요 그의 창조적 행위인 만큼, 이제 그들은 그 창조 행위 속에 담긴 창조주의 뜻만 의지해야 한다. 그러니까 '행위에서 난 것이 아니라'는 사실을 지적한 이유는 역설적으로 '이제 과거의 헛된 가치와 삶을 포기하고, 은혜로 여러분을 불러 주신 하나님의 뜻에 순종하며 살아야 한다'는 결론을 도출하기 위해서였던 것이다.

사실 이 단락 전체의 의도가 바로 이것이다. 죽은 자를 살리는 일이라는 점에서, 이방 신자들의 회심은 일종의 새 창조에 해당다. 바울은 그들이 하나님의 작품으로 새롭게 창조된 목적이 '선한 일을 위해서'였다고 말한다(엡 2:10). 그런데 이 선한 일은 회심/구원 이후 사후적으로 부여된 새로운 삶의 목적이 아니다. 오히려 창세 전에 하나님이 예정하신 것의 일부다. 그들을 부르시기 전부터 계획하시고 준비해 두신 것, 곧 그들이 은혜로 경험한 새 창조 자체가 하나님의 목적이었다(2:10). 그리스도를 통한 그들의 회심은 애초부터 선명한 목적을 지닌 하나님의 창조 행위였고, 그 창조의 목적은 다름 아닌 신자들의 선한 행실이었던 것이다. 이런 맥락에서 등장한 '행위에서 난 것이 아니'라는 진술을 소위 '행위냐 믿음이냐' 하는 논쟁의 답변으로 삼는 것은 본문의 의도를 한참 벗어난 것이다. 회심/구원 자체는 순전히 믿음으로 주어지고, 이제 구원받은(회심한) 자로서 선한 일을 행하며 살아가는 것이 아니다. 굳이 따지자면 여기서는 선한 행위가 하나님이 예정하신 내용이라는 점에서 이방 신자들의 부르심(회심, 구원)보다 논리적으로나 시간적으로 앞선다.

어떤 의미로든 인간의 행위를 상대화하고 문제시하는 것이 아니라, 참된 순종 아닌 다른 수단으로 하나님과의 관계를 호도하려 한 사람들의 무익한 시도에 맞서, 참된 생명의 능력으로 사람을 찾아오시고, 은혜의 통치를 통해 우리 삶의 방향을 새롭게 하시며, 결국 하나님 나라에 합당한 사람으로 만들어 가시는 그 하나님을 선포한 것이 바울의 복음이다. 에베소서에서 잘 표현한 것처럼, 창세 전부터 마지막에 이르기까지 하나님의 집요한 관심은 우리가 그 앞에서 거룩하고 흠이 없는 자녀로 서는 것이다(1:4-5). 그리스도 안에서 이루어진 하나님의 새 창조 역시 바로 그런 삶, 곧 선한 행실을 실천하며 살아가는 백성을 만들어 내기 위한 하나님의 '작품' 활동이었다(2:10).

지금까지 살펴본 바울 복음과 사역의 성격을 많은 이가 매우 낯설게 느낄 것이다. 순종하는 삶에 대한 강조가 소위 은혜와 믿음으로 집약되곤 하는 바울 신학의 분위기와 사뭇 다르게 느껴질 테니 말이다. 하지만 앞에서 제시한 바울 복음의 스케치는 필자 나름의 독특한 이론으로 바울의 진술들을 새롭게 읽어 낸 것이 아니라, 그저 바울 자신의 명시적 선언에 약간의 설명을 더한 것뿐이다. 만약 앞의 설명이 낯설게 느껴진다면, 이는 앞에 인용된 것과 같은 구절들을 상대적으로 무시했기 때문이지, 필자가 본문에서 벗어나는 어떤 주장을 내세웠기 때문이 아니다.

이처럼 바울이 평소에 믿음에 관해 말한 방식을 찬찬히 살펴보면, 믿음과 신자들의 순종 행위를 대조하거나 대립시키는 우리의 습관이 바울의 평소 입장과 얼마나 거리가 먼 것인지 금방 드러난다. 바울이 생각하는 믿음이란 언제나 성도들의 삶에 구체적 행위로 드러나는 역동적 믿음이었기 때문이다. 믿음 자체가 행위와 긴밀하게 얽혀 있는 것이 사실이라면, 이 역동적 믿음과 신자들의 선한 행위를 서로 경쟁 구도 속에 배치하는 것 자체가 어불성설이다. 믿음 자체가 사랑으로, 그리고 신실한 삶의 자태로 드러나는 마당에, 그 '역동적' 믿음을 신자들의 '행위'와 대조할 수는 없다. 때로 신학적 명료화의 차원에서 행위로 드러나기 이전 배아 상태의 믿음과 그 믿음이 구체화되어 나타난 행위를 개념적으로 구별할 수는 있을 것이다. 하지만 이는 논리에 따른 추상적 구분일 뿐, 구원의 소망을 바라보며 열심히 달려가는 실제 삶의 현장에서 이 둘이 서로 분리되거나 심지어 서로 경쟁하는 상황을 상상할 수는 없다. 하나님이 내리시는 은혜(헬. 카리스)와 그 은혜의 가시적 표현(헬. 카리스마, 은사)을 서로 경쟁적 개념으로 놓을 수 없는 것과 마찬가지다.

이런 질문과 더불어 우리는 바울의 칭의론에 관한 논란과 마주한다. 지금까지의 관찰과는 달리, 실제 바울이 믿음과 행위를 대조하고 있는 것 역시 사실이 아닌가? 이신칭의에 대한 가르침이 선명하게 나타나는 갈라디아서와 로마서 두 편지에서 바울은 분명 '행위'와 믿음을 상호 경쟁적인 대안으로 제시하는 것처럼 보인다. "율법의 행위들을 통해서가 아니라 믿음으로!"를 외치는 바울의 두 편지는 신자들의 순종과 거룩함을 강조하는 바울 복음의 전반적 분위기와는 달라 보인다. 앞에서 제시한 스케치가 정말 '바울다운' 것이라면, 율법의 행위와 믿음을 대조하는 갈라디아서와 로마서의 날카롭고 선명한 가르침은 어떻게 이해해야 하는가? 평소에는 (구원받은?) 신자들의 순종과 거룩한 삶을 강조하지만, 의롭다 하심을 얻는 일 자체가 문제가 되는 상황에서는 신자들의 행위가 아니라 믿음을 내세운다고 이해해야 할까?

이런 질문과 함께 7, 8장에서 실제 바울의 칭의론이 개진된 두 편지인 갈라디아서와 로마서를 다시 들여다보려 한다. '율법의 행위들이 아니라 믿음으로'라는 공통된 주제가 등장하지만, 사실 두 편지가 기록된 정황은 사뭇 다르다. 먼저 기록된 갈라디아서가 치열한 공방 와중에 전장의 열기를 품고 기록한 일종의 '전투수칙'

(Kampfeslehre)이라면, 로마서는 산전수전 다 겪은 베테랑 선교사의 회고록 혹은 보고서에 가깝다. 갈라디아서가 신자들의 일탈 장면에 격노하여 '거품을 물고' 쓴 편지라면, 로마서는 앞으로 펼칠 새로운 사역을 생각하며 보다 차분한 사색과 설명으로 자신의 입장을 제시한 편지다. 그래서 갈라디아서가 바울의 신학적 입장을 그 어디보다 더 날카로운 필치로 드러낸다면, 로마서는 그런 주장에 보다 정교한 논증의 살을 입힌다. 어느 주석가의 표현처럼, 그런 점에서 로마서는 갈라디아서에 대한 최초의 주석이라 할 수 있다. 여기서 우리의 핵심 질문은 이것이다. 바울이 자신의 복음을 칭의론이라는 특정한 관점에서 접근하면서 이 복음의 진리를 수호하기 위해 싸울 때, 그에 맞선 투쟁의 대상은 과연 무엇이었을까? 그가 위험하다고 간주한 잘못은 무엇이었으며, 그가 사수 혹은 탈환하고자 한 진리는 무엇이었을까? 이런 질문을 마음에 품고, 두 편지 속에 담긴 바울의 칭의론을 좀더 자세히 들여다보자.

7장

# 성령에 이끌리는 삶

갈라디아서[1]

## 하나님을 떠나는 신자들

갈라디아서는 갈라디아의 교회들에서 실제 발생한 위기에 대한 바울의 응답이다. 따라서 여기서 바울이 하는 말을 바르게 이해하려면 우선 바울을 경악하게 만든 문제가 무엇인지 파악해야 한다. 바울은 자신이 '위기 상황'으로 인식한 바로 그 문제를 염두에 두고 그에 맞는 답변을 제시했을 테니 말이다. 바울은 과연 신자들이 율법을 '행하려고' 시도한 것이 문제라고 생각했을까? 그리고 그 '행함'에 대한 대안으로 예수 그리스도에 대한 믿음을 제시했을까?

현 상황의 신학적 의미에 대한 바울의 판단은 선명하다. 한마디로 배교(apostasy)다. 지금 신자들은 "그리스도의 은혜로 그들을 불러 주신" 하나님을 떠나 다른 복음을 좇는 중이다. 물론 '다른 복음'이 있을 리 없다. '복음'이라는 이름으로 유통되는 메시지는 바울이 선포하고 신자들이 받아들였던 복음과 무관하다(갈 1:8-9). '다른 복음'이란 실상 '그리스도의 복음을 변질시킨' 짝퉁에 지나지 않는다. 이런 짝퉁을 추종하는 것은 복음의 진리를 떠나는 행위며, 복음으로 그들을 부르신 하나님을 떠나는 행위다(1:6-7). 그들이 솔깃해한 그 메시지는 결코 그들을 부르신 하나님에게서 나오지 않았기 때문이다(5:8). 그러므로 유대인의 명절 지키기에 몰두하는 것은 아예 하나님을 알기 전의 '무기력하고 빈약한 삶의 원리로 회귀하는' 행태요, '하나님이 아닌 것들에게 종속되는' 어리석은 선택일 뿐이다(4:8-9).

바울은 이를 "성령으로 시작했다가 육체로 끝내려 하는" 것으로 묘사한다(3:3). 성령으로 시작한 달리기는 성령으로 완주하는 것이 당연하다. 그런데 답답하게도 지금 신자들은 육체라는 잘못된 길로 빠지고 있다. 물론 이는 제대로 된 완주 방식이 아니다. 오히려 지금까지의 멋진 경주를 포기하는 어리석은 태도다(5:7). 그들이 바라 마지않던 '의의 소망'은 '(믿음으로 주어지는) 성령으로' 기다리는 것이기 때문이다(5:5).

이는 당연히 그리스도를 떠나는 것이기도 하다. '율법의 행위들'이 해답이라면, 그리스도의 죽음은 필요치 않다(2:21). 사실 신자들 배후의 선동자들부터가 문제다. 그들이 할례를 강요하는 것은 "그리스도의 십자가 때문에 생겨나는 박해를 피하고 싶어서"다(6:12). 또 이들을 따라 할례를 받고 율법으로 의롭게 되려는 사람은 사실상 '그리스도에게서 끊어진' 사람, '은혜에서 떨어진' 사람들이다(5:4). 실제로 '끝났다'는 말은 아니지만, 그만큼 위험한 짓이다. 바울의 만류를 무릅쓰고 끝내 그 길을 고집한다면, 그렇게 되고 말 것이라는 살벌한 경고다.

이처럼 현 상황에 대한 바울의 시선은 매우 일관되다. 갈라디아의 신자들은 바울을 통해 선포된 은혜와 믿음의 복음을 버리고, 복음으로 그들을 부르신 삼위 하나님을 떠나는 중이다. 사실 최근까지 그들의 삶은 매우 모범적이었다. 그들은 성령으로 시작하였고(3:3), 그 성령 안에서 잘 달려왔었다(5:7). 그런데 어느 순간 그들은 하나님을 떠나고, 그리스도에게서 끊어지며, 성령을 팽개치는 죽음의 진로를 택하려 한다. 그들의 사도요 공동체의 영적 아버지인 바울이 이런 비참한 결과를 방관할 수 없다. 그래서 갖은 수단을 동원하여 그들에게 호소한다.

## 의의 소망을 향한 올바른 선택

갈라디아의 전투는 '칭의'라는 고지를 두고 벌어진다. 한편에서는 이 칭의가 율법의 행위들을 요구한다고 가르친다. 그 반면 바울은 믿음이 답이라고 가르친다. 이 싸움에서 바울의 관점을 선명하게 이해하기 위해 기억해야 할 중요한 사실이 하나 있다. 이 칭의가 미래적 의미의 칭의라는 사실이다. 이상하게 들리겠지만, 지금 바울과 갈라디아 신자들 그리고 그 배후의 선동자들이 치열한 전투를 벌이는 것은 **이미 이루어진 칭의의 방식을 사후적으로 확인하기 위해서가** 아니다. 지금 바울과 그의 반대자들은 **칭의라는 고지를 확보하기 위해** 투쟁하는 중이다. 현재의 상황이 이미 점령하여 밟고 선 고지에 올라오게 된 과정을 따지는 형국이라면, 배교 운운하는 극단적 투쟁이 아니라 적당히 열기 오른 신학 논쟁이 더 어울릴 것이다. 어차피 (믿음으로) 이미 의롭다 하심을 얻었으니, 다소 가소로운 미소로 그 사실을 지적하기만 하면 게임은 끝이 났을 것이다. 하지만 현재 상황은 배교라 판단해야 할 정도로 심각하다. 칭의가 이미 확보된 것이 아니라 아직 확보해야 할 목표로 남아 있기 때문이다. 갈라디아서에서 바울은 이 최종 목적지를 '의로움이라는 소망'(hope of righteousness)이라 부른다.

우리는 믿음으로 주어지는 성령으로 의로움이라는 소망을 간절히 기다립니다. (5:5)

'의(로움)의 소망'이란 의로움이라는 소망, 곧 우리가 바라는 목표로서의 의로움을 말한다. 이미 가진 것이 아니라, 앞으로 소유하기를 바라는 소망의 대상이다. 따라서 현재의 삶은 이 의로움을 누리는 삶이 아니라, 그 의로움을 '간절히 기다리는' 삶이다. 시간의 거리를 재어 '기다림'이라고 말했지만, 실제 그 기다림은 역동적이다. 버스 기다리듯 마냥 서성이며 시간을 보내는 것이 아니라, 앞에 놓인 목표를 향해 부지런히 달려간다(5:7). 예수님식으로 말하자면 좁은 문으로 힘들게 들어가서 좁고 어려운 길을 애써 헤쳐 나가는 모양새다. 그렇다면 중요한 것은 의로움에 이르는 바른 길을 선택하는 것이다. 잘못된 선택은 치명적이다. 바울은 지금 갈라디아 신자들이 바로 그 잘못된 길을 선택하려는 모습에 경악한다.

이처럼 갈라디아서의 칭의 논증은 신자들이 이미 '의롭다 하심을 받은' 사실에 대한 사후적·회고적 논쟁이 아니라, 그들이 이르러야 할 '의의 소망'을 염두에 둔 미래지향적·목적론적 논증이다. 그들이 이미 경험한 의로움을 상기시키며 "그러니까 율법의 행위들이 아니라 믿음으로"가 맞지 않느냐고 말하는 한가로운 논쟁이 아니라, 그런 식으로 하면 기대하는 의로움에 결코 이를 수 없을 것이라는 절박한 호소다.

당연히 바울은 의로움의 소망에 이르는 바른 길, 곧 칭의의 **방식**에 관심이 있다. 바울은 갈라디아 신자들의 일탈적 시도를 '율법의 행위들'로 집약한다. 그리고 그 유일한 대안으로 '예수 그리스도께 대한 믿음'을 제시한다.[2] 논쟁의 초점이 칭의의 방식인 만큼, 바울의 언어는 대개 현재형 내지는 목적을 나타내는 가정법 형태를 띤다.

> 사람이 율법의 행위들을 통해서가 아니라 예수 그리스도께 대한 믿음으로 **의롭게 된다**(is justified) 사실을 알고서, 우리도 예수를 믿기 시작했습니다. 율법의 행위들을 통해서가 아니라 예수 그리스도를 믿음으로 **의롭게 되기 위해서**입니다. 왜냐하면 율법의 행위들로는 어느 누구도 **의롭게 되지 못할** 것이기 때문입니다. (2:16)

여기서 현재형은 시간상의 현재가 아닌 무시간적 원리를 나타낸다. 칭의는 율법의 행위들이 아니라 예수님을 믿음으로써 주어진다. 물론 예수님을 믿는 삶은 과거에 시작하여 지금도 계속된다. 하지만 이 믿음의 목적인 의로움은 아직 이루어지지 않았다. 사실 16절에서 바울은 '의롭게 되지 못할 것이다'라는 표현 속에서 미래형 동사를 사용하기까지 한다(will not be justified). 하지만 이것은 그가 인용한 구약성경에 포함된 미래형 동사가 의도와 무관하게 따라온 것일 수 있다. 바울은 이를 현재로 바꾸지는 않는다. 칭의의 '이미'를 강조할 의사 또한 없다는 것이다.

이어지는 17절도 마찬가지다. 이 역시 베드로를 향한 항의의 일부다. 바울은 베드로나 자신 같은 유대인 신자들의 현 상태를 두고, "그리스도 안에서 의롭게 되려고 하다가"(seeking to be justified in Christ)라는 흥미로운 표현을 사용한다.[3] '추구한다'는 것은 소유하지 않은 무언가를 갖고 싶어 한다는 뜻이다. 그러니까 안디옥 사건 당시 바울과 베드로는 믿음으로 이미 의롭다 하심을 받은 것이 아니라, 그리스도 안에서 의롭게 되고자 노력하는 중이다. 칭의가 이미 이루어진 현실이라면 생겨날 수 없는 표현인 셈이다.

바울이 선포한 칭의 교리의 (구약)성경적 근거는 아브라함이다. 아브라함이 하나님을 믿었고, 하나님은 이 믿음을 그의 의로움으로 여겨 주셨다(3:6; 창 15:6). 물론 아브라함은 자기 삶의 맥락에서 의롭다 하심을 받았다. 어떤 이들은 아브라함의 이 사례를 들어 칭의의 현재성을 주장한다. 하지만 바울이 아브라함의 사례에서 읽어 내는 것은 믿음의 절대성이지 칭의의 현재성이 아니다. 아브라함의 이신칭의 체험에서 바울이 도출한 결론은 "그러므로 믿음에 의지하는 사람들이 아브라함의 자녀"라는 것이다(갈 3:7). 또 "따라서 믿음에 의지하는 사람은 믿음을 가졌던 아브라함과 더불어 복을 받는다"(3:8-9). '복을 받는다'는 현재 동사는 '복을 받은' 상태가 아니라 일반적 원리를 나타낸다. 그러니까 바울은 구약의 아브라함이 의롭다 하심을 '받았다'는 사실에 의미를 부여하지 않는다. 그가 아브라함에게서 끌어오는 유일한 논점은 믿음과 칭의 사이의 필연적 관계뿐이다.

의로움의 근거는 그리스도를 믿는 믿음이다. 그리스도는 이미

오셨고, 십자가 역시 이미 발생했다. 그래서 예수를 '믿는다'는 현재형뿐 아니라 '믿었다'라는 말도 가능하다. 그러니까 '믿기 시작했다'는 뜻이다. 하지만 믿음이 시작되었다고 해서 그 믿음이 목표하는 칭의가 현실이 되는 것은 아니다. 십자가는 이미 발생했고 믿음도 이미 왔지만(3:23), 십자가와 믿음의 최종 목적지인 칭의는 언제나 목적에 대한 진술 속에서만 나타난다(벧전 1:9, "믿음의 최종 결과").

> (칭의라는) 아브라함의 복이 이방인에게도 **미치도록 하려는** 것입니다. (갈 3:14)

> 믿음을 통해 생겨나는 약속을 믿는 자들에게 **주기 위해서**입니다. (3:22)

> 우리로 하여금 믿음을 통하여 의롭다 하심을 **얻게 하려는** 것입니다. (3:24)

물론 신자들의 칭의를 현재로 묘사하는 구절이 있다. 하지만 이 구절에서 설정된 상황 자체가 비현실적이다.

> 율법 안에서 **의롭게 되는** 여러분들은 누구라도 그리스도에게서 끊어졌고, 은혜에서 떨어졌습니다. (5:4)

기계적으로 읽으면, 지금 갈라디아 신자들은 율법 안에서 '의롭게 되고 있는' 중이다. 물론 율법으로 의롭게 될 수는 없다. 오히려 이들은 그리스도와 그의 은혜에서 떨어진 사람들이다. 그러니 여기서 '의롭게 되는'이라는 현재 동사는 실제 의롭게 되는 현실이 아니라 엉뚱한 수단으로 '의롭게 되고 싶은' 어리석은 시도를 가리킨다.

사실 갈라디아서의 칭의를 이미 실현된 것으로 간주하는 경향은 갈라디아서 자체의 논증 때문이 아니라, '믿음으로 의롭다 하심을 얻었다'고 선언하는 로마서 때문이다.[4] 하지만 두 서신에서 칭의 관련 용어들을 사용하는 방식이 항상 일치하지는 않는다. 로마서의 핵심어인 '하나님의 의' 혹은 '구원'은 갈라디아서에 없다. 로마서에는 '의의 소망'이라는 표현이 안 나온다. 이처럼 기본 시각은 같더라도, 이를 표현하는 구체적 방식은 그때그때 달라질 수 있다.[5]

갈라디아서의 칭의 논쟁은 더 나중에 기록된 로마서와 비교하기 전, 갈라디아서 자체의 역사적·신학적 배경 속에서 풀어야 한다. 갈라디아의 선동자들은 율법을 통해 의롭다 여김을 받는다고 주장했다. 물론 이 의로움은 전통적 의미의 칭의, 곧 하나님이 마지막 심판 때 율법에 충실했던 사람들을 의롭다 여겨 주시는 것을 말한다. 이 종말의 칭의에 이르기 위해서는 '율법의 행위들'이 필요하다는 것이다. 그 반면 바울은 칭의가 율법의 행위들 아닌 믿음으로 주어진다고 주장한다. 그리스도를 믿는 믿음이다. 이렇게 바울은 전통적 칭의 사상을 기독론적으로 수정한다. 하지만 그의 재해석은 칭의의 방식에 국한된다. 갈라디아서 어디에도 본래 미래적 개념인 칭의를 현재적 개념으로 바꾼 흔적은 보이지 않는다. 오히려 '의의 소망을 간절히 기다린다'는 표현이나 '의롭게 되기를 추구한다'는 표현 등은 바울 역시 당시의 통념인 미래적 칭의 개념을 그대로 견지하고 있음을 잘 보여 준다.

이처럼 '의의 소망'은 종말론적 구원을 나타내는 표현의 하나다. 따라서 이는 '육체의 행위들'을 일삼는 사람들은 상속하지 못하지만 성령의 열매를 맺는 사람들은 상속하게 될 미래의 '하나님 나라'(5:21)와 연결된다. 그리고 지금 성령의 밭에 씨를 뿌려 마지막 때 성령으로부터 수확하게 될 '영생'과도 겹친다(6:8). 한마디로 갈라디아의 위기는 종말론적 구원이라는 고지를 놓고 벌어진 치열한 전투였던 셈이다.[6]

## 상황에 대한 전통적 진단

표면상, 바울이 포착한 일탈의 증상은 분명하다. 지금 갈라디아 신자들은 "율법의 행위들로 의롭다 하심을 얻으려" 한다(2:16). 줄여서 '율법으로 의롭게 되려는' 것이라 말할 수도 있다(5:4). 하지만 이 진단은 해석을 필요로 하는 일종의 엑스레이 사진과 같다. 사진에 '율법의 행위들'로 찍힌 현상이 무슨 병인지 분명치 않기 때문이다. 물론 이 사진에 대한 전문가들의 해석을 들어 보면 된다. 그런데 상황이 꼬인다. 전문가들의 진단이 다르기 때문이다.

갈라디아의 상황에 대해서는 크게 두 가지 서로 다른 해석이 공존한다. 소위 '전통적 관점'과 '새 관점'이다. 두 진영은 바울이 찍은 엑스레이 사진을 놓고 전혀 다른 해석을 내어놓는다. 모두 세계 최고의 의료진이 포진한 특급 병원들인데, 두 병원에서의 해석이 전혀 딴판이다. 치명적 중병이라는 데는 입을 모으지만, 무슨 병인지에 대해서는 서로 말이 다르다. 당연히 바울이 제시한 처방에 대해서도 전혀 다른 해석이 나온다. '율법의 행위들'에 대한 진단이 다르다면, 그 대안으로 제시된 믿음에 대한 해석도 달라질 것이다. 이럴 때 우리는 누구의 해석을 따라야 하는가?

교회는 '옛 관점'(the Old Perspective)이라고도 불리는 전통적 관점을 종교개혁 이후 오랫동안 가르쳐 왔다. 이 해석에 따르면 바울이 문제시한 '율법의 행위들'은 율법을 (실제로) 행하는 것 혹은 적어도 그렇게 하려는 시도로 간주된다. 그러니까 '율법의 행위들로 의롭다 하심을 얻겠다'는 것은 율법을 지키고 그 순종을 근거로 의롭다 하심을 얻겠다는 뜻이다. 물론 '(모세) 율법을 행함'이라는 당시의 특수 상황은 보다 일반적 의미의 '행함'으로 해석되어 우리에게 적용된다.[7] 곧 나 자신의 도덕적 행위로 의롭다 하심을 얻겠다는 대담한 발상이다. 율법을 지켜 구원에 이르려 한다는 점에서 '율법주의'(legalism)이기도 하고, 행위로 의롭다 하심을 받으려 한다는 점에서 '행위에 의한 칭의'(justification by works)이기도 하다. 또 행위가 구원을 위한 공로(merit)가 된다는 점에서 '공로주의'라고도 불린다. 율법을 잘 지키고 그 순종 행위를 '공로' 삼아 의롭다 하심을 얻으려 한다는 것이다.

당연히 바울은 이런 발상에 경종을 울린다. 율법을 지켜서 의롭게 되려는 발상은 어리석을 뿐 아니라 치명적이다. 그 대안으로 바울은 그리스도를 믿는 믿음을 강조한다. 우리는 율법의 행위들을 통해서가 아니라 예수 그리스도를 믿음으로 의롭다 하심을 얻는다. 율법을 행하여 의롭게 되려는 태도와 대비되는 이 믿음은 인간의 행위와 개념적으로 분리된 믿음, 곧 그리스도의 공로를 수동적으로 받아들이는 '의존으로서의 믿음'(faith as trust)으로 간주된다. 물론 믿음이 거기서 멈출 이유는 없지만, 적어도 의롭다 하심이라는 구원론의 맥락에서 믿음은 인간의 행위를 배제한다.

율법 행함이 복 아닌 저주의 원인이라는 주장은 일견 성경 자체의 요구를 뒤집는 도발로 보인다. 그렇다면 바울이 이렇게 급진적인 주장을 하는 근거는 무엇인가? 흥미롭게도 바울은 이 결정적 질문에 답하지 않는다. 적어도 명시적으로는 그렇다. 따라서 바울의 행간 속에서 우리 스스로 답을 찾아내는 수밖에 없다. 이에 대해 전통적 관점은 '율법을 완전히 지킬 수 없기 때문'이라고 답한다. 바울은 율법의 행위들에 의존하는 사람들은 다 저주 아래 있다고 선언한다. 왜냐하면 누구든 율법 책에 기록된 모든 것을 준수하며 그것들을 행하지 않는 이는 저주 아래 있다고 성경이 말하기 때문이다(3:10; 신 27:26). 저주를 피하고 의롭다는 인정을 받으려면 율법 책에 기록된 모든 계명을 행해야 한다. 전통적 해석은 이 '모든' 계명을 지키라는 요구를 **완벽한** 순종에 대한 요구로 해석한다. 타락 이후 죄의 통치에서 자유롭지 못한 인간에게 완벽한 순종이란 애초부터 불가능하다. 따라서 율법을 행함으로 의롭게 되려는 사람은 애초부터 저주를 자초하는 셈이다.[8]

바로 이런 인간적 불가능성 앞에 복음적 가능성이 선포된다. 하나님 앞에서 의롭게 되는 유일한 길은 우리 자신의 **행함**을 통해서가 아니라 예수 그리스도를 믿는 것이다. 그래서 바울은 의롭게 되려고 율법을 행하기 시작하는 신자들에게 지금 이렇게 말한다. "율법을 행하여 의롭게 되겠다는 불가능한 시도를 포기하고, 의로움의 유일한 근거이신 그리스도를 믿으라!"

## 상황에 대한 수정주의적 진단

그렇다면 새 관점의 진단은 무엇일까? 그들 역시 '율법의 행위들'이 율법이 요구하는 행위들 혹은 그 행위들을 실천하는 것이라는 견해에는 동의한다. 갈라디아 신자들은 **할례**를 받을 뿐 아니라, **율법 전체**를 행하려 했다.[9] 그 배후의 선동자들이 그렇게 가르치기도 했다. 갈라디아의 상황에 대한 이런 판단에 대해서는 진영에 관계없이 학계 전반의 합의가 이루어진 것으로 보인다. 달라지는 대목은 그 행함의 의미에 대한 해석이다. 새 관점은 무엇보다 칭의 논쟁이 불거졌던 당시의 상황에 주목한다. 사도행전에서 보는 것처럼, 본래 유대교의 한 종파였던 예수 공동체(교회) 안으로 비유대인들이 대거 유입되면서 한 가지 어려운 문제가 생긴다. '하나님의 백성', 곧 하나님께 의롭다 하심을 받을 백성의 정체성을 어떻게 규정하느냐 하는 것이다. 예루살렘에서는 아무런 문제가 없었다. 어차피 전부 할례받은 유대인이었기 때문이다. 하지만 비유대인들이 교회로 들어오면서 상황은 달라진다. 우선 이들의 구원 여부부터 문제였다(행 10-11장). 애초에 메시아 예수는 '이스라엘'을 불쌍히 여기시고 돕기 위해서, 그리고 '자기 백성을' 그들의 죄에서 건지기 위해서 오셨다(마 1:21; 눅 1:54, 68-69). 다윗 왕조를 다시 건설하여 잃어버린 나라를 되찾는 것이 '다윗의 아들' 메시아의 역할이다(눅 1:32-33). 따라서 이스라엘의 독립과 회복을 향한 오랜 대망 속에서 이방은 물리쳐야 할 원수이자 그 압제로부터 구원받아야 할 존재이지 구원해야 할 대상이 아니다(눅 1:71, 74). 하지만 실제 예수님의 이야기는 과거의 기대를 답습하지 않는다. 고넬료의 회심 이야기가 말해 주듯, 성령의 주도적 인도하에 교회는 예수님의 '구원'이 '이스라엘의 영광'일 뿐 아니라, 이를 '만민을 위해 준비하'셨다는 사실, 그리하여 '이방을 비추는 빛'이기도 하다는 사실을 깨닫는다(눅 2:30-32; 행 11:1-18). 하지만 그들의 구원 가능성이 인정된 후에도(행 11:18), 구원받을 백성의 구체적 정체성에 대한 논쟁은 격렬했다. 할례를 둘러싼 초기 기독교 내의 혼란은 바로 이런 상황을 반영한다. 많은 이는 비유대인 신자들이 '모세의 법대로 할례를 받아야' 구원을 받을 수 있다고 주장했다(15:1). 그러니 그들에게 "할례를 행하고 모세의 율법을 지키도록 명령하는 것이 마땅하다"는 것이다(15:5). 이것이 바울 당시 교회의 분위기였다.

새 관점 학자들은 바울의 칭의 논의가 바로 이런 신학적·교회적 갈등의 맥락에서 이루어진다는 사실에 주목한다. 갈라디아서나 로마서 혹은 빌립보서에서 칭의 이야기는 항상 유대인과 이방인의 관계, 구원받을 백성의 정체성 문제와 얽힌다. 할례를 둘러싼 논쟁, 율법의 행위들을 둘러싼 갈라디아서의 논쟁 역시 바로 이런 논란을 반영한다. 곧 '율법의 행위들'로 의롭다 하심을 얻겠다는 것은 도덕적 '행위'를 내세우는 행위구원론적 시도가 아니다. 오히려 이는 하나님이 이스라엘을 택하신 이상, 할례받은 유대인이라야 구원받을 하나님의 백성이 된다는 전통적 신념의 표현이다.

갈라디아서에서도 칭의론은 유대인과 이방인 신자의 관계가 논란의 중심이었던 안디옥 사건에 대한 회고와 더불어 나타난다. 안디옥에서 이중적 태도를 보였던 베드로에게 항의하면서 처음 이신칭의 사상이 나타나는 것이다.

> 맞습니다. 우리는 본래 유대인들입니다. 이방 죄인들과는 다릅니다. 하지만 우리가 깨달은 것이 무엇입니까? 율법의 행위들로는 의롭다 하심을 얻지 못한다는 것 아닙니까? 예수 그리스도께 대한 믿음이 없는 한에는 말입니다. 그래서 우리도 예수를 믿지 않았습니까? 율법의 행위들이 아니라 예수 그리스도를 믿어 의롭다 하심을 얻으려고 말입니다. 율법의 행위들로는 그 누구도 의롭다 하심을 얻지 못하니까요.
> (갈 2:15-16, 의역)

여기서 불거진 문제는 행위를 요구했다는 것이 아니다. 베드로는 할례를 받지 않은 비유대인들과의 교제를 갑자기 중단했고, 이는 사실상 그들에게 '할례를 강요한' 것과 같다(2:14). 하지만 할례의 무의미함은 이미 베드로 자신도 믿는 바다. 그래서 지금껏 이방 신자들과 편하게 어울리지 않았던가? 그래서 바울은 베드로의 이중적, 위선적 행태가 (베드로 자신도 믿고 있는) 복음의 진리와 어긋난다고 지적한다. 이런 상황에서 등장한 '율법의 행위들'은 소위 행함으로 의롭게 되려는 시도와는 무관하다. 오히려 이는 '우리는 본래 유대인이다'라는 자부심, 곧 할례를 받은 유대인이라야 구원받을 백성이라는 유대인의 전통적 신념을 반영한다. 할례를 받고 율법을 지키지만, 이는 모두 '이방 죄인'과 구별된 '유대인'의 모습을 갖추고자 하는 시도다. 갈라디아서에서 할례와 유대인의 절기를 지키는 문제(4:10), 그리고 유대인과 비유대인의 식사 교제(2:11-14) 같은 이슈들이 전면에 부각되는 것이 그런 이유에서다. 실제 이 세 가지 항목은 1세기 당시 유대인의 정체성을 확인하는 가장 중요한 표식이었기 때문이다.[10]

하지만 여기서도 질문이 생긴다. 할례를 받고 유대인이 되려는 것이 무엇이 문제인가? 바울은 왜 그런 시도를 치명적 위험으로 간주하는가? 흥미롭게도 갈라디아서에서는 이 질문에 대한 답도 찾을 수 없다. 그래서 여기서도 독자(학자)들의 상상력이 필요하다. 전형적인 설명은 이렇다. 바울은 율법에 기록된 것을 '다' 지키고 행하지 않으면 저주 아래 놓인다고 말한다(3:10). 그런데 율법(토라, 모세오경)의 일부인 창세기에 따르면, 율법 자체가 애초부터 이방인의 복을 염두에 두고 있었다(3:8-9). 따라서 할례와 같은 유대적 정체성을 고집하면서 무할례자인 이방인을 구원의 울타리에서 배제하는 배타주의적 태도는 율법의 포용적 기조에 대한 위반이다. 유대인의 정체성을 고집하다가 포용적인 율법의 본래 취지를 어기는 꼴이 되었다. 그래서 "율법의 행위들에 의지하는 사람은 누구나 율법의 저주 아래 있다"는 선고가 불가피하게 내려진다(3:10).[11]

## 해석의 충돌, 해석의 한계

앞에 소개한 두 흐름은 갈라디아 신자들의 의도를 놓고 전혀 다른 해석을 내어놓는다. 물론 각각은 상대방의 해석에 물음표를 붙인다. 새 관점은 '율법의 행위들'을 '행위'로 환원하고 이를 행위구원론적 시도로 간주하는 전통적 관점이 바울 당시 유대교를 근본적으로 오해했다고 본다. 전통적 관점의 주장과 달리, 1세기 유대교는 그렇게 저급한 율법주의가 아니다. 그들 역시 언약이 하나님의 은혜임을 잘 알았다. 율법 행함을 강조했지만, 이를 통해 언약 안에 들어가기 위해서가 아니라, 언약 안에 있는 자답게 살고자 했기 때문이다. 따라서 유대 율법을 행하려는 갈라디아 신자들의 시도를 율법주의로 규정하는 것은 잘못이라는 것이다.

그보다 문제가 되는 것은 전통적 해석의 논리적 전제인 '완전한 순종의 불가능성' 개념이다.[12] 유대교 전통에서나 초기 기독교 전통에서, "율법을 완벽하게 지키는 것이 불가능하기 때문에 율법을 지켜 구원을 얻을 수는 없다"는 식의 주장은 달리 찾아볼 수 없다. 하나님은 애초부터 죄의 경향에서 자유롭지 않은 인간(유대인)에게 율법을 주셨다. 그리고 순종하면 복, 어기면 저주를 내린다고 선언하셨다. 그래서 인간은 순종하려고 애를 쓴다. 그런데 이제 와서 그 순종이 완벽하지 않다고 저주를 선고하는 것이 말이 되는가? 그럼 하나님은 애초에 인간이 죄 아래 있어 완벽하게 순종할 수 없다는 사실을 모르셨다는 말인가? 아니면 처음부터 안 될 걸 다 알면서, 마치 순종하면 복을 받을 수 있는 것처럼 이스라엘을 속이신 것인가? 하나님은 분명 이스라엘의 불순종에 화를 내신다. 하지만 불순종과 완벽하지 못한 순종은 이야기가 다르다. 이것이 '율법의 행위들'을 배제한 바울의 이유가 되기는 어렵다는 것이다.

사실 논란이 되는 갈라디아서 3장 10절을 제외하면, 바울 역시 다른 곳에서 완전한 순종의 불가능성을 언급하지 않는다. '거룩하고 의롭고 선한' 율법을 지키는 것이 나쁠 이유가 없다(롬 7:12). 문제는 불순종이지 '2퍼센트 모자란 순종'이 아니다. 사실 '완전한 순종의 불가능성'이라는 전제는 전통적 해석을 지탱하기 위해 고안된 개념일 뿐, 실제 바울의 생각은 아니다. 물론 정말 완벽한 순종은 불가능하다. 그러나 바울이 그 이유 때문에 '율법의 행위들'을 막다른 골목이라 부르는 것은 아니다.

그렇다고 새 관점의 해명이 더 그럴듯한 것도 아니다. '완전한 순종이 불가능하다'는 전통적 관점의 설명이 작위적인 만큼, 율법을 행하다가 도리어 율법을 어긴다는 새 관점의 주장도 억지스럽기는 마찬가지다. 이 역시 바울이 직접 제시한 이유가 아니라, 새 관점 학자들이 자기들의 읽기에 맞추어 개발해 낸 이유다. 언약의 핵심은 거룩함이고, 그 거룩함의 현실적 표현은 다른 이들과의 차별성이다. 사실 주변의 이방 민족을 가리키며, "너희는 그들 중에서 나와서 따로 있고 부정한 것을 만지지 말라"고 명령하신 분은 바로 하나님 자신이다(사 52:11; 고후 6:17). 할례는 그 다름을 유지하는 가장 중요한 방식의 하나다. 율법에서 하나님이 직접 명령하신 것이기도 하고, 할례를 받지 않으면 백성 중에서 끊어질 것이라는 경고가 달린 계명이기도 하다(창 17:9-14). 그 율법의 명령에 순종한 사람이 율법을 어긴 사람이라는 선고는 터무니없지 않은가? 율법이 본래 이방인들을 포괄하는 것이었다면, 그 율법을 토대로 언약을 맺고 이방인들과 구별되라고 요구하신 것은 도대체 어떻게 이해해야 하는가?

한 걸음 더 나아가 이방인들이 거부할 의사가 없다면 그들에게 할례를 주고 유대인으로 만드는 것이 뭐가 문제인가? 이방인을 배척하겠다는 것이 아니라, 할례를 받고 유대인 신분을 획득하라는 (지극히 상식적인) 요구다. 이것을 배타주의라 비난할 수는 없다. 이방인들을 이방인 상태로 받아야만 포용적인 태도인가? '모든 이방 민족이 너를 통해 복을 받을 것이라'는 약속이 이방인들을 '무할례 상태 그대로' 받아들이라는 이야기였을까? 그렇게 따지면 유대인들의 메시아인 예수님을 믿으라는 조건 역시 배타적이지 않은가.

## 핵심을 숨기는 바울의 논법?

전통적 관점이든, 새 관점이든, 통상적 해석이 드러내는 가장 치명적 문제는 바울의 논증을 매우 이상한 것으로 만든다는 점이다. 지금 갈라디아에서는 칭의라는 고지를 두고 믿음을 주장하는 바울의 복음과 율법의 행위들을 주장하는 선동자들의 다른 복음이 전투를 벌이고 있다. 바울은 율법의 행위들이 저주를 야기한다고 주장한다. 누가 들어도 도발적인 주장이다. 하나님은 이스라엘에게 율법을 주시고, 순종 여부에 따라 축복과 저주를 선언하셨다(신 11:26-28). 율법을 잘 행하는 사람에게는 복이고, 율법을 행하지 않는 사람에게는 저주다. 이것이 바로 하나님이 정하신 원리다. 그런데 바울은 이를 뒤집어, 율법을 행하는 것이 오히려 저주의 원인이라고 주장한다. 그 행함이 불완전해서든 배타적이어서든 말이다. 이는 약간 특이한 수준의 주장이 아니라, 아예 하나님의 언약 원리를 뒤집는 황당한 주장이다. '율법의 행위들'을 내세우는 이들은 당연히 신성모독에 가까운 이 이단적 주장의 근거를 따졌을 것이다. 그런데 놀랍게도 바울은 '율법(의 행위들)에 의존하는 이들은 저주 아래 있다'는 주장만 반복할 뿐, 그 주장의 구체적 이유는 설명하지 않는다. 그만큼 분명한 해명이 필요한 주장이다. 그러나 바울은 이 결정적 질문에 침묵을 지킨다. 납득하기 어려운 상황이다. 바울이 평소 자신의 논점을 회피하는 사람이 아니어서 더 그렇다.

전통적 관점과 새 관점 모두 나름의 주장을 제시한다. 전통적 관점은 율법이 요구하는 완벽한 순종이 불가능하기 때문이라고 말한다. 그 반면 새 관점은 율법의 행위들이 이방인을 배제하고, 이는 율법의 포용적 정신을 위반하는 것이기 때문이라고 설명한다. 하지만 이 둘은 모두 바울 자신의 설명이 아니라, **학자들이 자신의 해석에 맞게 추측해 낸** 주장들이다. 바울은 주장만 할 뿐, 그에 대한 답을 주지 않기 때문이다. 답은 답답해하는 독자들 혹은 학자들이 알아서 추론해야 한다. 그래서 완벽한 순종의 불가능성(전통적 관점) 내지는 배타주의적 율법 순종(새 관점) 등의 해답을 고안해 낸다. 이렇게 바울은 자기 논증의 가장 핵심적 논거를 독자 나름의 추론에 맡긴다. 하지만 바울이 정말 이런 식의 논증을 펼쳤다고 믿기는 어렵다. 게다가 지금 갈라디아의 신자들이나 그 배후의 선동자들은 바울의 기대와 달리 정반대의 추론을 펼칠 공산이 크다. 이런 상황에서 바울은 그의 독자들이 자신의 급진적 주장 아래 깔린 논거를 간파하리라고 기대했을까? 이런 질문을 던지는 사람은 거의 없어 보이지만, 어쩌면 이는 통상적 해석의 타당성을 재고하게 만드는 가장 치명적인 문제점이 될 수도 있다.

### 두 관점의 행복한 결탁?

왜 이런 희한한 상황이 발생할까? 바울은 핵심 논점에 대해 침묵을 지키고, 학자들은 그 논거를 달리 추론하며 논쟁한다. 바울이 정말 자기 주장의 근거를 제시하지 않았다면 어쩔 수 없다. 그렇다면 독자들의 추론이 서로 다르다고 나무랄 일은 아니다. 하지만 과연 그럴까? 혹시 우리가 바울의 움직임을 오해한 것은 아닐까? 그는 자신의 주장에 대한 근거를 명확하게 제시하는데, 우리가 그 답을 수용하지 않아 엉뚱한 답을 만들어 내는 것은 아닐까?

3장 10절에서 바울은 '율법의 행위들'이 율법의 저주를 초래한다고 주장한다. 이 주장의 유일한 근거는 그 구절 자체에 있다. 곧 "율법 책에 기록된 모든 것을 준수하면서 그것들을 행하는 데" 실패했다는 것이다. 율법을 준수하는 행위는 포괄적이고(모든) 또 지속적이어야(항상) 한다.[13] 이는 바울 자신의 주장이 아니라 율법 자체의 요구이기도 하다(신 27:26). 언약 관계의 원칙으로서 지극히 상식적인 요구다. 율법을 편리한 대로 골라 지킬 수도 없고, 잠시 지키다 그만둘 수도 없다. 그러니까 저주의 이유는 분명하다. 언약 관계에 대한 나태함이다. 한마디로 신실하게 율법을 준수하지 않아 하나님의 저주를 자초했다는 이야기다. 이것이 바울이 인용한 구약의 자연스러운 의미이기도 하다(신 27:26). 그러니까 갈라디아 신자들은 율법을 제대로 지키는 데 실패했고, 그래서 율법의 저주를 자초했다. 물론 할례를 받으려 했고, 날짜도 지키려 했다. 그러니까 유대인다운 삶의 방식에 매우 열정적이었다. 하지만 바울이 정작 율법 행함이라고 부를 수 있는 실천에는 큰 관심이 없었던 것 같다. 바로 그런 상황을 집약하여 '율법의 행위들에 의존하는' 태도라 불렀다. 결국 표현 자체가 시사하는 첫인상과는 달리, '율법의 행위들에 의존하는' 것이란 율법을 신실하게 지키는 태도가 아니라 유대적 정체성 확보에 열심을 내는 태도를 가리키는 표현이었던 셈이다.

하지만 학자들은 갈라디아의 상황을 전혀 다르게 재구성한다. 그들은 갈라디아 신자들이 전체 율법을 지키려 했다고 본다. 또 선동자들 역시 할례뿐 아니라 전체 율법에 대한 순종을 강조했다고 생각한다. 율법에 열성적인 '유대주의자'들이 갈라디아 신자들에게 율법의 일부만 지키라거나 대충 지키라고 가르쳤을 리 없다고 보기 때문이다. 그들은 이방인들에게 할례뿐 아니라 율법 전체를 준수하라고 요구했을 것이다. 그리고 갈라디아 신자들도 그 요구를 따랐을 것이다. 유대인으로 개종하는 과정에서 가장 어려운 관문인 할례까지 수용하는 마당에, 율법의 어떤 계명인들 지키지 못하겠는가? 그게 바로 '율법의 행위에 의존하는' 태도라는 것이다. 흥미롭게도 이 부분에서는 전통적 관점과 새 관점이 흔쾌한 의견 일치의 악수를 나눈다. 그래서 그들은 바울의 저주 선언 속에 평범한 의미의 불순종과는 다른, 보다 특수한 이유가 숨어 있다고 본다. 그래서 각자 자기 진영에 어울리는 방식으로 자기 나름의 '이유'를 찾아낸다.

그러니까 두 가지 주류 해석에 따르면, 지금 갈라디아 신자들은 전체 율법을 지키려고 노력하는 중이다. '율법의 행위들'에 근거하여 의롭다 하심을 얻고자 하기 때문이다. 그러니까 바울은 갈라디아 신자들이 **율법을 행하는 모습에 깜짝 놀라**(갈 1:6), 그 위험을 경고하는 중이다. 두 관점은 그 실천이 위험한 이유에 대해서는 생각이 다르지만(완전한 순종의 불가능성, 이방인을 배제하는 배타주의), 율법을 실천하는 행위 혹은 그렇게 하려는 시도 자체가 위험의 본질이라는 판단은 동일하다.

### 순종을 비판하는 바울?

하지만 과연 그럴까? 바울이 이방 그리스도인들의 율법 행함을 비판했다는 발상이 말이 되는 이야기일까? 만약 내가 바울이라면 어땠을까? 내가 섬기는 성도들이 갈라디아 신자들과 같은 열정을 보여 주고 있다면 어떨까? 지금 나의 교인들이 열심히 율법을 지킨다. 할례와 같은 특이한 항목뿐 아니라, 율법 전체를 지키려 노력하는 중이다. 물론 하나님의 율법인 만큼, 거룩하고 의롭고 선한 계명들이다(롬 7:12). 나는 그들의 모습에 감동을 받을까 아니면 분노가 치밀까? 할례를 받겠다는 결정에는 살짝 염려가 되겠지만, 다른 도덕적 계명을 지키려 하는 모습은 오히려 반갑지 않을까? 실제 목회자의 삶에서, 율법을 잘 지키려는 성도들 때문에 화가 나는 상황이 존재할까? 오히려 성도들의 성숙함에 감사의 기도를 드리는 것이 정상적 반응 아닐까? 그게 바로 늘 설교해 온 바가 아닌가? 대부분의 경우 목회자의 고민은 성도들의 불순종이지 순종 배후의 음흉한 동기는 아니지 않은가?

그 순종이 '율법'이어서 놀랐던 것일까? 하지만 바울 자신이 율법 혹은 계명 준수의 중요성을 역설했던 사람이 아닌가? 물론 그리스도 이후 무의미해진 것들이 있다. 제사나 할례나 안식일 준수와 같은, 유대인들 특유의 관습들이 그렇다. 예수님을 믿는 사람들에게는 하든 말든 별 의미가 없는 행동들이다(갈 5:6; 6:15; 고전 7:19). 하지만 인간관계를 규제하는 원리와 계명들은 변하지 않는 하나님의 뜻으로 남는다. 당연히 바울도 이런 계명에 대한 순종을 요구한다. 할례야 받든 말든 상관없다. "하지만 중요한 것은 하나님의 계명을 지키는 것입니다"(고전 7:19). 사실 학자들도 다 인정하는 것처럼, 바울이 요구하는 모범적 신자의 태도는 율법이 그려내는 거룩한 삶과 사실상 겹친다. 바울은 모세 율법 전체가 "네 이웃을 네 몸과 같이 사랑하라"는 계명으로 수렴된다고 보았다. 그리고 율법이 요구하는 이 사랑이 성령에 이끌리는 복음적 삶의 핵심이다(갈 5:13-14; 롬 13:8-10). 따라서 만약 성도들이 율법을 행하려고 노력했다면, 그래서 부모를 공경하고 가정에 충실하고 거짓말을 삼가고 이웃을 사랑하려 애를 썼다면 바울은 성도들의 순종에 감격했어야 마땅하다. 거룩하게 순종하며 살아야 한다고 가르친

보람이 있어, 드디어 율법에 순종하려는 열심을 보이니까 말이다. 물론 그런 긍정적인 변화 배후에 바울 아닌 다른 선교사들이 있다는 사실이 다소 불편했을지 모른다. 하지만 적어도 성도들의 열심 자체는 칭찬을 받아야 마땅하다(4:18). 무슨 방법으로 하든지, 결국 성숙하는 것은 성도들이니 기뻐하는 것이 바울답다(빌 1:18). 그런데 바울은 그들이 '율법을 행하려' 한다고 야단치고, 그들의 '행함'을 문제 삼는다고 한다. 이것이 과연 현실적인 판단일까?

혹자는 바울이 강조한 '믿음의 순종'은 '율법에 대한 순종'과 질적으로 다르다고 주장한다. 학자들도 율법에 대한 (오래된?) 순종과 성령에 의한 '새로운 순종'(new obedience)을 구분하곤 한다. 하지만 이런 식의 개념적 구분은 탁상공론의 전형적 사례다. 지키는 듯 지키지 않는 위선과 진솔한 순종이 구별될 수는 있어도, 율법에 대한 순종 자체가 옛것과 새것으로 구별되는 것은 아니다.[14] 사실인즉슨, 성령에 이끌린 (새로운?) 사랑을 옛 율법과 연결하는 것은 바울 자신이다(갈 5:13-14; 롬 13:8-9). 율법 순종과 새로운 순종 사이의 질적 차이란, 지키는 행위 자체를 비판하려니 필요해진 억지 논리일 뿐, 성경의 가르침과도 맞지 않고 신자들의 경험적 통찰과도 맞지 않는다.[15] 또는 율법을 '행하는' 것과 그리스도인이 사랑으로 율법을 '성취하는' 것을 구별하기도 한다. 하지만 이는 본문을 정확히 읽은 것이 아니다. 바울의 진술을 정확히 읽으면 온 율법을 '성취' 혹은 '요약'하는 것은 그리스도인의 사랑이 아니라 율법 속 말씀의 하나인 이웃 사랑의 계명이다(갈 5:14). 레위기의 그 계명(19:18) 속에 온 율법의 정신이 이미 성취되어 있다(πεπλήρωται, stands fulfilled)는 뜻이지, 그리스도인의 사랑이 율법을 비로소 성취한다는 말이 아니다.

## 윤리적 훈계가 아닌 구원론적 교정?

살짝 어조를 바꾸어, 바울의 진짜 불만은 그들의 행위 자체가 아니라 그 행위로 의롭다 하심을 받으려 했던 교리적(구원론적) 오만이었다고 말할 수 있다. 율법에 순종하려는 그들의 행동 자체는 바람직하다. 할례를 받으려는 열정조차 굳이 시비를 걸 일은 아니다. 무익하기는 하지만 그렇다고 해로울 것도 없다. 정작 문제는 그들의 어쭙잖은 행위가 그들을 의롭게 할 수 있다는 오만한 교리적 오해다. 바울은 그들의 이런 착각이 위험하다고 보았고, 그래서 그들의 태도에 제동을 걸었다. 우리를 의롭게 하는 것은 율법을 행하는 우리의 '행위'가 아니라, 예수 그리스도를 통해 주시는 하나님의 은혜다. 우리는 그 은혜를 겸허히 받아들이는 '믿음으로' 의롭다 하심을 얻는다. 물론 믿는 자들은 그에 어울리는 행위를 하겠지만, 그렇다고 그 행위가 칭의 자체의 근거일 수는 없다. 율법에 순종하는 행위 자체는 윤리적으로 칭찬받아 마땅하지만, 그 행위로 의롭다 하심을 받겠다는 발상은 하나님의 은혜를 폐기하고 믿음의 유효성을 부정하는 이단적 발상이라는 것이다.

하지만 이런 설명 역시 만족스럽지 못하다. 만약 이것이 사실이라면, 이에 대한 바울의 대응 역시 그들의 '(율법의) 행위' 자체가 아니라 행위에 대한 그들의 '오해'를 교정하는 것이어야 했다. 그랬다면 바울은 아마 다음과 같이 반응했을 것이다. "선행은 바람직하고 또 꼭 필요하지만, 그 행함이 여러분을 의롭게 한다는 생각은 위험합니다. 그것은 여러분의 불완전한 행위로 그리스도의 온전한 의로움을 대치하는 것이고, 그리스도를 믿는 믿음만으로 충분하다는 진리를 부정하는 것입니다. 율법의 행위들 자체는 아름다운 것이니 계속 열심히 지키십시오. 하지만 여러분이 순종하는 그 행위로 의롭다 하심을 얻을 것이라는 불순한 생각은 버리십시오."

하지만 이것은 실제 갈라디아서의 내용이 아니다. 지금 바울은 그처럼 여유롭지 못하다. 바울은 그들의 생각뿐 아니라 할례나 날짜 준수와 같은 그들의 행동 자체를 문제 삼는다(4:8-12; 5:2-4). 율법의 저주를 초래하는 것은 '율법의 행위들'에 의존하는 행동 자체지 그 의존 배후의 구원론적 오해가 아니다(3:10).

사실 구원의 원리와 윤리의 원리를 이런 식으로 구분하는 것 자체가 바울의 복음을 오해한 결과다. 앞 장에서 이미 살핀 것처럼, 신자의 순종과 구원을 지속적으로 연결하는 것은 바로 바울 자신이다. 갈라디아서에서도 현재 삶의 방향에 따라 파멸과 영생의 운명이 갈라진다는 사실을 분명히 가르친다(6:7-9). 제대로 순종하지 않는 사람들은 결코 하나님 나라를 상속할 수 없다는 경고를 처음 만나는 곳도 갈라디아서다(갈 5:21; 고전 6:9-10; 롬 2:6-11; 6:19-23; 8:11). 로마서에는 "율법을 행하는 사람이라야 의롭다 하심을 얻는다"는 말이 나오기도 한다(2:13). 바울은 종말론적 구원을 경험하려면 순종이 필요하다는 사실을 확실히 가르쳤다. 우리는 마지막 심판대에서 하나님의 정당한 진노로부터 건짐을 받기까지 순종하며 살아야 한다. 왜 이런 경고가 필요한지는 우리 자신이 잘 안다. 바울이 목회 현장에서 경험한 항구적 문제는 철저한 순종과 결합된 '율법주의적' 오만이 아니라 순종의 부재였다. 그래서 바울은 순종하라는 권고를 거듭한다. 그런 바울이 율법에 순종하려는 신자들의 열성을 비난했겠는가? 일상적 삶을 다룰 때는 순종의 중요성을 강조하지만, 구원 문제로 들어오면 '오직 믿음'의 순수함을 지키라고 권고했던가? 믿음의 부르심을 받고 신자로 잘 달려오던 갈라디아 신자들의 행위를 그토록 비난하는 이유는 무엇인가?

바울이 율법을 행하려는 신자들의 행태를 배교로 규정했다는 해석의 문제점은 **바울이 요구한 대안**이 무엇인가를 생각해 보면 가장 명확해진다. 바울은 신학적 '견해'를 두고 논쟁을 벌이는 것이 아니라, 성도들의 구체적 결단을 요구한다. 그 요구는 과연 무엇이었을까? 바울이 저주를 야기하는 율법의 행위들 대신 믿음을 주장할 때 그가 성도들에게 요구한 결단은 구체적으로 무엇이었을까? 할례든 사랑의 계명이든, 율법은 저주를 야기하기에 당장 율법 행함을 멈추라는 경고인가? 그리고 율법을 행하는 대신 오직 그리스도의 대속적 공로만 의지하라는 말인가? 그게 아니라면, 그가 신자들에게 요구한 대안적 태도는 과연 무엇인가? 구원은 오직 믿음으로만 주어지지만, 신자들이 여전히 그리스도인다운 삶의 자태는 유지해야 한다고 말한 것인가? 그렇다면 궁극적 가치인 구원에도 필요 없는 '행위'가 구원받은 자의 삶에서 필수적인 이유는 무엇인가? 바울은 성령의 인도를 받으라고 말한다. 하지만 그가 그려 내는 성령의 윤리란 결국 율법을 지키는 삶과 동일한 것이 아닌가?

율법의 행위들에 의존하는 태도를 배교에 해당하는 것으로 규정해 놓고, 성령에 이끌리는 사랑이 사실 온 율법의 핵심이라고 바꿔 말하는 의도는 무엇인가? 그러니까 바울은 갈라디아 신자들에게 구체적으로 무얼 어떻게 하라고 요구한 것일까?

이런 겹겹의 의문들은 갈라디아의 상황에 대한 우리의 상상에 재고를 요청한다. 바울이 '율법의 행위들이 아니라 믿음으로'라고 외쳤을 때, 그는 정말 율법을 지키려는 신자들의 '행위'를 야단친 것일까? 그러면서 결국 올바른 행위가 없으면 하나님 나라와 영생에 이르지 못한다고 경고한 것일까? 아니면 갈라디아 신자들이 정말 율법을 행하려고 노력했던 것일까? 바울이 문제시한 '율법의 행위들'이 정말 전체 율법을 행하는 태도를 가리키는 것일까?

바울이 갈라디아 신자들의 '행위'를 문제 삼았다고 생각하는 한, 바울의 꾸지람과 신학적 논증을 상식적으로 자연스럽게 해석하기는 어려워진다. 사실 바울의 진술 자체는 앞에 소개한 통상적 해석들과는 사뭇 다른 그림을 그린다. 3장 10절에 대한 앞의 논의에서 언급한 것처럼, 율법의 행위들이 저주를 야기하는 이유는 행위의 불완전성이나 배타적 의도 때문이 아니다. 율법의 행위들에 의존한 사람들이 저주 아래 놓이는 이유는, 말 그대로 그들이 "율법 책에 기록된 모든 것을 준수하며 그것들을 행하지" 않았기 때문이다. 바울이 인용한 이 말씀의 뜻은 율법을 '완벽하게' 지키지 않는다거나, 율법을 행하여 이방인을 배제하게 되면 저주에 빠진다는 것이 아니다. 이 명령의 요점은 신실함이다. 언약 백성답게 신실한 삶의 태도를 끝까지 견지하라는 것이다. 율법을 행하는 일 자체가 이런

저런 이유에서 문제라는 것이 아니라, 율법의 행위들에 의존하면서 **율법을 신실하게 지키는 데는 실패했다**는 것이다. 이것이 바로 율법의 행위들을 문제 삼은 바울 자신의 이유다. 행함이 아니라 행하지 않는 불순종이 문제다. 그러니까 바울이 문제시한 율법의 행위들은 율법을 제대로 지키려는 시도가 아니라 오히려 그 반대다. 율법의 행위들에만 의존하면서 정작 율법을 제대로 지키는 삶에는 실패했다는 것이다. 이것이 갈라디아의 상황에 대한 바울의 판단이다. 이 점을 좀더 상세히 살펴보자.

## 율법을 지키지 않는 선동자들

먼저 갈라디아 신자들 배후의 선동자들을 생각해 보자. 이들에 대한 바울의 묘사는 매우 부정적이다. '다른 복음을 선포하는' 이들, '그리스도의 복음을 변질시키는' 이들이다(1:6-9). 이들은 갈라디아의 신자들을 '현혹하고'(3:1), 공동체를 '혼란에 빠트리고'(1:7; 5:10), 복음의 '진리를 순종하지 못하게' 방해한다(5:7).[16] 갈라디아 신자들에 대해 큰 열정을 보여 주었지만, 이는 좋은 의도에서가 아니라 그들을 '배제하려는' 의도의 표현이다(4:17).[17] 하지만 가장 결정적인 비판은 6장에 나온다. 이들의 행태와 그 동기에 관한 바울의 판단은 이렇다.

내 손으로 여러분에게 이렇게 큰 글씨로 쓴 것을 보십시오! 누구라도 그럴듯한 육체를 자랑하고 싶은 자들, 이들이 여러분에게 할례를 강요하는 것은 오로지 그리스도의 십자가로 인한 박해를 피하기 위해서입니다. 왜냐하면 할례를 받는 이들 스스로도 율법을 지키지 않으면서 여러분에게 할례를 행하고 싶어 하는 것은 그들이 여러분의 육체를 두고 자랑하기 위해서이기 때문입니다. (6:11-13)

바울은 '할례를 받는 이들'에 관해 이야기한다. 이들은 먼저 할례를 받고 남에게 할례를 강요하는 이방 신자들일 수도 있지만, 아마 할례를 포기할 수 없었던 사람들, 곧 할례를 받아야 하나님의 백성이 될 수 있다고 주장했던 보수적 유대 그리스도인일 것이다(행 15:1, 6). 이들은 갈라디아의 이방 신자들이 할례를 받기 원했고(갈 6:13), 실제로 할례를 '강요했다'(참고. 6:12; 2:14). 할례를 받아야 하나님 앞에 의롭다 하심을 받을 수 있다고 가르치며 갈라디아 신자들에게 신학적 압력을 가한 것이다(2:14, 16, 21; 3:10, 12; 참고. 4:21). 바울은 이를 '육체로 좋은 이미지를 남기고 싶은' 사람들 혹은 '육체를 자랑하려는' 사람들이라고 규정한다. 여기서 바울의 묘사는 철저히 **육체에 대한 선동자들의 관심**에 국한된다. 적어도 바울의 보고에 따르면, 선동자들이 갈라디아 신자들의 '순종'이나 율법 '실천'에 관심을 기울였다는 흔적은 찾아볼 수 없다. 그들이 보인 유일한 관심사는 갈라디아 신자들의 할례였으며, 그들은 이 할례를 내세움으로써 나름의 입지를 확보하고자 했다.

결정적으로 바울은 이들이 이방 신자들에게 할례를 요구하면서도 정작 '자기들은 율법을 지키지 않는다'고 비판한다(6:13). 여기서 '자기들은'(αὐτοί)이라는 한마디는 현 상황의 역설을 선명하게 드러낸다. 할례에 대한 열정은 컸지만, 정작 율법 준수에는 무관심했다는 것이다. 원론적으로 할례는 '율법의 행위들' 곧 하나님의 율법이 언약 백성에게 요구하는 계명의 하나다. 자연 할례를 중시하는 사람은 하나님의 율법을 중시하는 사람일 것이다. 특히 이방 신자들에게 할례 의식은 유대교로의 완전한 개종을 주저하게 만드는 가장 큰 장애물로 여겨졌다. 그러니 이방인들에게 할례까지 강요할 정도라면 하나님의 율법에 대한 그 사람의 열정은 대단할 것이다.

그런데 실제 상황은 우리의 예상을 벗어난다. 선동자들은 할례가 칭의의 조건이라고 가르치며 이를 강요했지만, 정작 그들 스스로는 '율법을 지키지 않았다.' 그들이 원하는 것은 할례받은 갈라디아 신자들의 '육체를 자랑하는' 것이었다(6:13). 그러니까 이방 신자들이 유대인이라는 외면적·물리적 증표를 요구한 것이다. 하지만 그게 전부다. 하나님이 언약 백성에게 요구하신 일반적인 율법의 요구들은 지키지 않는다. 할례나 날짜 규정과 같은 특정 '행위들'에는 집착했지만, 상식적인 의미에서 '율법을 지키는' 일에는 무관심했다.

당시 교회의 상황과 바울의 신학적 논증을 고려해 보면, 이들의 의도는 쉽게 포착된다. 하나님의 백성이 된다는 것은 유대인이 된다는 의미다. 예수님을 메시아로 고백한다고 해서 이 정체성이 무의미해지는 건 아니다. 예수님께 대한 믿음이 필요하지만 그렇다고 선택받은 유대인으로서의 정체성을 포기해야 할 이유는 없다. 당연히 이들은 이방인들에게 할례를 줄 필요가 없다고 생각하는 '자유주의' 그리스도인의 입장에 동의하지 않는다. 그래서 이들은 바울 같은 사람의 선교 활동으로 하나님의 백성이 되다 만 이방 신자들을 '할례자', 곧 제대로 된 하나님의 백성으로 만들고자 했다. 할례자가 되어야 아브라함의 후손이 되고, 그래야 하나님 앞에 의롭다 하심을 얻을 수 있기 때문이다. 사도행전에 기록된 안디옥 교회의 갈등이 이에 대한 좋은 사례다(행 15장). 바울의 칭의 논의가 할례자와 무할례자의 관계에 관한 안디옥 교회의 갈등을 회고하며 시작된다는 사실 역시 이를 방증한다(갈 2:11-21).

이들 선동자들의 모습은 이후 로마서에서 바울이 비판하는 '유대인'의 모습과 사실상 일치한다. 곧 외면적 유대인의 정체성에는 집착하면서도, 속이 꽉 찬 '내면적' 유대인, 곧 율법을 행하는 일에는 별 관심이 없는 사람의 모습이다. 로마서에서도 바울은 "하나님 앞에서는 율법을 듣기만 하는 사람이 아니라 행하는 사람이라야 의롭다 하심을 얻는다"고 지적한다(롬 2:13). 하나님은 할례와 같은 겉모양을 살피는 분이 아니라 행한 대로 심판하시고 그에 따라 보응하시는 분이다(2:6-11). 율법을 지키지 않는 한, 율법의 '소유'나 할례와 같은 외면적 표지는 아무 가치도 없다. 정체성의 열쇠는 하나님의 율법에 대한 순종이지 할례가 아니다. 하나님이 요구하시는 할례는 겉으로 드러나는 육신의 할례가 아니라 순종을 가능케 하는 마음의 할례다(2:17-29).

바울이 비판하는 선동자들의 모습은 복음서에 그려진 '바리새인들과 서기관들'의 모습과 근본적으로 일치한다. 예수님은 그들이 대접의 겉을 깨끗하게 닦으면서도 안에는 더러운 욕망을 그대로 간직한 위선자들이라고 판단하셨다. 할례나 날짜 준수와 같이 사람들에게 보여 줄 수 있는 외적 경건의 증거에는 집착했지만, 일상적 삶에서 하나님의 뜻을 실천하는 일에는 관심이 없었다. 물론 맥락은 다르다. 유대 사회 내의 바리새인들과 이방인 선교 상황에서의 유대주의자들은 분명 다르다. 하지만 삶에서의 순종보다 외면적 조건에 신경을 쓴다는 점에서 이 둘의 모습은 근본적으로 유사하다. 유대주의자들의 모습은 세례 요한이 질타한 병폐, 곧 회개에 합당한 열매는 없이 아브라함의 후손이라는 외적 정체성에 희망을 걸었던 '바리새인들과 사두개인들'의 모습과 겹친다. 더 나아가 이는 화려한 외면적 종교성으로 순종의 부재를 가리고자 한 이스라엘의 고질적 병폐와 이어진다.

대부분의 학자들은 이런 직설적 해석을 불편해한다. 선동자들이 할례뿐 아니라 율법 전체에 열정을 지닌 사람들이라는 선입견을 떨치지 못하기 때문이다. 이는 당시 유대교가 율법 전체에 열정을 지닌 종교였다는 역사적 판단, 그리고 갈라디아의 선동자들 역시 그런 열정을 공유한 사람들일 것이라는 추측의 산물이다. 율법이 하나의 단일한 실체인데, 그중 일부만 강조하고 나머지는 무시했다고 보기는 어렵다는 생각도 깔려 있다. 하지만 당시 유대교는 어느 쪽으로든 정형화하기 어려울 만큼 다양한 면모를 보인다. 유대교로서의 기본 공통점은 있지만, 도덕적 의미의 율법 준수가 그 공통분모였는지는 분명치 않다. 더 나아가, 갈라디아라는 특정 지역의 유대 그리스도인 선동자들이 당시 유대교의 경향을 정확하게 반영하는 그룹이었을 거라는 가정도 석연찮다.

하지만 학자들의 주저함에도 불구하고 '율법을 지키지 않는다'

는 바울의 비판은 매우 직설적이다. 그래서 어떤 이들은 이 비판이 사실에 기초한 객관적 비판이 아니라 이미지를 흐리기 위한 수사적 비난이라고 여긴다.[18] 혹은 과거에 바울 자신이 가졌던 엄격한 바리새인적 기준에서 한 말이라고 주장하기도 한다(빌 3:6). 그 기준에서 볼 때 선동자들은 '율법을 지키지 않는' 사람이라는 것이다. 물론 자연스러운 읽기는 아니다. 바울이 정말 설득할 의도로 편지를 썼다면 갈라디아 신자들의 마음을 얻은 선동자들에 대한 묘사는 신중할 수밖에 없다. 근거 없는 비난은 바울 자신의 신뢰성을 무너뜨리는 자폭 행위가 될 테니 말이다. 정말 모범적인 유대인답게 전체 율법의 준수를 요구하며 순종의 일환으로 할례를 강요한 이들이 있었을 수 있다. 그리고 바울이 그들의 선의를 왜곡하며 부당한 비난을 가한 것일지도 모른다. 하지만 이는 우리가 **갈라디아서**에서 찾아낼 수 있는 그림은 아니다.[19]

### 율법 전체를 행하지 않는 갈라디아인들

그렇다면 갈라디아의 신자들은 어땠을까? 많은 목회자와 선생처럼 갈라디아의 '교사들' 역시 자기는 율법을 안 지키면서도 신자들에게는 말씀에 순종하라고 가르치지 않았을까? 그리고 신자들은 순수한 마음으로 이들의 가르침을 받아들여 율법을 행하려고 애쓰지 않았을까? 이것이 바로 '율법 아래 있고자' 했던(갈 4:21), 그리하여 '율법으로 의롭게 되고자 했던'(5:4) 갈라디아 신자들의 모습이 아닐까?

하지만 실제 상황은 이런 예상 역시 비껴간다. 우리가 갈라디아서 본문에서 확인하는 신자들의 '행위'는 엄밀하게 두 가지다. 우선 그들은 할례를 받고자 했다. 할례라는 단어 자체는 5장에 처음 나오지만, 이것이 사태의 핵심임은 의심의 여지가 없다(2:3; 3:3; 5:2-4, 6; 6:12-13, 15). 또한 이들은 다양한 절기도 지켰다. 당연히 안식일처럼 율법이 요구한 절기들이다(4:10). 바울이 지적하는 갈라디아 신자들의 '행위'는 이 두 가지가 전부다. 이 두 항목 외에 갈라디아 신자들이 율법의 다른 계명들을 행하려 했다는 흔적은 발견되지 않는다. 적어도 갈라디아서에서는 그렇다.

침묵이 적극적인 부정은 아니다. 율법 전체를 행하지만 편의상 두 사례만 거론한 것일 수도 있다. 하지만 바울 자신의 진술은 그런 추론을 허용하지 않는다. 갈라디아의 신자들 역시 전체 율법을 지키는 일에는 딱히 관심이 없었다는 것이다. 가장 직설적인 묘사는 5장에 나온다.

나 바울이 여러분에게 분명히 말합니다. 만일 여러분이 할례를 받으면 여러분에게 그리스도가 아무 유익이 없을 것입니다. 내가 할례를 받는 모든 사람에게 재차 증언하건대, 그는 율법 전체를 행할 의무를 지닌 사람입니다. 율법을 통해 의롭게 되려는 사람은 그리스도에게서 끊어지고 은혜에서 떨어져 나간 사람입니다. (2-4절)

흥미롭게도 바울의 경고는 유독 할례에 집중된다(2절). 바울은 이를 '율법 안에서 의롭게 되려는' 시도라고 규정한다(4절). 그렇다면 이 말은 그들이 '율법을 행하여' 의롭게 되려 했다는 의미일까? 즉, 전반적 율법 행함의 한 사례로 할례를 언급한 것일까?

3절의 경고는 실제 사정이 그렇지 않음을 말해 준다. 바울은 '할례를 받는' 사람, 곧 '율법을 통해 의롭게 되려는' 사람들 각자에게 '율법 전체를 행할 의무가 있다'고 경고한다. 이 말이 경고가 되려면, 할례를 받으려는 이들이 막상 '율법 전체를 지킬' 의사는 없었다는 사실이 전제되어야 한다. 만약 이들이 율법 전체를 행하려 했다면, 3절의 말은 경고 아닌 칭찬으로 들렸을 것이다. 물론 이 경고의 정확한 의도는 논란의 여지가 있다.[20] 하지만 어떻게 보든 갈라디아 신자들이 '율법 전체'를 행하지 않는다는 사실은 분명하다. 그러니까 실제 갈라디아의 상황에서 '율법의 행위들'로 혹은 '율법 안에서' 의롭게 되려는 것은 율법을 '행함으로' 의롭게 되려는 것이 아니다. 선동자들이나 갈라디아 신자들은 할례에만 집착을 보일 뿐, 정작 율법을 행하지는 않았다.[21]

물론 할례 역시 전체 율법의 일부다. 자연 할례에 대한 열정은 율법 전체를 지키려는 열정의 표현일 수 있다. 많은 학자는 갈라디아서의 할례가 바로 이런 제유적(提喩的) 의미를 갖는다고 말한다. 할례의 수용이 율법 전체를 지키겠다는 의도의 표명이라는 것이다. 애초에 율법은 개별 항목들로 나눌 수 없는 하나의 큰 덩어리이기에, 할례와 같은 특정 계명들은 전체 율법과 별개로 이해될 수 없었다.[22] 그러니까 선동자들이 사실상 율법 전체를 요구했다는 것이다. 하지만 이런 생각은 앞에서 확인한 바울 자신의 입장과 다르다. 바울은 할례나 절기 준수 행위가 진정한 의미에서 율법을 행하는 삶이라고 생각하지 않는다. 할례와 율법의 관계에 대한 당시의 통념이 어떠했건, 적어도 **바울 자신은 할례를 받는 행동과 율법을 지키는 행동을 날카롭게 구분한다**. 그리고 이런 관점에서 '할례를 받으면서도 율법은 지키지 않는' 사람들을 비판한다.

## 갈라디아 신자들의 의도는?

지금까지 살핀 것처럼, 현재 갈라디아 신자들의 양상은 율법 전체를 행하려는 움직임과는 거리가 멀다. 갈라디아 신자들의 관심은 할례나 절기 준수, 식사 규정과 같은 특정 항목들에 국한된다. 그렇다면 이 세 사안이 특별히 관심 대상인 이유는 무엇일까? 이 점에 있어서는 새 관점의 통찰이 많은 도움을 준다. 바울의 칭의론이 항상 유대인/이방인 문제를 다루는 맥락과 연결되어 있다는 사실에 주목하기 때문이다.

  율법은 다양한 신학적·현실적 의미를 가질 수 있다. 유대인과 이방인의 접촉이 빈번한 상황이라면, 유대 율법은 유대인과 이방인 사이의 관계 설정 혹은 둘 사이의 경계 설정의 수단으로 활용될 것이다. 실제 강력한 헬레니즘 영향 아래 있던 유대인의 입장에서 율법이 수행하는 가장 현실적 역할 중 하나가 바로 이것이었다. 자신과 비유대인의 다름을 확인하면서 유대인으로서의 정체성을 공고히 하는 것이다. 에베소서에서 보는 것처럼 '법조문으로 된 계명의 율법'이 유대인과 이방인 사이의 적대감을 유지하는 수단, 곧 '중간에 막힌 담'으로 기능하는 것이다(엡 2:14-15). 이런 상황에서는 자연 '사회적' 경계 설정에 효과적인 항목들이 중요하게 여겨진다. 도덕적 계명들은 별로 효과적이지 않다. 율법의 도덕적 규범은 당시 주변 문화의 도덕적 가르침과 상당 부분 겹치기 때문이다.[23] 그래서 유대인의 차별성을 확실히 보여 주는 독특한 항목들에 관심이 집중된다(빌 3:4-6). 바울 당시에는 세 가지, 곧 할례, 안식일을 비롯한 절기 규정, 함께할 수 있는 식사의 대상과 먹을 수 있는 음식의 종류 및 먹는 방법에 관한 식사 규정이 '정체성'의 핵심 표식이었다. 바로 우리가 갈라디아서에서 확인할 수 있는 세 항목이다.

이런 정황을 고려하면, 갈라디아 신자들의 의도는 분명하다. 곧 할례를 받아 유대인이 되고, 율법이 규정한 날짜들을 지킴으로써 유대인으로 살아가려 했다. 유대인이 된다는 것은 하나님의 백성, 곧 구원의 소망을 가진 언약 백성이 된다는 의미다. 그러니까 유대인의 신분을 획득함으로써, 그리고 유대인처럼 살아감으로써 하나님 앞에 의롭다 하심을 얻을 수 있다고 생각한 것이다. 바울은 바로 이런 태도를 '율법의 행위들로 의롭다 하심을 얻으려는' 시도라 불렀다.

이런 점에서 바울과 베드로가 충돌한 안디옥 사건은 갈라디아 교회들에서 발생한 갈등의 전초전에 해당한다(갈 2:11-21). 앞에서 언급한 것처럼, 충돌의 원인은 베드로의 '위선적' 혹은 '이중적' 행동이었다. 안디옥 교회는 유대인과 비유대인 신자들이 함께 속했던 최초의 다민족 교회 공동체였다. 할례가 복음의 진리와 무관해진 이상, 유대인 신자들은 비유대인 신자들과 어울리는 데 아무런 거리낌이 없었다. 베드로 역시 무할례자 고넬료에게 복음을 전하고 세례를 주었던 사람답게(행 10:1-11:18; 15:6-11), 이방 신자들과 편하게 식사 교제를 즐겼다. 그러나 야고보가 파송한 유대인 신자 몇 사람이 안디옥에 도착하자, 베드로는 '할례자들이 두려워' 무할례자들과의 식사를 중단했다. 여기에 영향을 받아 바나바와 다른 유대인 신자들이 모두 같은 태도를 취했다. 바울은 유대인 신자들의 이런 이중적 행태에 격분하여 베드로와 정면으로 충돌한다.

바울이 보는 이 사건의 의미는 분명하다. 베드로는 유대인이지만 유대인답게 살지 않고 이방인을 따랐다. 곧 이방인과 구별되는 유대인으로서의 정체성을 고집하지 않고, 이방인들과 함께 식사하며 편하게 어울렸다. 그런데 이제 와서 '할례자들이 두려워' 이방인들과의 식사를 중단하는 것은 사실상 이방인들에게 (나랑 같이 밥을 먹으려면) 유대인이 되라고 강요하는 것과 같다(갈 2:14). 할례와 유대인의 정체성을 강요하는 것은 베드로 자신이 믿는 복음, 곧 예수님을 믿는 것이 중요하지 유대적 정체성이 중요한 게 아니라는 복음의 진리와 어긋난다. 그런 점에서 그의 행동은 복음의 진리를 따라 올곧게 행동하지 못한, 오히려 복음의 진리를 배반하는 위선적 행동이었다. 이처럼 안디옥 사건은 할례를 받은 유대인이 할례를 받지 않은 비유대인과 어울릴 수 있느냐 하는 질문과 관련이 있다. 유대인의 식사 규정 문제이기도 하고 보다 근본적으로는 할례자와 무할례자 간의 관계와 관련한 문제이기도 하다.

바로 이 문제를 다루는 과정에서 이신칭의 교리가 처음으로 개진된다. 그렇다. 바울과 베드로는 모두 "본래 유대인이지, 이방 죄인들이 아니다"(2:15). 하지만 그들은 하나님 앞에 의롭다 인정받는 것이 할례와 같은 '율법의 행위들'에 달린 것이 아니라, 예수님을 믿는 믿음에 달린 것임을 알게 되었다(2:16). 그래서 그들은 예수님을 믿었다. 또한 '율법의 행위들'에 집착하지 않았고, 바로 그 믿음의 표현으로 (율법의 규정에 따르면) '이방 죄인'으로 살게 되었다 (2:15, 17). 도덕적 의미의 죄인으로 살았다는 것이 아니라, 유대인과 비유대인의 구분이 무의미해졌다고 믿었기 때문이다.

이런 맥락을 고려하면 바울이 말한 '율법의 행위들'이 우선 유대인과 비유대인의 정체성 문제와 직접 관련되는 개념임이 드러난다. 특히 15절과 16절을 함께 읽으면 '율법의 행위들'은 보편적 의미의 율법 행함이 아니라 보다 특정한 의미, 곧 유대인을 '이방 죄인'과 구별해 주는 '율법의 행위들'이라는 사실이 분명해진다. 따라서 '율법의 행위들로는 의롭다 하심을 얻을 수 없다'는 말은 율법을 잘 지켜도 의롭게 되지 못한다는 말이 아니라, 소위 '이방 죄인'과 구별되는 유대인이 된다고 해서 하나님 앞에 의롭게 되는 것은 아니라는 말이다.[24]

## '율법의 행위들'은 복음의 부정을 의미하는가?

그렇다면 바울은 '율법의 행위들', 곧 유대적 정체성의 표지들을 왜 비판할까? 보다 단순하게, 바울이 할례에 대해 그토록 날카로운 반응을 보이는 이유가 무엇인가? 많은 이의 생각대로 할례 혹은 '율법의 행위들' 자체가 신학적 일탈을 의미하기 때문인가? 일견 그렇게 이해할 수 있는 구절이 없지는 않다. 가령 바울은 할례를 받는 각 사람은 율법 전체를 행할 의무를 가진 자라고 단언한다(5:3). 어떻게 보면 여기서 바울은 할례라는 행위 자체가 율법 전체를 행할 의무를 야기한다고 말하는 것처럼 보인다. 할례란 율법 언약 속으로 들어가는 행위를 의미하며, 따라서 일단 할례를 받으면 율법 전체를 지켜 의롭다 하심을 얻는 것 외에는 방법이 없다고 읽히는 것이다.[25] 물론 이 길은 막다른 골목이다. 애초부터 완벽한 순종이 불가능하기 때문일 수도 있고(전통적 관점), 그렇게 율법을 행하는 것이 이방인을 배제하는 배타적 행동이 되기 때문일 수도 있다(새 관점). 하지만 율법을 행하는 것으로는 의롭다 하심을 얻을 수 없다는 데는 의견이 일치한다.

만약 이런 해석이 옳다면, 바울의 신학 속에서 할례는 기독교의 세례에 비견될 정도로 중요한 신학적·신앙적 의미를 갖는다. 그 자체로 율법 언약 전체를 받아들이겠다는 결단이 되기 때문이다. 칭의의 수단으로 할례와 율법을 받아들이는 것은 그리스도가 필요충분한 구원의 길이라는 사실을 부정하는 행위요 그리스도의 은혜와 그에 대한 믿음으로 의롭게 된다는 진리를 부정하는 행위다.[26] 따라서 할례를 받는 사람은 그 행위 자체로 "그리스도에게서 끊어지고 은혜에서 떨어진 자"일 수밖에 없다(5:4). 이렇게 보면 바울의 복음 속에서도 할례는 복음의 순수성을 검증하는 일종의 리트머스 시험지가 될 것이다.

하지만 할례 자체를 문제시하는 듯한 5장 2-4절의 격앙된 진술과는 달리, 할례에 대한 바울의 다른 진술들은 사뭇 다른 방향을 가리킨다. 갈라디아 교회의 상황을 염두에 둔 직접적 경고에서는 할례 자체가 피해야 할 악으로 제시되지만, 할례의 신학적 함의를 다루는 논의에서는 할례를 거듭 신앙과 무관한 지엽적 문제로, 유익할 것도 없지만 그렇다고 해로울 것도 없는 사소한 사안으로 간주한다.

할례도 무할례도 아무런 능력이 없습니다. 우리를 의의 소망으로 인도할 능력을 가진 것은 사랑으로 그 모습을 드러내는 믿음뿐입니다. (5:6)

그리스도 예수 안에서는 할례든 무할례든 전혀 중요하지 않습니다. 중요한 것은 새로 지으심을 받는 것뿐입니다. (6:15; 참고. 엡 2:10)

할례든 무할례든 아무런 의미가 없습니다. 중요한 것은 하나님의 계명을 지키는 것뿐입니다. (고전 7:19)

할례가 율법 전체를 받아들이는 결단이라면, 이와 같은 말을 반복하기는 어렵다. 할례가 믿음의 충분성을 부정하는 행위라면 더더욱 그럴 것이다. 예루살렘에서 바울이 그랬던 것처럼, 끝까지 무할례를 관철하는 것이 복음의 진리를 사수하는 행동일 것이다(갈 2:1-10). 하지만 바울은 복음의 본질을 천명하면서 할례와 무할례 모두를 무의미한 것, 혹은 '이러나저러나 상관없는 것'(*adiaphoron*)으로 규정한다. 할례를 받든 말든 이는 복음의 진리와 무관하다. 정작 중요한 것은 '사랑으로 위력을 드러내는 믿음'이며,

그리스도와 성령을 통해 '새로운 존재로 지으심을 받는 것'이다(갈 5:6; 6:15). 보다 실천적으로 말하자면 '하나님의 계명을 지키는 것' 이다(고전 7:19). 이런 참된 가치 앞에서 할례나 무할례 여부는 아무런 의미도 없다.

바울의 복음에서 할례는 복음의 진리를 위협하는 교리적 독이 아니다. 율법 전체를 수용하려는 위험한 시도의 첫걸음도 아니다. 할례가 우리를 의롭게 하지 못하는 것은 분명하지만, 그렇다고 파멸을 야기하는 독극물도 아니다. 할례를 비롯한 '율법의 행위들' 더 나아가 하나님과의 관계를 유지하는 언약 체계로서의 '율법'에 대한 바울의 불만은 전혀 다른 곳에서 찾아야 한다.

## 바울이 염려하는 위기의 실체

바울은 분명 할례를 문제시하고, 할례를 중지하라고 요구한다. 절기 준수에 관해서도 하나님을 배반하는 행태라고 신랄하게 질타한다. 이렇게 보면 할례나 절기 준수 자체가 문제의 핵심인 것 같다. 하지만 이는 피상적 관찰이다. 바로 앞에서 지적했듯이 갈라디아 교회의 특수한 상황에서 바울이 할례와 절기 준수를 문제 삼는 것은 그 자체가 교리적으로 나쁜 행동이어서가 아니다. 이들 규정은 이제 아무 상관도 없는 것들이기 때문이다(갈 5:6; 6:15). 문제는 이런 무익한 것들에 대한 열정 때문에 보다 심각한 사태가 벌어지고 있다는 사실이다.

바울은 신자들 배후의 선교사들을 교회를 '혼란에 빠뜨리는' 존재로 규정한다. 그들은 갈라디아 교회 공동체들을 흔들어 놓고 혼란에 빠뜨리는 사람들이다(1:7; 5:10, 12). '적은 누룩'인 만큼, 많은 수는 아닐 것이다. 하지만 이들의 새로운 가르침이 교회 '온 덩이에 퍼지고' 사실상 복음의 진리를 포기하게 만드는 막강한 영향력을 행사하고 있다(5:7, 9). 바울은 이들에게 하나님의 저주와 심판을 선고한다(1:8-9; 5:10). 그렇다면 이 혼란의 정체는 무엇일까?

바울은 갈라디아 신자들이 성령으로 시작해 놓고 이제 와서 육체로 마치려 든다고 꾸짖는다(3:3). 우선 이 '육체'는 할례에 대한 우회적 언급일 것이다. 하지만 이게 전부가 아니다. 그랬다면 바울은 아무런 신경도 쓰지 않았을 것이다. 보다 중요한 것은 그 선택의 다른 면이다. 바울이 보기에, 성령의 길과 육체의 길은 중립이 불가능한 양자택일의 문제다(5:16-18). 따라서 그들이 '육체로 마치려 한다'는 것은 사실상 그들이 신자의 삶을 시작했던 토대인 성령을 포기한다는 의미다. 원론적으로 성령을 포기하고 육체로 기울어지는 선택에 대한 결과는 그들이 고대하던 결과, 곧 **'의의 소망'에 이르지 못하는 것**이다. 왜냐하면 의의 소망이란 다름 아닌 성령으로 기다리는 것이기 때문이다(5:5). 그런데 할례와 같이 우리를 의의 소망으로 인도할 '능력이 없는'(οὔτε τι ἰσχύει) 무익한 것에 기대를 거는 것은 어리석다(5:6).

성령과 육체는 어떤 상태가 아니라, 실천적인 '걸어감'(to walk, 행함)의 문제다. 성령의 인도를 받든지 육체의 욕망을 따르든지 둘 중 하나다. 바울은 지금까지 잘해 오던 신자들이 갑자기 성령의 인도를 팽개치고 육체적 가치와 이 가치를 둘러싼 욕망에 좌우

되기 시작했다고 염려한다. 바울의 핵심 권고는 '성령을 따라 살아가라'는 것이다. 이것이 육체의 파괴적 욕망을 피하는 유일한 선택이다(5:16). 성령을 따를 때 신자들은 '율법 아래'의 삶에서 벗어난다(5:18). 율법을 지켜야 할 의무에서 벗어난다는 것이 아니라, 성령과 달리 생명을 주지 못하는 무기력한 삶의 원리에서 벗어난다는 뜻이다. 그래서 그리스도를 향한 회심은 동시에 우리가 우리의 "육체를 그 열정과 욕망과 더불어(σὺν τοῖς παθήμασιν καὶ ταῖς ἐπιθυμίαις) 십자가에 못 박는" 결단으로 묘사된다(5:24). 육체의 욕망을 따르는 삶의 열매는 '육체의 행위들'이다. 이런 행위들로 삶을 채우는 것은 분명 어리석다. 왜냐하면 그들은 결코 **하나님 나라를 상속받지 못할 것**이기 때문이다(5:21). 달리 말하면 의의 소망에 이르지 못한다. 그 반면 성령의 인도를 받아 그 열매를 맺는 사람은 그 나라를 상속할 것이다(5:22-23).

갈라디아 신자들은 이 부분에서 속거나 자신을 기만해서는 안 된다. 그들은 아무것도 되지 못해 놓고서도 마치 뭔가 대단한 존재가 된 것처럼 자신을 기만할 수 있다. 할례가 사람들 사이에서는 대단해 보이겠지만, 그 외적 표지가 생명의 통로가 되지는 않는다. 그러기에 할례자라는 신분에 의존하고, 그것이 의의 소망을 가져다주리라는 생각은 그야말로 가장 위험한 형태의 자기기만이다(6:3). 오히려 진정 제대로 하나님의 백성이 되었다는 증거는 사랑으로 서로를 섬기는 자태, 사랑으로 서로의 짐을 나누는 태도다. 바로 이것이 성도들이 따라야 할 '그리스도의 율법'이다(6:2). 모세의 율법과 내용이 달라져서가 아니라 그리스도에 의해 그리고 성령에 의해 생명으로 다가오는 새로운 법이기 때문에 그렇게 불린다.

자기기만을 조심해야 한다(6:7). 하나님은 우리가 우습게 여길 수 있는 분이 아니다. 그분이 통치하는 세계는 '사람이 무엇을 심든지 심은 대로 거두는' 그런 세계다(6:7). 그래서 현재의 선택이 중요하다. 자신의 삶의 씨를 자기 육체의 밭에 뿌리든지, 성령의 밭에 뿌리든지 둘 중 하나다. 육체에 씨를 뿌리면 그 육체에서 부패만 수확할 것이다. 한마디로 망한다. 그 반면 성령에 씨를 뿌리는 사람은 그 성령의 밭에서 영생을 수확할 것이다(6:8). 물론 성령과 더불어 땀 흘린 결과인 영생은 앞서 나온 '의의 소망' 아니 '하나님 나라'와 다르지 않다.

결국 갈라디아 신자들의 실패의 원인은 그들의 미래를 보장해 줄 성령을 팽개치고, 그럴 능력이 없는 헛된 가치에 집착한 데 있다. 그들은 성령의 인도 아래 이루어지는 삶을 팽개쳤고, 육체의 욕망에서 생겨나는 열매들, 곧 '육체의 행위들'을 산출하는 삶으로 기울어졌다. 안 지키던 율법을 지키기 시작해서도 아니고, 할례 자체에 교리적 독이 있어서도 아니다. 그들의 잘못은 '사랑으로 구체화되는 믿음'의 삶(5:6), 성령의 인도를 받아 그 열매를 맺는 삶을 포기한 데 있다(5:22-23). 이것은 그들이 고대하던 구원의 미래를 포기하는 것과 같다. 갈라디아 신자들의 어리석음이 여기 있다(3:1, 3).

그리스도는 자유를 주신다(5:1). 이는 율법을 지켜야 할 의무로부터의 자유가 아니다. 그런 자유는 창조주 하나님과 피조물 인간의 관계를 망각했을 때라야 가능한 발상이다. 우리가 하나님 앞에서 순종의 책임을 지지 않아도 되는 순간은 존재하지 않는다. 그리스도가 주시는 자유는 거짓된 종속, 곧 생명을 주지 못하는 '무기력하고 빈약한 세속적 삶의 원리'로부터의 자유다. 따라서 이 자유는 진정한 삶을 가능케 한다. 바울은 이 두 삶을 육체의 욕망을 따라 '육체의 행위들'을 생산하는 삶과, 성령의 인도를 받아 성령의 열매를 맺는 삶으로 규정한다. 그러니까 갈라디아 신자들이 성령 대신 육체로 마친다는 것은 할례에 대한 우회적 언급을 넘어, 그들의 삶의 방식 자체가 성령의 열매 아닌 육체의 행위들로 채색되기 시작했다는 이야기다.

바울은 그리스도가 자유를 주신 만큼 다시는 종속의 멍에를 메지 말라고 충고한다(5:1). 동일한 권고가 보다 긍정적으로 묘사된 것이 5장 13절이다. 그리스도가 주신 자유를 '육체의 핑곗거리'로 전락시키지 말고, 대신 사랑으로 서로 종노릇하는 삶을 살라는 권고다. 이것이 건강한 삶의 모습이다. 하지만 현재 갈라디아 공동체의 모습은 이와는 정반대다. 바울은 이런 상황을 포착하여 매우 적나라한 언어로 경고한다.

> 조심하십시오. 만일 서로 물어뜯고 삼키면 피차 파멸에 이르고 말 것입니다. (5:15)

> 무익한 일로 우쭐해 하면서 서로의 분노를 자극하고 서로 질투하고 하지 마십시오. (5:26)

두 경고 모두 동일한 태도를 겨냥한다. 서로 싸우는 야생동물 이미지를 활용한 15절의 경고는 적나라한 약육강식의 관계를 나타낸다. 자신의 이익을 극대화하기 위해 남과 경쟁하고 투쟁하는 삶의 방식이다. 이는 욕망의 대상이 되는 무언가를 둘러싼 경쟁과 투쟁이다. 경쟁을 유발하는 가치는 특정 인물이나 그룹에 제한되는 가치로, 그것을 가진 자와 못 가진 자로 선명하게 나뉜다. 가진 자는 우쭐해 하고, 갖지 못한 자는 가진 자를 질투한다. 애초에 경쟁을 유발하는 가치들은 추구를 넘어 집착하게 만들고 집착하면 할수록 삶이 파괴되는 위험한 가치들이다. 결국에는 '서로 파멸에 이르는' 죽음의 가치들인 것이다.

### 생명의 능력이 결여된 율법의 연약함

그렇다면 바울이 '율법의 행위들' 혹은 언약의 체계로서 '율법'을 비판하는 이유는 무엇일까? 바울은 과연 율법을 행하는 삶, 곧 율법을 행함으로 의롭게 되려는 시도 자체에 교리적 위험이 있다고 보았을까? '율법의 행위들'이라는 표현 자체 그리고 율법 전체를 비판한다는 사실에서 받는 첫인상과는 달리, 바울의 비판은 율법을 행하는 삶 혹은 율법을 행하려는 노력에 대한 비판과는 무관하다. 사실인즉슨 바울은 갈라디아서 어디에서도 율법을 행하는 삶 자체를 비판한 적이 없다. 오히려 사실은 그 반대에 가깝다. 곧 실제 율법에 대한 바울의 비판적 논의는 시종일관 율법을 행하는 삶이 아니라 행함과 순종의 부재를 겨냥한다.

바울은 율법에 대해 죽었다. 역설적으로 들리지만, 이는 하나님에 대해 살기 위해서였다(2:19). 율법 안에서는 하나님을 향한 참된 순종의 삶이 불가능했기 때문이다. '율법의 행위들'로는 의롭다 하심을 얻을 수 없다. 바울이 거듭 천명하는 것처럼, 이는 율법을 행하는 것이 문제여서가 아니라, 그런 '육체'적 수단으로는 **성령을 받을 수 없다**는 결정적 사실 때문이다(3:2-5). '율법의 행위들'은 칭의가 아니라 저주를 야기한다. 왜냐하면 '율법의 행위들'에 의지하는 삶은 율법의 모든 계명을 다 지키는 것이 아니기 때문이다(3:10-11). 그 반면 (구약)성경은 믿음으로 의롭다 하심을 받는다는 사실을 분명히 선언한다. '율법의 행위들'과는 달리, 믿음은 우리에게 성령을 가져다주기 때문이다(3:2, 5). 율법을 행하는 자가 생명을 얻을 것이라는 원리는 언제나 사실이다. 그러나 믿음으로 주어지는 성령과 달리 율법은 안타깝게도 믿음에 근원을 두지 않았다(3:12). 그래서 그리스도의 십자가는 우리를 율법의 저주에서 속량함과 동시에 우리로 하여금 믿음으로 약속하신 성령을 받을 수 있게 한다(3:13-14).

율법의 구속사적 의미를 다루는 3장 후반부에서는 율법의 한계가 가장 선명한 언어로 표현된다. 율법 언약에 대한 바울의 불만은 한마디로 율법은 우리의 칭의에 절대적으로 필요한 능력, 곧 **우리를 살릴 수 있는 능력을 갖지 못했다**는 것이다(3:21). 율법이 우리를 살릴 수 있었다면 그 율법이 의로움의 수단이었을 것이며, 그리스도가 오셔서 죽으실 이유도 없었을 것이다(2:21). 하지만 율법에는 그런 능력이 존재하지 않는다. 사실 유대인들의 오랜 오해와는 달리, 애초부터 율법은 생명의 수단으로 의도된 것이 아니었다. 율법의 실제 역할은 보다 부차적이다. 하나님은 약속의 담지자인 그리스도가 오실 때까지, 그래서 오래전 아브라함과 맺은 '약속 언약'을 새롭게 하실 때까지 우리를 죄 아래 가두고 감시하는 역할을 율법에 부여하셨다(3:23-25). 그리스도가 오셔서 믿음으로 의롭게 되는 길을 여실 때까지 간수의 기능을 수행하도록 하신 것이다. 하나님은 그 아들을 보내셔서 우리를 율법의 지배에서 속량하시는데, 이는 다시 그 아들의 영을 보내시는 이야기로 이어진다(4:4-7). 아브라함 이야기에서 하나님의 생명의 능력을 품은 '약속'이 인간적 수단에 불과한 '육체'와 대조되듯, 이제는 생명을 부여하는 '성령'과 인간적 차별의 수단에 불과한 '율법' 사이의 대립으로 이어진다(4:21-31).

바울의 복음 속에서 율법의 반대편에는 율법에 대한 불순종 혹은 율법에 대한 순종의 폐기가 아니라, 하나님의 생명을 가리키는 성령이 자리한다. 인간은 죄의 지배 아래 있다. 율법은 그 죄의 지배를 확인하고 공고히 하며 우리를 죄 아래 가둔다. 율법은 우리를 그 죄의 지배에서 건져내지 못한다. 우리를 살려 낼 능력이 없기 때문이다. 따라서 우리가 율법 아래 있다는 것은 우리가 여전히 죄 아래 있다는 말과 같고, 그 죄 아래서 '육체의 욕망'에 휘둘리며 '육체의 행위들'을 행한다는 말과 같다. 이처럼 바울의 생각 속에서 율법의 기능은 매우 부정적이다. 율법 속에는 우리를 살릴 수 있는 능력이 없기에, '약하고 빈약한 초보적 원리'로 규정될 수밖에 없다(4:3, 9). '사람의 전통과 세상의 초등학문'이라는 골로새서의 표현은 그 어떤 수단이나 조건으로도 죽은 자를 살려 낼 수 없는 바로 그 인간적 한계를 더욱 선명하게 보여 준다(골 2:8). 그러기에 율법은 철저히 인간적 차원에 속한 것으로 간주되며, 인간적 한계를 드러내는 '육체'에 상응하는 것으로 제시된다.

## 갈라디아에서의 율법

율법에 대한 바울의 비판적 논증은 앞에서 관찰한 갈라디아의 상황과 자연스럽게 맞아떨어진다. 갈라디아 신자들은 바울이 '율법의 행위들'이라 규정한 몇 가지 항목, 특히 할례와 날짜 지키는 일에 집착했다. 그러나 보다 일반적 의미로서의 혹은 도덕 규정으로서의 율법을 지키는 일에는 무관심했던 것으로 보인다. 그러니까 그들은 정상적인 의미에서 '율법을 지켜서' 의롭다 하심을 얻으려 한 것이 아니다. 그들은 유대인, 곧 하나님의 백성으로 인정받기 위해 필요한 '육체적' 조건을 갖추고자 했지만, 그런 열정이 율법을 행하며 하나님께 순종하려는 내실 있는 영성으로 이어지지는 않았다.

바울은 율법에 대한 관심의 한계가 바로 거기까지라고 보았다. 율법에 관심을 갖는다고 우리의 삶이 달라지는 것은 아니다. 애초부터 그 속에는 생명의 능력이 없기 때문이다. 따라서 율법으로 할 수 있는 일이란 할례라는 '육체'적 증거를 소유하고 유대인 특유의 절기들을 지킴으로써, 내가 유대인이라는 사실을 다른 사람들에게 인정받는 것뿐이다. 할례나 절기 규정과 같은 '율법의 행위들'은 유대인과 비유대인을 구별할 수 있게 해 주지만(갈 2:15), 하나님을 향한 수직적 관계의 차원에서 참된 순종의 삶을 산출하지는 못한다(2:16). 곧 사람들 사이에서 유대인이라는 인정을 받게 해 줄 수는 있어도, 하나님 앞에서 인정받는 삶을 가져다주지는 못한다(참고. 롬 2:28-29). 가장 완벽한 유대인이 되는 데는 소용이 있겠지만, 부활의 능력을 맛보게 해 줄 수는 없다(빌 3:2-11). 따라서 바울은 율법을 행하는 삶이 교리적으로 불건전하거나 오만하다고 비판하는 것이 아니다. 오히려 바울은 율법의 본질적 연약함, 곧 우리를 살리지 못하고 실질적 '행함'을 산출하지 못하는 율법의 불가능성을 폭로하는 것이다. 바로 이런 불가능성의 상황에서 하나님은 예수 그리스도의 십자가와 부활을 통해 새로운 생명의 이야기를 시작하신다.[27]

## 성령의 통로로서의 믿음

**이런 비극적 상황의 유일한 치유책은 성령이다.** 우리는 '성령의 인도를 받을 때' 비로소 육체의 욕망에 휘둘리는 비극적 율법의 지배에서 벗어난다(갈 5:16-18). 결국 율법 혹은 율법의 행위들의 무기력함에 대한 바울의 비판은 논쟁적 상황에서 예수 그리스도를 통해 주어지는 생명의 성령이라는 복음의 본질을 재천명하는 방법이다.

의미심장하게도 갈라디아서에서 그리스도와 그분을 믿는 믿음에 관한 바울의 이야기는 언제나 성령에 관한 이야기로 연결된다. 율법에 대한 바울의 죽음은 그리스도가 바울 대신 바울 안에 사시는 것으로 귀결된다. 이는 그리스도가 영으로 바울 속에 계신다는 말과 같다. 바울은 바로 이것이 '믿음으로' 사는 삶이라 말한다

(2:20). 부활하신 그리스도가 영으로 내 속에 살아 계시는 삶, 바로 그것이 믿음의 삶이라는 것이다. 그래서 율법의 행위가 아니라 믿음이 의로움의 소망에 이르는 참된 해답이다. 생명의 성령은 율법의 행위들이 아니라 오직 믿음으로만 주어지기 때문이다(3:2, 5). 그리스도의 죽음의 의미도 성령이라고 말한다. 그리스도가 십자가에 못 박히신 것을 분명히 알면서도 율법의 행위들에 의지하려는 갈라디아 신자들은 어리석다. 율법의 행위들로 성령을 받은 것이 아님을 알면서도 그 뻔한 사실을 망각했기 때문이다(3:1의 질문이 2-5절로 연결되는 것에 주목하라). 그리스도의 십자가는 우리를 율법의 저주에서 속량한다. 하지만 그 속량이 드라마의 끝은 아니다. 오히려 그리스도의 십자가 죽음과 율법의 저주로부터의 속량은 '우리로 하여금 믿음으로 성령을 받도록 하려는' 하나님의 의도적 조치였다(3:13-14). 우리를 속량하는 십자가 사건이 성령의 선물로 이어진다는 이 논증은 바울이 선포하는 복음의 역동적 성격을 이해하는 데 매우 중요하다.

(구약)성경에서 미래의 상속을 보장하는 언약의 실질적 원리는 '약속'이다. 하나님은 아브라함과 '약속'이라는 방식으로 언약을 맺으셨다. 하나님의 '약속'은 빈말이 아니다. 창세기의 이야기가 잘 보여 주듯, 아브라함은 인간적으로 아이를 가질 수 없는 절망적 상황에 있었지만, 창조주 하나님은 그 인간적 죽음의 상황에서 새 생명을 창조해 내면서 미래 상속의 약속을 이어 가신다. 바울은 성경의 '약속'이 예수 그리스도의 복음에서는 성령의 역사와 상응한다는 사실을 깨달았고, 바로 이런 이유에서 하나님의 '약속으로' 태어

난 이삭을 '성령으로 태어난' 아들이라 부르며 '육체로 태어난' 이스마엘과 대조한다(4:21-31). 물론 옛날 그 약속은 아브라함뿐 아니라 '그의 씨(후손)'에게도 동시에 주어졌다. 바울은 아브라함의 씨가 다름 아닌 그리스도라 보았다(3:16). 그러니까 그리스도 역시 아브라함에게 주어진 약속의 공동 수혜자다. 그래서 그리스도는 아브라함 때부터 확립된 약속의 언약을 재확립하고 이어 가는 분으로 등장한다(3:19). 그리고 이제 그분을 '믿는' 자들에게 미래의 상속을 위한 '약속'이 주어진다(3:23-25). 바울식으로 풀어 말하자면, 믿음으로 미래의 구원을 가져다줄 성령을 주신다는 말과 같다.

4장에서도 '하나님이 그 아들을 보내신' 것과 '하나님이 그 아들의 영을 보내신' 것은 서로 나눌 수 없는 하나의 스토리로 묶인다. 아들을 보내셔서 우리를 율법에서 속량하시고, 그래서 우리는 종이 아닌 아들로 입양된다(4:5). 하지만 여기서 바로 '그래서 우리가 구원의 상속자'라는 결론으로 이어지는 것은 아니다. 아들을 통한 속량 이야기는 다시 하나님이 그 아들의 영, 곧 성령을 보내시는 이야기로 이어진다. 이 성령은 우리 속에서 '아바 아버지'를 외치며 하나님의 자녀라는 우리의 신분을 드러내고 지켜 낸다. 그 이후에 비로소 '자녀니까 상속자'라는 최종 결론이 내려진다(4:4-7). 우리가 '성령으로, 믿음을 좇아' 의의 소망을 기다린다는 말 역시 우리가 '믿음에서 나는 성령으로' 의의 소망을 기다린다는 의미일 가능성이 높다(5:5). 우리는 '성령으로' 의의 소망을 기다린다. 이 말은 성령의 열매를 맺어 하나님 나라를 상속하고, 성령으로 씨를 뿌려 영생을 수확한다는 말과 일치한다(5:21-23; 6:7-8). 그런데 이 성령은 다름 아닌 '믿음으로' 주어진다. 그래서 '믿음에서 나는 성령으로 의의 소망을 기다린다'는 말이 가능하다.

✢✢

갈라디아 교회들에서 발생한 위기는 '행함으로' 의롭게 되려는 시도가 아니었다. 인간적 행위라는 도덕적 공로로 이해하건 혹은 유대인(하나님의 백성)이라는 정체성으로 생각하건, 갈라디아 신자들이 집착한 '율법의 행위들'은 실제 율법을 '행하는' 것과는 달랐다. 그들은 할례를 받으려 했고 유대 절기들을 지켰으며 유대인/이방인의 구별을 중요하게 생각하기 시작했다. 상황이 이 정도에서 끝났다면 좋았을 것이다. 신자들의 삶 속에 '사랑으로 위력을 발휘하는 믿음'이 유지되는 한(5:5-6), '새로 지으심을 받는 존재'로서 성령에 이끌리는 삶이 지속되는 한(5:16-26; 6:15-16), 할례를 받든 말든 걱정할 이유가 없기 때문이다. 중요한 것은 복음의 진리가 견고하게 유지되는 것이다. 할례를 받든 말든, 이런저런 날짜를 지키든 말든, 그건 신앙과 무관한 '사적' 취향들에 불과하다. 하지만 실제 갈라디아의 상황은 그렇지 못했다. 유대적 정체성에 대한 관심이 단순히 문화적 취향의 문제가 아닌 구원의 문제로 받아들여졌고, 이로 인해 복음의 진리 자체가 위협당하는 상황이 발생하였다. 할례/무할례를 비롯한 유대적 정체성에 대한 집착 때문에 '사랑으로 위력을 발휘하는 믿음'이 상대화되었다. 이로 인해 발생한 심각한 갈등은 새로 지으심을 받은 존재로서의 위상, 곧 성령에 이끌리며 그 열매를 맺는 삶을 파괴하는 지경에 이르렀다. 성령에 이끌리는 삶의 파괴는 성령으로 약속된 구원의 소망이 사라지는 것을 의미한다. 성령에 이끌리는 삶이 아니면 의의 소망에 이를 수 없고, 하나님 나라를 상속할 수 없으며, 영생을 수확할 수 없기 때문이다 (5:5, 21; 6:8). 바울은 바로 이 삶의 망가짐을 염려했다. 나름 순종하려 애쓰는 교회를 향해, 그 순종의 교리적 동기나 사회학적 함의를 따지며 비난하는 것이 아니다. 오히려 바울은 궁극적으로 무익한 사안에 마음을 뺏겨 정말로 중요한 순종의 삶을 포기하는 어리석음을 꾸짖는다. 성령에 이끌리는 삶을 포기하고, 육체적 가치들에 기대 구원에 이르겠다는 치명적인 착각이다. "여러분이 이렇게 어리석습니까? 성령으로 시작했다가 이제 와서 육체로 끝내려 하다니요?"(3:3)

그렇다면 동일한 이신칭의 교리가 나타나는 로마서는 어떨까? 갈라디아서에서 발견한 바울의 관점이 로마서에서도 그대로 드러날까? 복음에 관한 로마서의 가르침은 그 관점이 사뭇 다를까? 그래서 갈라디아서에 대한 우리의 해석을 의심스러운 것으로 만들지 않을까? '의도가 불순한 순종'이 아니라 적나라한 '불순종'이 문제라는 우리의 관점을 로마서에서도 확인할 수 있을까? 이런 물음과 더불어 우리는 이 책의 마지막 장으로 넘어간다.

8장

# 하나님의 의와 하나님의 능력

로마서

## 바울의 신학적 자술서: 로마서

로마서의 중요성은 부정하기 어렵다. 대부분 신자들에게 기독교 복음은 사실상 바울의 복음이다. 복음을 설명하는 신학 용어와 진술은 대부분 바울의 것이다. 특히 바울에 대한 신자들의 이해는 상당 부분 로마서에 의존한다. 다른 서신들도 요긴하지만, 생각의 틀 자체는 로마서가 결정한다. 결국 로마서에 대한 우리의 이해가 바울에 대한, 더 나아가 복음 전체에 대한 우리의 이해를 좌우하는 셈이다. 따라서 갈라디아서에서 아무리 분명한 답이 나와도, 이 답이 로마서에서 확인되지 않는 한 우리는 그 답을 신뢰하지 못할 것이다. 오히려 로마서의 '정답'에 맞추어 갈라디아서를 다시 읽으라고 말할 것이다.

이신칭의 교리가 논증의 핵심이라는 점에서, 로마서는 갈라디아서와 맥을 같이한다. 특히 로마 방문을 준비하며 기록한 로마서에는 자신을 둘러싼 항간의 오해를 불식하려는 바울의 의도가 드러난다.[1] 그래서 로마서에는 이방인의 사도인 바울이 선포한 복음과 그가 맡은 사도적 사명에 대한 원론적 진술이 자주 등장한다. 단순하게 말하자면 '바울의 신학적 자술서'라고 볼 수 있다. 그런 점에서 로마서는 바울 이해를 위한 출발점이 될 수 있다. 이 장에서 우리의 숙제는 로마서에서 바울이 보여 주는 복음 이야기가 앞서 갈라디아서에서 본 이야기와 같다는 사실을 확인하는 것이다. 상이한 상황에서 기록된 두 편지에서 기계적 수준의 획일성을 기대할 수는 없지만, 근본적 신념 차원에서의 일관성은 분명히 존재한다.[2] 바울의 이야기를 따라가며, 바로 그 일관된 관점을 확인해 보자.

## 복음, 모든 사람을 구원에 이르게 하는 하나님의 능력

바울에게 복음은 수행해야 할 하나의 사명이었다. 하지만 그보다 먼저 바울을 바울로 만드는 존재의 기반이기도 했다. "내가 복음을 부끄러워하지 않습니다"라는 말이 바로 그런 의미다. 복음은 자기 삶의 토대로 그가 의지하는 가장 근원적 신념이었다. 바울은 복음에 대한 자신감의 핵심을 **하나님의 능력**으로 규정한다. 복음이 복음인 이유는 그것이 모든 믿는 자를 구원에 이르게 하는 하나님의 능력이기 때문이다. 이는 별 생각 없이 내뱉은 허사가 아니라, 신중한 사고를 통해 만들어 낸 전략적 진술이다. 하나님의 복음은 '모든 믿는 자'를 위한 것이며, 그들을 구원하시는 하나님의 '능력'이다. 이 두 마디가 로마서의 메시지를 집약한다.

복음은 하나님의 능력이다. 바울은 복음 속에서 이 능력이 어떻게 드러나는지 설명한다. 하나님이 예수 그리스도를 통해 무엇을 하셨는지, 창조주 하나님의 능력이 이 드라마 속에서 어떻게 구현되는지 밝히는 것이다. 하지만 청중 없는 복음은 존재하지 않는다.

그리고 그 청중은 언제나 자기 나름의 구체적 상황 속에 산다. 그래서 실제 선포되는 복음은 청중의 구체적 상황과 얽히면서 그 본연의 모습을 드러낸다.

당시 교회가 처한 상황 속에서 복음의 능력은 우선 하나님이 '모든 믿는 자'를 구원하신다는 주장으로 표현되었다. 믿음으로 주어지는 하나님의 구원은 "모든 믿는 자에게, 곧 먼저 유대인에게, 그리고 또한 헬라인에게" 미친다(롬 1:16). 이런 주장이 중요한 이유는 교회 안팎에 존재하던 전통적 신념, 곧 하나님의 선택과 구원이 특정 그룹, 곧 유대인에게만 해당된다는 신념 때문이었다. 복음 속에 드러나는 하나님의 능력은 이 전통적 울타리를 창조적으로 해체한다. 하나님의 선택은 그대로 남지만 선택의 울타리는 해체된다. 믿음으로 다가오는 하나님의 은혜란 그 어떤 인간적 조건도 넘어선다. 그래서 복음에는 "차별이 없다"(3:22; 10:12). 물론 내가 늘 중심이어야 하는 인간 사회 속에서 차별의 습성을 해체하기란 쉽지 않다. 관점과 관점이 부딪히면서 숱한 오해와 갈등이 생겨난다. 초대교회 성장 과정에 대한 사도행전의 이야기 및 바울의 여러 편지는 이런 갈등의 구체적 양상들을 잘 보여 준다.

로마서는 이런 상황 속에서 선포되는 복음에 대한 신학적 회고록이다. 복음의 본질과 복음이 선포되는 역사적 상황은 로마서의 논증을 지탱하는 두 개의 기둥과 같다. '하나님의 능력'이라는 근원적 확신도 중요하고, '모든 믿는 자'라는 상황적 진술도 중요하다. 하나의 기둥으로 건물을 유지할 수는 없다. 바울의 논증이 '모든' 믿는 자를 역설하고 있음을 놓치면, '하나님의 능력'이라는 복음 자체를 오해할 공산이 크다. 상황을 착각함으로써 바울 복음의 본질 자체를 엉뚱하게 해석할 공산이 큰 것이다. 그리고 우리는 그 착각의 산물을 피그말리온의 조각마냥 사랑할 것이다.

복음은 하나님의 능력이다. 왜냐하면 "복음 속에 하나님의 의가 계시되기 때문이다"(1:17).[3] 그러니까 '하나님의 의가 계시된다'는 사실이 '하나님의 능력'이라는 주장의 근거다. 이 의로움은 '믿음에서 믿음으로'(from faith to faith), 곧 철두철미 믿음으로 계시된다.[4] 인간적 조건이 아니라 믿음이기에 모두에게 열린 차별 없는 초청이다. 따라서 유대인과 헬라인 사이에도 차별은 있을 수 없다. 이것이 로마서의 첫 번째 논지다(1-4장). 그리고 이 논증은 복음의 능력이 어떻게 (모든) 믿는 자를 구원에 이르게 하는지에 대한 설명으로 연결된다(5-8장). 하지만 예수님을 통한 구원 이야기는 이스라엘을 택하신 하나님의 신실하심에 대한 근본적인 물음을 불러일으킨다. 그래서 바울은 이 어려운 질문에 긴 지면을 할애한다. 당시 교회로서는, 특히 유대인 신자들로서는 더없이 절박한 질문이다(9-11장). 그리고 여기에 자신의 편지를 읽게 될 로마의 공동체를 위한 실천적 교훈이 더해진다(12-15장).

로마서에 대해서도 우리의 논지는 간단하다. 바울은 인간의 '행위'가 아니라 '행위 없음'에 비판의 칼날을 겨눈다. 갈라디아서와 마찬가지로 로마서에서도 바울은 '율법의 행위들'로는 의롭다 하심을 얻을 수 없다고 주장한다. 여기서 '율법의 행위들'은 율법의 요구를 행하는 것이 아니라 율법을 행하지는 않으면서 할례와 같은 외적 정체성에 집착하는 것이다. 경건의 모양은 있지만 경건의 능력은 없는, 속 빈 강정과 같은 안타까운 상황이다(딤후 3:4). 이런 무익한 열정과 달리 바울은 믿음을 내세운다. 의롭게 하는 믿음이란 죽은 자를 살리시는 창조와 부활의 하나님을 바라보는 것이다(롬 4:17-25). 그래서 복음은 성령의 역사를 통해 마음을 새롭게 하고, 이로써 순종의 삶을 이끌어 내는 **하나님의 능력**이다. 바울의 논증을 직접 따라가면서 이 사실을 보다 자세히 살펴보자.

### 공평하신 하나님

복음은 모든 믿는 자를 구원하는 하나님의 능력이다. 이 능력의 토대는 복음 속에 계시된 '하나님의 의로움'(righteousness of God)이다(1:17). 하나님 자신의 의로운 성품이기도 하고, 그분이 우리를 의롭다 하시는 것이기도 하다(3:26). 하나님의 의로움은 '복음에' 나타난다. 그런데 복음 밖의 상황은 그와 반대다. 그래서 하나님의 '의' 이야기는 불가불 하나님의 '진노'에서 시작한다(1:18). 복음 속에 하나님의 의가 계시되는(is revealed) 것처럼, 하나님의 진노가 '모든 경건치 않음과 불의'를 겨냥하여 하늘에서 계시된다(is revealed). 하나님의 진노는 불경건과 불의에 대한 인간의 책임을 전제한다(1:19-20). 잘못은 분명하다. 사람들은 분명 하나님을 '알았지만' 그를 창조주로 경배하기를 거부하고(1:21), 우상을 하나님처럼 숭배했다(1:22-23). 하나님을 거부하고 스스로 잘난 척했지만, 오히려 더 어리석은 상태에 빠진 것이다(1:22). 잘못의 핵심은 '바꿔치기'다. 그들은 하나님의 진리를 우상으로 바꿔치기하고(1:21-

24), 하나님의 진리를 거짓으로 바꿔치기하고(1:25-26), 자연스러운 성적 관계를 부자연스러운 것으로 바꿔치기했다(1:26-27). 하나님의 대응은 그들을 자신의 욕심에 '버려두는' 것 혹은 '넘겨주는' 것이었다. 바꿔치기와 정확한 대응은 아니지만, 버려둠/넘겨줌 역시 세 번 나온다. 하나님은 인간을 우상숭배에 버려두셨다(1:24-25). 창조주와 인간 관계의 왜곡이다. 또 남녀의 순리를 벗어난 동성적 관계에 버려두셨다(1:26-27). 인간관계 및 도덕의 기본인 성적 관계의 왜곡이다. 또 망가진 사고방식에 버려두어 온갖 도덕적 일탈이 자행되게 하셨다(1:28-31). 바울의 의도는 한 가지다. 사람들은 자신의 잘못을 알며, 따라서 변명의 여지가 없다(1:20, 32).

바울의 묘사는 포괄적이다. 물론 적나라한 우상숭배와 제동 없는 도덕적 탈주는 하나님을 모르는 이방인의 삶을 떠올리게 한다. 실제 이 단락에 사용된 많은 표현은 이방인을 향한 유대인들의 비판 속에 자주 등장하는 전형적 문구들이다.[5] 그래서 유대인 독자라면 적어도 이 대목에서는 맞장구를 쳤을 것이다.

하지만 반전이 있다. 그저 '지당하신 말씀'처럼 보이던 지금까지의 논증은 돌연 '다른 사람을 비판/심판하는 사람'을 사로잡기 위한 논리적 함정이었음이 드러난다. 하나님을 모르는 이방 세계의 삶을 묘사하면서 그런 악을 행하는 이들에 대한 냉정한 비판을 유도한다. 그러고는 그 비판의 칼날을 비판자 자신에게 겨눈다. 나단 선지자가 다윗에게 써먹었던 바로 그 수법이다(삼하 12:1-15). 바울의 의도는 분명하다. 다른 사람을 비판하는 '너' 역시 핑계할 수 없다(롬 2:1; 참고. 1:20, 32). 남을 정죄하지만 이는 또한 자신에 대한 정죄이기도 하다. 이유는 간단하다. 남을 정죄하는 '너' 역시 실제로는 그들과 같은 악을 행하기 때문이다(2:1).

바울의 논증은 하나님의 공평하심에서 출발한다. 하나님은 '진리대로' 심판하신다. 곧 누구에게나 공정하다(2:2). 바울의 대화 상대자인 '너'는 자신이 심판에서 자유롭다고 믿었다(2:3).[6] 이런 신념은 편리하지만 터무니없다. 그는 악한 사람을 심판할 줄 안다. 하나님 앞에서 어떤 행동이 나쁜지 잘 안다. 그런데 자신도 똑같은 일을 저지른다. 그러면서 자기는 심판을 피할 것으로 기대한다. 이런 '내로남불'이 편리할지는 몰라도, 그렇다고 하나님의 성품이 바뀌는 것은 아니다. 그의 신념은 공정하신 하나님을 망각한 위험한 착각에 지나지 않는다(2:3). 물론 하나님이 당장 심판하시지는 않으신다. 하지만 이 심판의 '지연'은 눈감아 주신다는 뜻이 아니라 좀 더 기다리면서 회개할 기회를 주시겠다는 것이다. 그것도 모르고 '너'는 회개는커녕, 잘못에 잘못을 더하며 참아 주시는 하나님의 자비를 우습게 만든다(2:4). 심판은 다가온다. '너'의 이런 이중적 태도는 "진노의 날, 곧 하나님의 의로운 심판이 나타나는 그날"에 내릴 진노를 계속 축적하는 오만한 아집일 뿐이다(2:5).

## 행한 대로 갚으시는 하나님

'나는 다르다'는 신념에도 나름의 근거가 있다. 바로 하나님의 선택이다. 수많은 사람 중 우리를 택하셨다는 사실이 무의미할 수는 없다. 이 선택 자체가 우리의 특별함을 말해 준다. 이런 정당한 사고

를 이어 가다 보면, 잘못했을 때도 남다른 대우를 받으리라는 기대
가 생길 수 있다.[7] 그래서 바울은 하나님에 관한 가장 중요한 사실
하나를 천명함으로써 '너'의 그런 착각을 해체한다. 바로 하나님이
모든 사람을 행위대로 심판하신다는 오랜 진리다. 행위심판 사상
에 관한 진술은 여섯 절에 걸친 깔끔한 동심원 구조의 논증을 이룬
다(2:6-11). 유대인들에게는 당연한 상식이기도 하지만, 또한 선민
의식 때문에 곧잘 망각하기도 했던 진리다.

   A 하나님은 각 사람에게 행한 대로 갚으심(6절)
    B 선을 행하는 자에게는 영생으로 갚으심(7절)
     C 악을 행하는 자에게는 진노로 갚으심(8절)
     C′ 악을 행하는 모두에게 고통이 있을 것. 우선 유대인에게
       그리고 헬라인에게도(9절)
    B′ 선을 행하는 모두에게 영광이 있을 것. 우선 유대인에게
      그리고 헬라인에게도(10절)
   A′ 하나님은 외면적 조건에 좌우되지 않으심(11절)

이 진술은 하나님의 성품에 관한 진술이다. 섣불리 하는 이야기도
아니고, 논쟁을 위해 잠시 차용한 생각도 아니다. 구약에서부터 신
실한 자들이 의지해 온, 하나님에 관한 가장 소중한 진리의 하나
다.[8] 하나님은 절대 공평한 분이시며, 결코 외적 조건에 구애받지
않으신다. 그분의 유일한 심판 기준은 각 사람의 행위, 곧 삶이다.
  바울이 하필 이 대목에서 이 진리를 강조하는 데는 그만한 이유

가 있다. 동심원에서 가장 큰 힘을 받는 것은 중심이다. 바울은 행한 대로 갚으시는 하나님의 공평하심을 강조하면서, 특히 악을 행하는 자에게 그에 상응하는 처벌을 내리실 것이라는 사실에 방점을 찍는다. 앞 인용구에서 굵게 강조된 부분이다. 그리고 8-9절에 첨가된 후렴구는 이 강조가 누구를 겨냥하고 있는지 분명히 보여 준다. "우선 유대인에게 그리고 헬라인에게도." 그래서 이어지는 논증은 죄와 벌의 필연적 관계를 강조한다. 율법 없이 죄를 지은 헬라인은 율법 없이 망한다. (아멘.) 하지만 율법을 가진 유대인도 죄를 지으면 바로 그 율법에 따라 심판을 받는다(2:12). 물론 율법은 유대인의 자랑거리다(9:4). 하지만 그저 손에 들고 자랑하라고 율법을 주신 것은 아니다. (침묵.) 율법의 가치는 지키는 데 있다. (계속 침묵.) 이 율법을 지키지 않는다면 그들이 자랑하는 바로 그 율법이 그들을 정죄할 것이다. (질문 있습니까?)

왜냐하면 하나님 앞에서는 율법을 듣는 이들이 아니라 행하는 이들이 의롭다 인정될 것이기 때문입니다. (2:13)

야고보서에 나오는 말 같지만 누구에게나 당연한 이야기다. 바울도 마찬가지다. 유대인, 이방인, 그리스도인 상관없이 이건 변하지 않는 하나님의 원칙이다. 율법을 성문법으로 소유한 유대인뿐 아니라 기록된 '율법이 없는' 이방인에게도 공히 적용된다. 비록 기록된 법이 없어도 스스로 자신에게 율법이 되어 '본성에 따라 율법의 요구를 행할' 수 있다.[9] 기록된 율법이 없는 사람이라고 마음의 기준까지 없는 건 아니다. 기록된 율법이 없어도 그 마음속 생각들이 서로를 고발하고 변호한다. 이런 식으로 그들은 그 마음에 기록된 '율법의 행위'(work of the law)를 드러내 보인다.[10] 그리고 그들의 양심도 그 사실을 증언한다(2:14-15). 따라서 누구에게든 기준은 동일하다. 기록된 율법이 있건 없건 하나님은 모든 사람에게 행한 대로 갚으실 것이다.

## 복음의 한 기둥, 행위심판 사상

바울의 칭의론은 하나님의 진노에서 시작한다. 그 진노와 심판은 각 사람의 행위를 따진다. 그런 점에서 칭의 사상의 출발점 혹은 대전제는 다름 아닌 행위심판(judgement by works) 사상이다. 물론 칭의론의 핵심은 믿음이다. 곧 우리는 믿음으로 의롭다 하심을 받는다. 그리고 교회의 상식에 따르면, 이는 '행위가 아니라 믿음으로'를 의미한다. 애초부터 죄인인 우리는 행위로는 절대 의롭다 하심을 얻을 수 없다. 우리의 행위가 심판의 근거라면 그 결과는 무조건 저주다. 그래서 다른 길이 필요하다. 바로 믿음의 길이다. 우리는 더 이상 우리 행위를 의지하지 않고 예수 그리스도의 대속의 공로를 믿는다. 하지만 이건 우리의 논리다. 정작 바울 자신은 이 신칭의의 진리를 개진하기 위해 먼저 '행위에 따른 심판'의 원칙을 천명한다. '우리의 행위를 보시지 않고'가 아니라, 하나님은 모두에게 행한 대로 갚으신다는 것이 진리다. 마치 모순 같다. 심판과 구원의 근거를 두고 행위와 믿음이라는 서로 다른 근거를 내세우기 때문이다.

'오직 믿음'의 원리가 복음의 요체라고 믿는 이들에게는 '행한 대로 갚으신다'는 생각이 불편하다. 그래서 이 부분을 복음 밖으로 제거하려는 시도가 종종 이루어진다. 이에 대한 전통적 해결책은 행위심판의 원리를 부정적 심판의 원리로만 간주하는 것이다. 바울은 자신의 힘으로 구원에 이를 수 없는 인간의 타락상을 고발하기 위해서 행위심판에서 출발한다. 하나님을 알지 못하는 세계의 죄를 먼저 고발하고(1:18-32), 그다음 하나님을 알면서도 율법을 지키지 않는 유대인의 죄를 폭로함으로써, 결국 "모든 사람이 죄를 지어 하나님의 영광에 못 미치게 되었다"는 슬픈 현실을 확인시키는 것이다(3:22). 행위심판 사상의 역할은 바로 거기까지다. 인간적 불가능성을 확실하게 하는 것이다. 이런 기초공사를 토대로 전혀 다른 구원의 길, 곧 행위가 아닌 믿음에 근거한 의로움의 소식을 선포한다는 것이다.

또한 행위심판 사상을 수사적 임시변통으로 보기도 한다. 유대인 대화 상대자와 싸우는 중에 바울 복음의 일부가 아닌 상대방의 무기인 행위심판의 원리를 잠시 빌렸다고 보는 것이다. 지금 상대는 심판이 각 사람의 행위에 근거한 것임을 안다. 그래서 그 원리로 남을 심판한다. 그런데 그런 자신도 같은 죄를 짓는다. 이건 모순이다. 그래서 바울은 상대의 행위심판 사상을 빌려 상대의 이율배반을 폭로한다. 그러니까 상대방의 이율배반을 폭로하기 위해 잠시 활용한 것일 뿐, 바울 복음 자체의 일부는 아니라는 것이다. 신념은 있지만 실천은 없는 '너'의 자기모순은 그 신념 자체의 실패를 의미한다. 회심 이전 바울 자신의 이야기이기도 한 '너'의 실패를 통해 이 원리의 파산을 선고한 후, 믿음에 의한 칭의 이야기로 갈아탄다는 것이다.

하지만 이런 식의 읽기는 자연스럽지 않다. 바울은 자기 복음 아닌 남의 사상을 잠시 빌려 왔다고 말하지 않는다. 행한 대로 갚으시는 하나님의 심판은 모든 사람을 심판 아래 가둔다. 그러면 그 심판의 원리가 폐기되는가? 물론 그리스도의 십자가는 사람들의 죄를 해결하는 대속의 사건이다. 그런 점에서 가장 결정적인 구원의 근거다. 하지만 십자가가 용서를 의미한다고 해서 이것이 행위심판 원리의 폐기로 이어진다는 것은 논리적 비약이다. 행한 대로 갚으시던 '공평하신' 분이 이제 자신의 신념을 바꾸신 것인가? 이제 인간의 행위는 무시한 채 예수님의 순종만을 근거로 인간을 구원하기로 결정하셨나? 그렇다면 이 자비로운 결단을 굳이 예수님의 공로를 '믿는/의지하는' 사람에게 국한하는 이유는 무엇일까? 또 하나님이 오래 참으시며 "이전에 저지른 죄를 눈감아 주신다"는 말은 무슨 뜻일까?(3:25)[11]

무엇보다 중요한 것은 우리의 사색이 아니라 바울의 입장이다. 사실인즉슨 바울은 행위심판 사상을 결코 포기하지 않는다. 로마서 2장에서도 바울은 심판에 관한 긴 이야기가 자기 복음의 한 부분이라는 사실을 분명히 한다. 처음부터 2장 15절에 이르기까지의 논의는 모두 마지막 심판의 때, 곧 "나의 복음에 따라, 예수 그리스도를 통하여, 하나님이 사람들의 은밀한 것들을 심판하실 그날에" 이루어질 이야기다(2:16). 심판의 대상인 '은밀한 것들'은 마음 깊이 감추인 생각, 곧 가볍게 내뱉는 빈말이 아니라 그 사람의 실제 행동을 좌우하는 진심을 가리킨다. 행한 대로 심판하신다는 말과 같다. 바울에게는 이것이 '나의 복음'의 일부다. 이 심판이 '예수 그리스도를 통해' 이루어진다는 사실도 중요하다. 이 사상이 슬쩍 뺏어 온 상대편의 무기도, 그리스도 이후 폐기 처분된 고물도 아님을 보여 주기 때문이다. 바울은 지금 자기 복음을 선포하는 중이다. 이 복음의 첫 단락이 바로 행한 대로 갚으시는 하나님에 관한 선포다.

행위심판 사상은 복음에 의해 창조적으로 지양되는 과거의 유물이 아니다. 이는 하나님의 성품에 근거한 원리다. **믿는 자를 의롭다 하시는 구원의 복음은 바로 이 행위심판의 확고한 원칙 위에서 작동한다.** 그래서 바울의 글에는 행위심판의 원리가 자주 나타난다. 특히 믿음과 은혜를 강조하는 갈라디아서와 로마서에서 이 원리가 더 적나라하게 나타난다는 사실은 의미심장하다(갈 6:7-9; 5:15, 19-21; 롬 2:6-11, 14; 6:16, 20-23; 8:1-4, 13). 구원은 "우리 주 예수 그리스도로 말미암아" 오지만, 이 구원은 결코 행위심판의 원리를 상대화하거나 폐기하지 않는다. 그래서 바울의 구원 이야기에서 신자의 행위는 구원에 이르는 과정 혹은 조건으로 남는다.[12] 그리스도의 십자가는 행위의 구원론적 의미를 삭제하는 표백제가 아니다. 하나님의 심판은 언제나 인간의 행위를 살피는 심판으로 남는다(롬 14:10-12; 고후 5:9-10).

물론 행위심판의 원리는 바울의 복음이 작동하는 방식, 특히 그가 중요시한 믿음과 은혜의 논리에 대한 근본적 재고를 요청한다. 항간의 신념과는 달리, 바울이 선포한 믿음과 은혜는 '행위 없이'가 아니다. 물론 많은 이는 바울이 '행위 없는' 칭의를 선포했다고 느낄 것이다. 하지만 정작 바울의 이야기는 다르다. 우리는 갈라디아서에서 바울이 '행위 없는' 칭의를 가르친 적이 없다는 사실을 살펴보았다. 여기서는 로마서의 칭의론 역시 마찬가지라는 사실을 확인하게 될 것이다.

**율법 소유와 율법 행함 사이의 괴리**

행위심판의 토대를 확고하게 깔고 나서 바울은 지금까지 익명으로 처리했던 대화 상대자의 정체를 '유대인'으로 특정한다. 그리고 그가 생각하는 유대인의 특징을 적나라하게 그려 낸다. 유대인은 하나님의 백성으로, '하나님을 자랑하는' 이들이다(롬 2:17). 그들은 하나님에게서 '율법'을 받았다. 또 '율법의 가르침을 받아 하나님의 뜻을 안다.' 선과 악을 분간하는 선명한 감수성을 가졌기에, 도덕적으로 눈이 먼 사람을 인도하는 자로, 어둠에서 허덕이는 이들의 빛으로 자처한다(2:18-19). 율법에 담긴 '지식과 진리의 모범 답안'을 소유한 자들로서, 어리석은 사람들과 어린아이들의 교사로 자처한다(2:20). 하나님의 율법을 소유한 사람의 입장에서 매우 자연스러운 자부심이다.

하지만 이런 화려한 묘사는 칭찬의 수사가 아니다. '타인을 비판하는 자'로서의 우월한 초상이 자기기만을 비판하기 위한 준비였던 것처럼(2:1-5), '율법을 아는 자'라는 멋진 자화상 역시 그 자부심에 미치지 못하는 삶의 현실을 폭로하기 위한 무대 설정에 가깝다. 바울의 비판은 분명하다. "그렇다면, 다른 사람을 가르치는 당신이 왜 자신은 가르치지 않습니까?"(2:21a) 진리를 알고, 그 진리가 옳다고 다른 사람을 가르친다. 이는 가르치는 나 자신을 더 나은 사람으로 보이게 한다. 하지만 문제는 내가 나 자신은 가르치지 않는다는 사실이다. 남들에게는 제대로 살라 가르치면서 그 가르침을 나에게는 적용하지 않는다.

바울은 세 가지를 언급한다. 도둑질, 간음, 신전 모독 행위다(2:21-22). 바울의 이런 구체적 지적은 많은 논란을 불러일으켰다. 당시 '전형적' 유대인이 일상적으로 이런 범죄를 저질렀을까? 물론 우리에게는 구체적인 역사 자료가 없다. 따라서 당시 '유대인' 입장에서 바울의 주장이 얼마나 개연성 있게 들렸을지는 알 수 없다.

중요한 것은 적어도 바울의 논증이 바로 이런 이율배반적 상황에서 출발한다는 사실이다. 바울의 지적은 매우 간명하다. 율법을 자랑하면서도, 정작 그 율법을 지키지는 않는다는 것이다. 율법을 자랑한다는 것은 자신이 율법을 소유하고 배우는 유대인임을 내세운다는 뜻이다. 그러면서도 정작 그 율법대로 살지는 않는다. 주변 사람들은 그런 행태를 보고 황당할 것이다. 남들이 갖지 못한 수준 높은 율법을 가졌다고 우쭐대면서, 정작 삶에서는 율법의 가르침을 무시한다. 그렇다면 그들이 섬긴다고 말하는 하나님은 도대체 어떤 분인가? 그들은 하나님의 백성을 자처한다. 그런데 율법에 드러난 하나님의 성품을 반영하기는커녕, 하나님을 모르고 율법을 모르는 주변 사람들과 대동소이하다. 명시적 가르침의 앞모습과 실제 삶의 뒷모습이 맞지 않는 위선이다. 이 위선적 행태는 자신만의 부끄러움으로 끝나지 않는다. 그들이 하나님을 자랑하고 율법의 고귀함을 역설하는 만큼, 그들의 위선적 삶은 그들이 자랑하는 하나님의 명예를 실추시킨다. 한 시민의 몰지각한 행동이 나라에 욕이 되는 것처럼, 하나님 백성을 자처하는 이들의 위선적 행태는 거룩한 하나님께 대한 모독이 된다. 오래전 이사야 선지자가 분개했던 상황, 에스겔 선지자가 답답해했던 상황이 여전히 반복되고 있는 것이다(사 52:5; 겔 26:20-23).

물론 바울의 논증은 역사적 상황 자체를 증명하는 데 있지 않다. 바울의 의도는 보다 신학적이다. 곧 율법을 소유한 유대인으로서의 정체성을 자랑하면서도 정작 율법을 지키지 않는 이율배반적 상황을 부각시킴으로써 '율법을 소유한 유대인'이라는 참을 수 없는 정체성의 가벼움을 드러내는 것이다. 지금까지 이어 온 행위심판 논의를 함께 생각해 보면, 그가 말하려는 바는 매우 분명하다.

> 당신이 율법을 행하면 당신의 할례는 유익합니다. 하지만 만약 당신이 율법을 어기면 당신의 할례는 무할례가 됩니다. (2:25)

일견 단순해 보이지만, 바울의 시선은 매우 급진적이다. 유대적 정체성의 핵심 상징을 자극적인 방식으로 상대화하기 때문이다. 할례는 그 자체로 아무런 의미가 없다. 결정적인 것은 율법을 행하는 것이다. 왜냐하면 하나님의 심판은 할례라는 외면적 생김새가 아니라 그 사람의 행위를 살피기 때문이다. 이는 할례도 중요하지만 행함이 더 중요하다는 말을 수사적으로 과장한 것이 아니다. 바울은 반대 상황을 들어 자신의 진지함을 재확인한다.

> 따라서 무할례(자)가 율법의 규정을 지키면 그의 무할례가 할례로 여겨질 것입니다. (2:26)

'여겨진다'는 표현은 바울의 칭의론에서 가장 중요한 단어의 하나다. 그런데 여기서는 그 여겨짐의 기준이 율법을 행하는 것이다. 율법이 정한 규례를 행하면 없던 할례도 생겨난다. 실제로 몸이 달라진다는 말이 아니라 무할례 상태 그대로 할례자로, 유대인으로, 하나님의 백성으로 인정을 받는다는 뜻이다. 정체성의 유일한 기준은 율법을 행하는 것이다. 하나님의 심판 앞에서 할례와 같은 육체적 조건(외모)은 그 어떤 의미도 없다.

바울은 이처럼 서로 다른 두 상황을 따로 묘사하는 데서 멈추지 않고, 아예 심판의 자리를 마련하여 이 두 사람에게 싸움을 붙인다. 무할례자이지만 율법을 제대로 지키는 사람 대 율법 조문과 할례를 가졌으면서도 율법을 어기는 사람. 긴장될 법도 하지만 승부는 의외로 싱겁게 끝난다. 당연히 율법을 지키는 사람이 지키지 않는 사람을 정죄할 것이다. 하나님의 선택을 믿었고, 그래서 하나님의 특별 대우를 기대하던 유대인들에게는 이보다 자극적인 진술이 있을 수 없다. 더욱이 그들은 지금은 비록 이방의 압제 아래 있어도, 마지막 때엔 결국 그들이 이방인들을 심판하리라는 기대를 품고 있었다. 그런 그들에게는 바울의 이런 그림이 더없이 불쾌하게 느껴졌을 것이다. 바울의 논조는 그만큼 강하다. 중요한 것은 행함이라고, 그 외의 어떤 조건도 행함의 부재를 보상할 수 없다고.

## 진정한 유대인, 현실의 유대인

바울은 지금까지의 논의를 '누가 참 유대인인가?' 하는 질문으로 정리한다(2:28-29). 하나님은 분명 유대인을 택하셨다. 따라서 유대인이 하나님의 백성이 되는 것은 당연하다. 하지만 여기서 유대인을 유대인으로 만드는 핵심 조건은 무엇인가? 혈통인가? 할례인가? 바울은 유대인의 통념에 날카로운 수술칼을 들이댄다. 많은 이가 편리하게 생각하는 것과 달리, 유대인의 정체성은 외면을 다듬는다고 확보되지 않는다. 할례가 유대인의 조건이라는 말은 원론적으로는 옳다. 하지만 할례는 자충족적 가치가 아니다.

할례가 실제 정체성의 요건으로 기능하려면 다른 결정적 조건이 우선 만족되어야 한다(2:28). 바로 순종이다. 하나님은 내면이 유대인다운 사람, 곧 '내실 있는 유대인'을 유대인으로 인정하신다.[13] 따라서 유대인을 진짜 유대인으로 만드는 할례는 신체가 아니라 '마음'의 시술이다. '마음의 할례'는 반역하는 이스라엘을 변화시켜 순종하는 사람으로 만드는 과정을 가리키는 성경적 비유다(신 10:16; 30:6; 렘 4:4; 9:25-26). 문맥에 따라 우리가 해야 하는 것이기도 하고, 하나님이 해 주시는 것이기도 하다. 하지만 궁극적으로는 율법을 마음에 새기는 것과 같은 특단의 조치가 필요하다.[14] 이는 사람의 능력을 넘어서는 것으로, 글자로 기록된 율법 조문으로 할 수 있는 일이 아니다. 마음의 할례는 '영으로'만 가능하다. 영으로 마음에 받은 할례, 이것이 바로 하나님이 인정하시는 정체성의 요건이다. 사람들 사이에서는 육체의 할례로도 충분할지 모르지만, 하나님 앞에서는 율법에 대한 순종이 요구된다. 그리고 이 순종은 성령으로 이루어지는 마음의 할례를 필요로 한다.[15]

행함의 중요성은 새로운 이야기는 아니다. 하지만 바울의 논조는 전례 없이 급진적이다. 행위가 절대화되면서 할례가 사실상 무의미한 의식으로 전락한다. 할례에 대한 물음은 유대인의 정체성에 관한 물음이다. 더 나아가 하나님의 선택에 관한 물음이기도 하다. 이와 같은 전통적 신념을 뒤집는 바울의 주장은 당연히 보다 근본적 질문을 불러일으킨다. 행위가 절대적 원칙이라면, 그래서 심지어 무할례자가 할례자를 심판하는 상황까지 상상할 수 있다면, 할례를 받은 유대인에게는 어떤 의미가 있는가? 하나님이 유대인을 택하시고 할례자로 만드신 것은 어떤 의미인가? 물론 그들은 하나님의 말씀, 곧 율법을 맡은 자로서 대단히 유리한 위치에 있었다. 하지만 선택된 백성들 상당수가[16] 하나님께 신실하지 못한 것으로 드러난다면, 유대인을 택하고 그들에게 약속을 주신 하나님의 신실하심은 무의미한 것이 아닌가? 매우 심각한 질문이지만 본격적 논의는 9-11장으로 미루어지고, 여기서는 그런 추론을 '터무니없는 소리'로 일축하고 넘어간다(3:1-4). 바울이 선포하는 복음과 관련한 오해도 설명할 시간이 없다(3:5-8). 지금의 관심은 행위의 중요성을 분명히 하는 것이기 때문이다.

결국 바울이 말하고자 하는 바는 분명하다. 유대인이라고 나을 것이 없다. 그렇다고 이방인들이 실제로 더 나은 위치에 있는 것도 아니다. 유대인이 율법을 소유하고서도 그것을 어긴 것처럼, 이방인들 역시 마음에 새겨진 법을 어겼다. 그래서 실질적 진단은 총체적 난국이다. 바울이 이미 분명히 밝힌 것처럼 "유대인이나 헬라인이나 다 죄 아래에 있다"(3:9). 하지만 여기서도 이 포괄적 심판의 칼날은 특정 목표를 겨냥한다. 바로 '우리는 더 낫다'고 자부하며(3:1, 9), '우리는 하나님의 심판을 피할 것'이라 믿는 사람들(2:2-3), 행한 대로 갚으시는 하나님의 원칙이 하나님의 특별한 소유로 선택받은 자신들에게는 달리 적용될 것으로 기대했던 유대인들이다(2:6-11). 그래서 바울은 유대인이 자랑하는 하나님의 말씀을 직접 인용하며 처절한 언어로 유대인의 죄악상을 재확인한다. "의로운 사람은 없습니다. 하나도 없습니다. 깨닫는 사람도 없습니다. 하나님을 찾는 사람도 없습니다…"(3:10-18). 무려 아홉 절에 걸쳐 유사한 성경적 선고를 반복한 것은 이런 결론에 대한 저항이 그만큼 크다는 의미다. 바울은 이 긴 인용의 실질적 의미를 이렇게 정리한다.

> 우리가 알다시피, 무엇이든 율법이 말하는 것은 율법 안에 있는 사람들에게 말하는 것입니다. 이렇게 해서 모든 사람이 말문이 막히게 하고, 온 세상이 하나님의 심판을 피할 수 없도록 하려는 것입니다. (3:19)

율법은 유대인에게 주어진 법이다.[17] 그 안에 기록된 말씀은 모두 유대인에게 적용된다. 그런데 이 율법은 의인이 하나도 없다고 선언한다. 그러니까 유대인 중에도 의인은 전혀 없다. 애초에 핑곗거리가 없었던 이방인뿐 아니라, 하나님의 백성으로 선택받고 율법을 수여받은 유대인도 할 말이 없다. 명백히 하나님의 진노 아래 있던 헬라인뿐 아니라 하나님을 자랑했던 유대인 역시 하나님의 엄중한 심판을 피할 수 없다. 이것이 바로 바울이 처음부터 밝히고 싶었던 핵심 논지다. 이렇게 바울은 선민 유대인의 자기중심적 열외 의식을 깨뜨린다. 하나님의 진노 앞에서 '너희도 똑같다'는 말을 하고 싶은 것이다.

일단 바울의 결론을 확인하고 나면, 우리는 그가 처음부터 바로 이런 결론을 마음에 품고 있었다는 사실을 확인할 수 있다. 사실 이방인의 죄를 논하는 것처럼 보이는 곳에서조차 바울의 논의는 그 대상을 이방인으로 특정하지 않는다. 오히려 '모든'을 거듭 반복하는 데서 알 수 있듯, 바울의 어조는 작정한 듯 포괄적이다. 복음은 '모든' 믿는 자를 구원하시는 하나님의 능력이다(1:16). 이것이 믿음의 실질적 효과다. 하나님의 진노 역시 대상과 무관하게 '모든' 경건치 않음과 불의를 겨냥하여 나타난다. 다른 사람을 심판하면서도 같은 악행을 저지르는 '모든 사람'도 핑계할 수 없다(2:1). 공정한 심판자 하나님이 '모든'(각) 사람에게 행한 대로 갚으시기 때문이다(2:6). 이 '모든'은 구체적으로 "먼저 유대인에게 그리고 헬라인에게도"라는 의미로 이해된다(2:9-10). 하나님은 어떤 조건으로도 사람을 차별하지 않으신다(2:11). '누구든' 율법 없이 죄를 지으면 율법 없이 망하고, '누구든' 율법을 갖고 죄를 지으면 율법의 정죄를 받는다(2:12). 흥미롭게도 대화 상대가 유대인으로 특정된 이후엔 '모든'이라는 단어가 잘 안 나온다. 애초에 '모든'을 반복한 이유가 유대인을 포함하기 위해서였기 때문이다. 물론 적절한 대목에서 간간이 나오기도 한다. "사람은 다[모두] 거짓되다"(3:4). 그리고 "유대인도 그리고 헬라인도 죄 아래 있다"(3:9). 그리고 최종적 결론이 나온다. 유대인을 향한 율법 자체의 정죄는 이방인뿐 아니라 '모든' 사람의 말문을 막고, 이방인뿐 아니라 '온(모든) 세상'을 하나님의 심판 아래 위치시킨다(3:19).

## '율법의 행위들'을 둘러싼 논쟁

지금까지의 긴 논증을 토대로 바울은 칭의에 관한 결정적 진술 하나를 내어놓는다.

그러므로 율법의 행위들로는 그 누구도 하나님 앞에 의롭다 하심을 얻지 못할 것입니다. 율법으로는 죄를 깨달을 뿐이기 때문입니다. (3:20)

갈라디아서와 마찬가지로 여기서도 '율법의 행위들'(works of the Law)은 칭의론의 성격을 규정하는 핵심 개념으로 기능한다. 이 표현의 의미에 따라 대안으로 등장한 믿음의 성격이 달리 이해될 것이기 때문이다. 그렇다면 로마서에서 바울은 왜 '율법의 행위들'이 칭의의 통로가 아니라고 말하는가? 1장 18절부터 지금까지 계속된 논의의 흐름에서 볼 때 '율법의 행위들'은 과연 무엇으로 규정할 수 있는가?

크게 보아 전통적 해석과 새 관점의 해석이 어깨를 견주는 상황은 갈라디아서와 동일하다. 전통적 해석에 따르면 로마서에서도 '율법의 행위들'은 '율법이 요구하는 행위들' 혹은 이런 요구들을 '준수하는 것'을 가리킨다. 따라서 바울이 비판하는 것은 율법이 요구하는 바를 지킴으로써 의롭게 되려는 태도, 곧 율법주의다. 여기서도 '율법' 행함이라는 구체적 이슈는 일반적 의미의 '행위', 곧 '인간적 성취'로서의 행위의 한 사례로 간주된다.[18] 물론 바울은 이런 칭의의 길을 부인한다. (율법) 행함으로는 의롭다 하심을 얻을 수 없다. 바울이 대놓고 말한 적은 없지만, 여기서도 그 이유는 완전한 순종의 불가능성이다. 당연히 1장 18절부터 3장 19절까지의 논의는 바로 이 불가능성에 대한 강력한 논증으로 간주된다. 율법은 완벽한 순종을 요구한다(참고. 신 27:26; 갈 3:11; 5:3). 하지만 죄 아래 있는 인간으로서는 율법에 대한 완벽한 순종은 불가능하다. 이방인뿐 아니라 율법을 가진 유대인도 마찬가지다. 따라서 그 누구도 율법을 지켜서 의롭게 되는 것은 불가능하다는 것이다.[19]

소위 바울에 대한 '새 관점'(the New Perspective)은 전통적 해석에 근본적 질문을 제기한다. 이런 움직임 뒤에는 제2성전기의 유대교에 대한 새로운 '깨달음'이 자리하고 있다. 전통적 이해와는 달리 바울 당시의 유대교가 소위 율법주의적 종교가 아니었음이 널리 받아들여지면서[20] 바울이 논박하는 '율법의 행위들' 개념을 재고할 필요가 생겼기 때문이다. 새 관점은 이에 대한 해답을 유대인-이방인 관계 문제, 보다 구체적으로 유대교의 배타주의적 선민사상에서 찾는다. 그래서 바울이 공격하는 '율법의 행위들'은 율법주의적 태도가 아니라 유대인으로서의 정체성을 분명히 하려는 시도다. 할례, 안식 규정 및 음식 규정들과 같은 정체성의 대표적 표지들에 논의가 집중되는 것이 바로 그래서다. 그러니까 바울은 이스라엘의 정체성을 확보한다고 해서 그것으로 의롭게 되지 않는다고 주장한다. 이렇게 보면 1장 19절 이후 개진된 행위심판 사상은 행위구원론적 발상이 아니라 유대인들의 배타적 선민의식을 해체하는 무기다. 유대인의 자부심이 사실상 무의미한 것임을 밝힌 후, 그런 식의 율법 행함으로는 의롭게 될 수 없다는 주장을 개진한다는 것이다.[21]

하지만 갈라디아서의 경우와 마찬가지로 로마서에서도, '새 관점'의 새로운 해석은 한 가지 중요한 측면에서 전통적 관점과 겹친다. 새 관점에서 말하는 '율법의 행위'가 할례, 안식 규정 및 음식 규정 등에 집중되는 것은 사실이지만, 결코 이 항목들에 국한되지 않는다. 제임스 던(James D. G. Dunn)이 분명히 하는 것처럼[22] 정체성과 관련된 이 '행위들이나 행동'은 할례뿐 아니라 율법 전체, 곧 율법의 도덕적 차원까지도 포함한다. 따라서 새 관점이 생각하는 유대인의 문제는 할례만 자랑하고 율법을 실천하지 않는 것이 아니라 율법을 실천하되 그것을 정체성 유지의 일환으로 간주하는 것이다. 이렇게 되면 문제의 핵심은 유대인들이 율법을 준수하지 않는 것이 아니라 율법을 지키되 이를 정체성 유지의 수단으로 간주하는 것이다. 따라서 문제의 본질은 율법 준수의 실패가 아니라 애초에 율법 준수의 목적을 오해한 것이다.[23]

이처럼 전통적 관점과 새 관점 사이에는 분명한 입장 차이가 존재하지만, 이 두 관점의 공통점 또한 분명하다. 곧 보다 일반적인 인간적 성취의 개념에 초점을 맞추건 이스라엘의 정체성이라는 보다 구체적인 주제에 초점을 맞추건 두 입장 모두 '율법의 행위들'이 율법의 도덕적 요소들을 포괄한다고 생각한다. 결과적으로 바울이 비판하고 있는 것은 율법을 행하려는 유대인의 태도다. 전통적 관점은 율법 행함이 완전하지 않다는 사실을 문제 삼는 반면, 새 관점은 그 행함 속에 배인 배타주의를 지적한다.

우리의 주장은 갈라디아서와 같다. 바울이 잘못된 칭의의 수단으로 문제시하는 '율법의 행위들'은 전반적인 율법 행함이 아니다. 로마서에서도 '율법의 행위들'은 도덕적 요소까지 포함하는 포괄적 의미의 율법 준수가 아니다. 바울은 그 어떤 순간에도 하나님께 대한 인간의 순종 행위를, 그리고 순종하려는 인간의 의도나 의지를 비판하지 않는다. 바울이 안타까워하는 근본 문제는 언제나 **불순종**이다. 불순종 자체도 문제고, 그 **불순종을 대체할 수 있을 것으로 우리가 착각하는 수많은 가짜 해답**도 문제다. 순종에 실패하는 순간조차, 우리는 "내가 죽을 죄를 지었습니다" 하고 순순히 고백하는 대신, 실제보다 더 그럴듯한 사람으로 나를 포장해 줄 외적 의식(ritual)이나 심리적 기제들 혹은 정신적·신학적 이데올로기에 의존한다. 그러면서 참구원의 길에서 멀어진다. 바울은 복음의 메시지를 들고 이런 가짜 해답과 전쟁을 벌이고, 인간의 적나라한 모습을 폭로한다. 그리고 이 절망적인 상황 가운데 하늘에서 들리는 생명의 소식을 선포한다. 로마서가 바로 그렇다.

많은 이가 이 주장이 로마서의 명백한 가르침을 뒤집는다고 느낄 것이다. 오랫동안 우리는 바울이 반대하는 '율법의 행위들'이 율법을 지키는 행함 자체 혹은 율법을 행하려는 시도를 가리킨다고 생각해 왔기 때문이다. 물론 대부분의 학자들도 그렇게 생각한다. 하지만 학자들의 경우 '율법의 행위들' 더 나아가 바울의 율법관 전반에 대해 많은 부분 바울의 글보다는 오히려 1세기(중간기) 유대교에 관한 학자 자신의 관점에 따라 해석하는 경우가 많다. 특히 당시 유대교의 통념으로는 할례와 같은 특별한 항목들도 전체 율법의 일부로 간주되었지 결코 율법 자체와 분리된 사안으로 여겨지지 않았다는 생각이 지배적이다. 하지만 이런 생각이 정확한 결론인지는 보다 신중한 검증을 거쳐 판단해야 한다. 또한 유대교에 대한 견해와는 별개로, 바울이 자신의 서신에서 언급하는 논적들과 넓은 의미에서의 '1세기 유대교'를 직접 동일시하는 것 자체가 위험한 논리적 비약이다. 1세기 유대교의 다양성은 차치하고서라도,[24] 갈라디아서나 로마서에서 바울이 상대하고 있는 인물들이 반드시 샌더스(E. P. Sanders)가 말한 바 '언약적 신율주의'에 해당하는 사람일 이유는 없다. 따라서 일차적으로 중요한 것은 유대교 일반에 관한 우리의 '배경지식'을 성급히 끌어오기 전에, 바울이 개진하는 논증의 흐름을 보다 진지하게 따라가는 것이다.

## 바울의 논증과 '율법의 행위들'

언어는 문맥으로 소통한다. 문장 하나하나가 제 나름의 독특한 의미를 발산하는 경우도 있겠지만, 대부분 우리의 언어는 하나의 일관된 맥락 속에서 그 의미를 전달한다. 그래서 같은 단어나 표현이라도 문맥에 따라 의미가 사뭇 달라진다. 수사적 기능이 달라지기도 하지만, 아예 의미 자체가 달라지는 경우도 많다. 따라서 정확한 해석을 위해 문맥의 흐름과 정황에 대해 세밀하게 탐구해야 한다.

'율법의 행위들'의 의미도 마찬가지다. 앞 장에서 우리는 갈라디아의 상황을 살펴보았다. 한마디로 할례와 절기 준수에는 열심이지만 정작 율법은 행하지 않는 상황이었다. 이를 근거로 우리는 '율법의 행위들'이 율법 '행함'을 가리킬 수는 없다는 결론을 내렸다. 갈라디아 신자들은 '율법의 행위들로 의롭게 되려' 한다. 하지만 율법을 행하지는 않았다. 그렇다면 '율법의 행위들'은 율법 행함과는 무관하다. 물론 '율법의 행위들'인 만큼 율법과는 분명 관련이 있다. 그래서 우리는 이 표현이 율법이 요구하는 행위들 중 갈라디아 신자들이 실제로 행하고 있던 항목들, 곧 할례나 절기 준수와 같은 항목들을 가리킨다는 결론을 내렸다. 물론 바울은 이런 것들과 본격적 의미의 율법 행함을 분명히 구분한다.

로마서도 마찬가지다. '따라서'라는 접속사가 보여 주듯 '율법의 행위들'이라는 말이 처음 등장하는 3장 20절은 새로운 주장이 아니라 1장 18절에서 3장 19절까지 이어진 긴 논증의 결론이다. 물론 지금까지 바울이 다룬 상황은 한결같다. 창조주를 거부하고 타락한 인류가 보여 준 죄악상(1:18-32), 남을 정죄하며 자기는 다르다고 자만하지만 실상 자신도 같은 죄를 저질러 하나님의 공정한 심판을 피할 수 없는 사람(2:1-16), 할례자요 율법의 소유자라고 자부하지만 정작 율법을 지키지 않아 다른 이들과 같이 하나님의 심판 아래 놓인 '유대인'(2:17-3:19). 이처럼 바울의 눈길은 줄곧 하나님의 법을 지키지 않는 불순종이라는 상황을 포착해 낸다. 남과는 다른 선민이라 자부했던 '유대인'도 불순종 측면에서는 다를 바 없다. 실제 달랐던 것은 행함이 아니라 텅 빈 자부심뿐이었다. 바울은 바로 이런 상황을 가리키며 결론을 내린다. "그러므로 율법의 행위들로 의롭다 하심을 얻을 사람은 아무도 없습니다"(3:20). 여기서 '율법의 행위들'을 실제 율법 행함으로 간주하도록 유도하는 상황은 어디에도 없다. 로마서에서도 '율법의 행위들'은 자부심만 있고 실천은 없는 '유대인'의 위선적 종교성을 집약하는 표현으로 등장한다.

물론 바울은 '유대인이나 헬라인이나 다 죄 아래 있다'는 사실을 잘 안다(3:9, 23). 하지만 바울이 전 인류의 타락을 증명하려는 것은 아니다. 누구나 다 아는 이방인의 죄는 굳이 논증이 필요치 않다. 하지만 남다른 자부심을 가진 유대인의 경우는 사정이 다르다. 하나님의 선택에 대한 유대인의 자부심과 확신은 견고하다. 이는 성경적 전통 속에 선명하게 각인되고 오랜 역사적 체험을 통해 반복적으로 고백되면서 민족 정서의 핵심으로 자리를 잡았다. 그리고 할례나 안식일의 의식이나 남다른 식사법 등은 이 확신의 사실성을 날마다 가시적으로 확인해 준다. 이처럼 뿌리 깊은 확신을 해체하기는 쉽지 않다. 우선 그들을 선택하신 하나님은 그 누구도 차별하지 않고 오로지 행한 대로 갚는 분이심을 각인시켜야 한다. 그리고 '나는 다르다'는 자부심의 그늘에 가려졌던 자신의 부끄러운 실상을 적나라하게 보여 주어야 한다. 물론 하나님의 공평하심과 이스라엘 선택의 관계에 대한 질문도 다루어야 한다. 바로 이것이 바울이 지금까지 펼쳐 온 논증의 내용이다. 선민이라는 사실이 자랑스러웠지만, 선민다운 삶은 살아 내지 못했던 유대인의 위선적 실상을 깨우치는 것이다.

3장 20절은 바로 이 특수한 논증의 결론이다. 온 인류를 아우르는 보편적 진리를 확인하려는 것이 아니라, 할례와 율법 소유를 내세우며 '우리는 다르다'고 말해 온 유대인들을 향해 '너도 마찬가지야!' 하고 외치는 논증이다. 그렇다면 이 '율법의 행위들'은 이방인과 유대인 모두에 해당하는 어떤 보편적 개념이 아니라 유대인들이 남다름의 근거로 내세웠던 내용들, 곧 할례나 율법의 소유와 같은 정체성의 상징들로 보는 것이 현명하다. 그러니까 '율법의 행위들로는 의롭다 하심을 얻을 수 없다'는 주장은 일반적인 율법 행함의 가치를 부정하려는 것이 아니라, 유대인이 가진 특별한 자부심의 공허함을 폭로하는 주장이라는 것이다.

바울은 '율법의 행위들로는 의롭게 될 수 없다'는 결론을 내린다. 이는 그의 상대자들이 율법의 행위들로 의롭게 될 수 있다고 믿었음을 의미한다. 그런데 바울이 묘사하는 그들의 태도를 보면 율법을 행하려 애쓰지 않는다. 즉 바울이 비판하는 그들의 모습은 **할례와 율법 소유를 자랑하지만 율법을 행하지는 않는** 상황이다. 그러니까 '율법의 행위들'로 의롭게 되려는 상황은 결코 율법을 행하는 상황이 아니다. 그렇다고 나름대로 지켰지만 바울이 요구하는 엄격한 기준에 못 미치는 상황도 아니다. 율법을 열심히 지켰지만 완벽하지 못해서 실격이라거나(전통적 관점) 열심히 지켰지만 그게 배타적이어서 실격이라는(새 관점) 말이 아니다. 바울이 일관되게 비판하는 대상은 그냥 **율법을 지키지 않는** 사람이다. 악을 행하는 자를 심판하면서도 동일한 악을 행하는 사람, 오래 참아 주시는 하나님의 인내를 '멸시하는' 사람, 오히려 '고집과 회개하지 않는 마음'으로 심판의 날에 내릴 하나님의 진노를 겹겹이 쌓아 올리는 사람(2:1-5), 남들에게 율법을 가르치면서 정작 자신은 율법을 어기며 도둑질하고, 간음하고, 신전에서 불경한 일을 저지르는 사람, 한마디로 할례도 받고 율법도 가졌으면서 '율법을 어기는' 사람, 이런 불순종으로 하나님의 이름을 모독하는 그런 사람이다(2:17-24). 애초에 율법을 지키지 않는 사람을 향해 "보세요. 율법을 행한다고 되는 게 아니지 않습니까?" 하고 말할 사람은 없다. 바울의 말은 이렇다. "보세요. 여러분도 남들처럼 율법을 어기잖아요? 그런데도 단지 할례자라는 이유 때문에 의롭다 여겨질까요? 하나님은 행한 대로 갚으시는 분이잖아요."

엄밀히 따지면 '율법 **행함**으로는 의롭다 하심을 얻을 수 없다'는 통상적 해석은 바울의 말을 정반대로 뒤집은 것이다. 사실 로마서에서 칭의에 관한 바울의 첫 선언은 야고보의 주장처럼 들린다. "하나님 앞에서는 율법을 듣는 사람이 아니라 행하는 사람이 의롭다 여기심을 받을 것입니다"(2:13; 약 1:22-25). 율법을 행하는 자가 의롭다 하심을 얻는다는 것이다(2:13). 여기서 율법을 행하는 자는 '율법을 듣는 자', 곧 율법을 듣기만 하고 행하지는 않는 자와 대조된다. 율법을 소유하고 들으며 흐뭇해하는 사람이 아니라, 들은 율법을 실천에 옮기는 사람이 의롭다 하심을 얻는다. 이는 그저 듣고 마는 것과 듣고 실천하는 것 사이의 대조이지, 적당히 실천하는 것과 완벽하게 실천하는 것 사이의 대조가 아니다. 실천 배후의 음흉한 동기를 따지는 것도 아니다. 그렇다. 율법을 행하는 자는 의롭다 하심을 얻는다. 그러다 3장 20절에 와서 말을 뒤집은 것일까? '율법을 행하는 것으로는' 의롭다 하심을 얻을 수 없다고?

그래서 학자들은 두 구절 사이를 조율한다. 2장 13절은 원론적 가능성을 말할 것이다. 3장 20절의 '율법의 행위들'은 2장 13절에 말한 율법 행함과는 달리, '어딘가 잘못된' 율법 행함을 가리킬 것이다. 의롭다 하심을 얻을 수 있을 정도로 완벽하지 못한 행위건(전통적 해석), 율법이 본래 의도한 다민족적 포용성을 위반하는 행위건(새 관점), 제대로 된 순종으로 봐줄 수 없는 행위라는 것이다. 하지만 아무리 보아도 자연스러운 읽기는 아니다. 정말 그런 뜻이었다면 바울이 직접 '그런 부족한 행위로는' 곤란하다고 말하거나 그처럼 '배타적인 행함으로는' 안 된다고 분명히 말했을 것이다. 갈라디아서에서도 지적한 것처럼 바울이 말한 율법 행함이 '무언가 부족한 율법 행함'을 의미한다면, 그들의 '율법 행함'을 치밀하게 검증하면서 그 행함이 왜 부족한지를 지적했어야 한다. 그들이 미처 생각지 못한 엄밀한 기준을 보여 주면서, 그들 나름의 최선이 하나님 앞에서는 턱없이 부족한 수준임을 증명하거나, 그들의 열성적 율법 행함이 어떻게 이방인을 배제하는지를 보여 주고, 그 배타적 태도가 어떻게 율법의 본래 의도와 어긋나는지를 보여 주어야 했다. 하지만 지금까지의 논증 그 어디에도 그런 이야기는 나오지 않는다. 바울의 논지는 시종일관 단순하다. 그냥 자부심만 가득했지, 실제 행하지 않는다는 것이다. 바울은 '(실패한) 율법의 행위들'로는 안 된다고 말하는 것이 아니라, 그냥 '율법의 행위들'로는 안 된다고 말한다. 율법을 행한다면 당연히 의롭다 하심을 받을 것이다

(2:13). 하나님은 행한 대로 갚으시는 분이기 때문이다(2:6-11). 따라서 3장 20절의 '율법의 행위들'은 실제로 율법을 행하는 것을 가리키는 표현이 아니다. 율법을 **행하지 않는** 사람들이 '율법의 행위들'로 의롭게 되려 했다면 이 '율법의 행위들'이 **율법 행함**을 가리킬 수는 없는 것이다.

율법을 행하지 않는 사람에게 남는 것은 공허한 자부심뿐이다. 그러니까 '율법의 행위들'은 율법을 행하지는 않으면서 자기는 다르다고 우쭐했던 유대인의 자랑거리, 곧 할례나 율법과 같은 유대인이라는 외면적 정체성의 상징들을 가리킨다(2:28-29). 바울은 이런 정체성의 외면적 상징으로는 의롭게 될 수 없다고 말한다. 왜냐하면 각 사람에게 행한 대로 갚으시는 하나님 앞에서 중요한 것은 외면적 조건이 아니라 율법을 실천하는 것이기 때문이다(2:6, 11). 그러니까 바울은 외면적 '율법의 행위들'과 역설적으로 결합된 현실, 곧 율법을 지키지 않는 불순종을 비판하고 있다. 율법을 지키지 않는 상황에서 '율법의 행위들'(할례, 율법 소유)과 같은 무의미한 조건을 들이미는 것이 무슨 소용이 있느냐는 것이다(2:25-27).

### 믿음으로 계시되는 하나님의 의

바울은 하나님의 의로우심이 '율법과 상관없이' 나타났다고 말한다(3:21). 상관이 없다는 것은 정말 아무런 관계가 없다는 뜻이 아니다. 사실 지금 하나님의 의로우심이 나타난 것은 그렇게 나타나기로 '율법과 선지자에 의해 증언된' 것이다. 이 의로움의 계시가 율법과 상관이 없다는 것은 율법은 하나님의 의로움이 어떻게 나타날지 증언해 주지만, 그 의로움을 직접 매개하지는 못한다는 뜻이다. 하나님의 의로움이 계시되는 통로는 믿음이다. '예수 그리스도를 믿음으로' 주어지는, 그래서 다른 아무런 조건도 없이 '모든 믿는 자에게' 주어지는 하나님의 의로움이다. 하나님이 이 방식을 택하신 이유가 있다. **왜냐하면** 차별이 있어서는 안 되기 때문이다(3:22).[25] 하나님의 의가 '율법으로' 주어진다면, 율법을 소유한 유대인만이 그 수혜자가 될 것이다. 하지만 하나님의 의에는 차별이 있을 수 없다. 그래서 하나님의 의는 믿음의 길을 택한다. 예수 그리스도를 믿는 믿음은 유대인뿐 아니라 모든 사람에게 열린 길이다. 사실 율법의 소유는 하나님의 의를 가져다줄 수 없다. 바울이 앞에서 분명히 밝힌 것처럼, 할례를 받고 율법을 소유한 유대인들을 포함하여 '모든' 사람이 죄를 지었고, 결국 하나님의 영광에 미치지 못하게 되었다(3:23). 따라서 유대인이든 비유대인이든 하나님의 의를 누릴 수 있는 길은 이제 하나뿐이다. 곧 '예수 그리스도가 이루신 속량을 통해' 그러니까 '하나님의 은혜로 값없이' 의롭다 하심을 얻는 것이다(3:24).

여기서 차별이 없다는 것은 유대인과 이방인 사이에 차이가 없다는 뜻이다. 바울은 유대인 역시 도덕적 파산 상태였음을 상기시키며, 이젠 그 어떤 인간적 조건과 무관하게 오로지 하나님의 은혜로 의롭게 된다고 말한다. 하나님이 예수님을 통해 자신의 의로움을 나타내기로 하셨기 때문이다(3:25-26). 그래서 그 누구도 '나는 다르다'고 자랑할 이유가 없다. 하나님이 예수님을 통해 죄에서 우리를 속량하시고 의롭게 하시는 것은 유대인이 자랑하던 할례와 같은 '(율법의) 행위들'이라는 원칙에 따른 것이 아니라 믿음의 원칙을 따른 것이다(3:27). 그래서 하나님의 칭의는 유대인이 내세우던 '율법의 행위들'이 아니라 모두에게 열려 있는 '믿음을 통해서' 주어진다(3:28).

어떤 이는 값없는 은혜나 '행위들'(3:27)이라는 표현을 유대적 자부심과 연결하는 해석이 억지스럽다고 느낄지 모른다. 하지만 이어지는 바울의 논증은 그가 바로 그 점을 말하고 싶었음을 분명히 한다.

**그게 아니라면** 하나님은 오로지 유대인의 하나님에 지나지 않는다는 말입니까? 이방인의 하나님은 아니라는 말입니까? 그게 아니라 이방인의 하나님이시기도 합니다. 할례자도 믿음으로, 무할례자도 믿음으로 의롭다 하실 하나님은 한 분이십니다. (3:29-30)

29-30절은 또 하나의 새로운 주제를 소개하는 것이 아니라 지금까지 펼쳐 온 주장을 뒷받침하는 추가적 논증이다. 한글 번역에는 누락되었지만, 29절은 '혹은' 내지는 '그게 아니라면'이라는 결정적 접속사로 시작한다. 상대방의 주장 속에 담긴 치명적 함의를 드러냄으로써 바울 자신의 주장을 보다 공고히 만드는 움직임이다. 만약 상대방의 주장처럼 칭의가 '행위들'의 원칙에 의한 것이라면, 이는 하나님이 그저 유대인의 하나님일 뿐이며 이방인의 하나님은 될 수 없다는 말과 같다. 그렇다면 27절의 '행위들'은 누구에게

나 해당하는 보편적 의미의 행함이 아니라, 유대인의 정체성과 관련한 특정한 행위들임이 분명하다. 곧 앞서 나온 '율법의 행위들'의 줄임말인 셈이다. 물론 하나님을 유대인의 하나님으로 제한하려는 발상은 터무니없다. 하나님은 과연 이방인의 하나님도 되신다. 따라서 칭의는 유대인의 전유물인 '율법의 행위들'에 의한 것일 수 없다. 하나님은 모두의 하나님이시며, 따라서 그분은 모두에게 열린 문인 '믿음'의 원리를 따라 사람을 의롭게 하실 것이다.

## 무할례자 아브라함의 이신칭의

바울은 이 진리를 성경적으로 확증하기 위해 아브라함 이야기를 들려준다. 유대인이 굳게 믿는 것처럼 하나님은 한 분이시다. 당연히 그분이 우리를 의롭게 하는 원리도 하나다. 곧 유대인이 내세운 '율법의 행위들'이 아니라, 모두를 향해 열린 믿음의 길이다. 아브라함은 바로 그 '모두를 위한 칭의'에 대한 성경적 증거다. 우리 조상 아브라함이 '육신'으로 무언가를 얻었다고 말할 수 없다(4:1). 그가 '행위들'로 의롭다 여겨졌다면 나름 자랑할 것이 있었을 것이다(4:2). 하지만 그가 하나님 앞에서 칭의의 근거랍시고 내세울 것은 아무것도 없다. 성경의 증언처럼 아브라함은 하나님을 믿었다. 그리고 믿음이 그에게 의로 간주되었다(4:3; 창 15:6). 그가 가진 어떤 조건이 아니라 하나님을 향한 믿음이 칭의의 유일한 근거였다. 그렇다면 바울은 여기서 무엇을 증명하려 하는가? 칭의의 근거가 그의 도덕적 '행위'가 아니었음을 말하고 싶었을까? 그랬다면 바울은 행함이 없는 아브라함의 도덕적 파산 상태를 부각시켰을 것이다. 하지만 그 부분에 대해서는 말이 없다. 당시 상식에 따르면, 아브라함은 율법이 주어지기 전부터 율법을 온전히 지켰다. 그래서 야고보서는 아브라함의 '믿음/신실함'을 그의 순종과 쉽게 연결할 수 있었다(약 2:21-24). 바울이 이런 통념을 뒤집고 아브라함의 '행위 없음'을 부각시키려 한 흔적은 없다.

물론 바울은 칭의가 은혜임을 무척 강조한다. 이것이 출발점이다. 이를 설명하기 위해 상업 용어를 활용한다. 내가 누군가를 위해 일을 했다면 내가 받은 삯은 은혜가 아니라 나의 당연한 권리다(4절). 물론 일을 안 했다면 요구할 것이 없다. 그런데도 무언가를 받았다면 이는 고용주의 호의일 뿐, 내 권리는 아니다. 이것이 모두가 처한 상황이다. '의인이라고는 한 사람도 없는' 상황(3:10), '모든 사람이 죄를 지어 하나님의 영광에서 멀어진' 상황에서(3:23), 유일한 칭의의 가능성은 하나님이 그 사람을 그냥 공짜로 의롭다 '간주하시는' 것뿐이다. 아브라함이 이를 증명한다. 그가 하나님 앞에 내세울 건 없다. 그는 그저 '경건치 않은 자를 의롭다 하시는 분'을 믿었을 뿐이다. 그런데 하나님은 이 믿음을 의로 '간주해' 주셨다(4:5). 사실 죄 용서로서의 칭의란 어차피 경건치 않은 자를 의롭다 '간주하는' 것이다. 그러니 조건이 있을 수 없다. 이를 분명히 하고자 바울은 다윗의 시편을 인용한다. "불법이 용서되고, 죄가 가려진 사람은 행복하다. 주께서 그 사람의 죄를 죄로 간주하지 않을 사람은 행복하다"(7-8절; 시 32:1-2). 여기서 바울이 이 시편을 인용하는 이유는 여기에 '간주하다'라는 전략적 동사가 나타나기 때문이다. 칭의란 자격

없는 자들을 그냥 의롭다 '여겨 주는' 은혜로운 행동이다.

이 부분만 생각하면 칭의가 (도덕적) 행위와 무관하다는 주장을 하는 것처럼 보인다. 6절의 '행위들과 무관하게'라는 표현은 도덕적 행위와 무관하다는 의미로 이해될 수 있다. 또 칭의를 죄 용서로 풀이하는 시편 역시 도덕적 행위의 불필요함을 말하는 듯하다. 하지만 당연한 사실로 전제된 것과 바울이 애써 증명하려는 논점은 다르다. 현재적 의미에서 칭의는 '전에 지은 죄를 간과하는' 용서다(롬 3:25). 또 하나님은 '경건치 않은 자를 의롭다 하시는' 분이다(4:5). 따라서 용서란 애초부터 제대로 된 행위가 없는, 아니 나쁜 행위만 있는 사람을 용서해 주는 것이다. 그러니 당연히 도덕적 '행위와 무관'하다. 이런 당연한 사실을 증명할 필요는 없다. 나쁜 죄를 저지른 죄인을 용서하면서, 누가 "너의 행위 때문에 용서해 주는 것은 절대 아니야"라고 목소리를 높이겠는가? 도덕적 '행위 없이' 의롭게 되는 것은 맞지만, 이 **당연한 사실이** 바울이 **애써 증명하려는 논지**는 아니다.

그렇다면 바울이 실제 증명하려고 하는 논점은 무엇일까? 3장 말미에서 본 것처럼, 그의 핵심 주장은 죄 용서/칭의라는 복이 유대인뿐 아니라 비유대인들을 위한 것이기도 하다는 사실이다. 칭의를 일단 죄 용서로 정의한 다음, 바울은 이렇게 묻는다.

> 그렇다면 이 복이 누구를 위한 것입니까? 할례자를 위한 것입니까, 아니면 무할례자를 위한 것이기도 합니까? (4:9)

이 질문에 대한 답을 찾으면서, 바울은 앞에서 인용한 창세기 15장 6절을 되새긴다. 아브라함이 하나님을 믿었고, 이것이 그에게 의로 간주되었다고 '우리가 (3절에서 이미) 말하지 않았느냐?'는 것이다(9절b). 그러니까 3절에서 창세기를 인용한 것은 애초부터 9절의 이 질문에 답하기 위해서였다.

바울의 논증은 간단하다. 중요한 것은 아브라함이 의롭게 된 방식이다. 보다 구체적으로, 그가 의롭다 여겨졌을 때의 상태다. 믿음으로 의롭게 여겨졌을 때, 아브라함은 할례자였던가? 그렇다면 '이신칭의'의 복은 할례자만을 위한 것이라 주장할 수 있다. 하지만 그의 칭의(창 15:6)는 분명 그의 할례(창 17장)보다 앞선다. 곧 그가 의롭다 여겨졌을 때 그는 아직 무할례자, 곧 바울 시대의 용어로 이방인이었다(롬 4:10). 물론 나중에 할례도 받았다. 하지만 그 할례는 이방인일 때 믿음으로 받은 칭의를 사후적으로 추인하는 의식이었다(4:11). 역설적이지만, 할례는 '무할례자들도 이신칭의의 복을 누린다'는 성경적 사실을 증명하는 징표인 셈이다(4:11). 물론 그는 할례자/유대인의 조상이기도 하다. 따라서 할례자 역시 그의 뒤를 이어 이신칭의의 복을 누린다. 하지만 아브라함은 그 이상이다. 그는 '우리 조상 아브라함이 무할례자로서 보여 준 믿음의 자취를 따르는' 모든 자의 조상이다. 바울은 바로 이 '모든' 사람을 위한 칭의를 말하고 싶었다.

### 왜 믿음이 의롭게 하는가?

유대인이 자랑했던 '율법의 행위들'은 의로움의 근거가 아니다. 하나님은 할례나 율법의 소유와 같은 외적 조건이 아니라 각 사람의 행위를 살피는 분이다. 그렇다면 믿음이 의로움의 통로가 되는 이유는 무엇인가? "이제 행함이 없어도 되니까" 하고 답할 수는 없다. 바울이 길게 강조한 것처럼, 하나님은 분명 행위를 살피신다. 유대인들이 자랑하던 '율법의 행위들'이 해답이 아닌 이유도 그 속에 제대로 된 순종이 없었기 때문이다. 그래서 로마서에도 순종이 없이는 구원/영생에 이를 수 없다는 종말론적 경고가 선명하게 나온다. 바울이 믿음을 칭의와 구원의 해답으로 제시했다는 것은 이 믿음이야말로 하나님 앞에서 참된 순종을 이끌어 내며, 이를 통해 우리를 의롭게 한다는 것을 의미한다. 2장의 표현을 빌리자면, 믿음의 길은 외적 조건이 아니라 속사람을 유대인답게 만든다. 곧 육체가 아니라 마음에 할례를 행함으로써, 하나님께 순종하는 백성을 만들어 낸다. 그래서 사람들에게 칭찬받고 인정받는 것이 아니라 하나님께로부터 칭찬, 곧 의롭다 하심을 받는다(2:28-29). 물론 이 변화는 '율법 조문'이 아니라 '영으로' 가능하다(2:29). 결국 하나님께 인정받기 위해서는 성령의 역사가 필요하다는 이야기다. 유대인의 공허한 자부심을 해체하고, 모두에게 공평한 칭의의 길을 확인한 다음, 바울이 본격적으로 강조하는 바가 바로 이것이다. 역동적 믿음을 통해 주어지는 하나님의 은혜요, 그 은혜 속에 담긴 새로운 생명의 역사다. 바울이 모든 믿는 자를 구원에 이르게 하시는

'하나님의 능력'이라고 말한 바로 그 복음의 본질이다(1:16).

아브라함의 칭의 사건을 들어 그 칭의가 차별이 없다는 사실을 증명한 것처럼, 바울은 또한 아브라함의 믿음을 들어 의롭게 하는 믿음의 속내를 드러내 보인다.

> 그가 믿은 하나님은 **죽은 자를 살리시며** 없는 것을 있는 것처럼 부르시는 분입니다. (4:17)

아브라함은 하나님을 '죽은 자를 살리는 분'으로 믿었다. 아브라함은 '희망을 가질 수 없는 상황에서 희망을 가졌다'(4:18). 백 세나 된 그의 몸은 새로운 생명을 잉태할 수 없다. 그는 '자기의 몸은 죽었다'는 것과 '사라의 태도 죽었다'는 것을 잘 알았다(4:19). 하지만 이것이 하나님의 약속에 대한 그의 믿음을 막지는 못했다(4:20). 왜냐하면 하나님께서는 약속을 '이루실 능력 또한 있다'는 사실을 확신했기 때문이다(4:21). 그는 하나님이 자기의 죽은 몸과 사라의 죽은 태를 살려 내어 아들을 주실 것이라고 굳게 믿었다. 그야말로 하나님을 창조주 하나님으로 인정하며 영광 돌리는 믿음이다(4:20). 그리고 하나님은 바로 이 믿음, 곧 죽은 자를 살리시는 하나님을 믿었던 그 믿음을 그에게 의로 여겨 주셨다(4:22).

아브라함 이야기는 흘러간 과거가 아니다. 성경에 기록되어 장차 '의로 여기심을 받게 될 우리'를 위한 말씀으로 다가온다. 물론 '우리'는 "예수 우리 주를 죽은 자 가운데서 살리신 분을 믿는" 자들이다(4:24). 바로 이 지점에서 아브라함과 그리스도인의 믿음이 겹친다. 둘 다 죽은 자를 살리는 능력을 소유하신 하나님을 믿고 고백한다. 아브라함이 자기의 몸과 사라의 태를 살리실 하나님을 믿었다면, 우리는 예수님을 죽은 자들 가운데서 살리신 하나님을 믿는다. 믿음의 구체적 양상은 다르지만, 생명과 부활의 능력을 가지신 창조주 하나님을 믿는다는 점에서는 동일하다. 그러니까 아브라함이든 바울 시대의 그리스도인이든, 의롭게 하는 믿음은 공히 '죽은 자를 살리시는 하나님'을 바라보는 믿음을 의미한다(4:17).

의롭게 하는 믿음이 죽은 자를 살리시는 하나님을 향한 믿음이라는 말은 칭의 자체가 부활과 연결된 것이라는 말과 같다. 그렇다. 칭의에는 부활이 필요하다.

> 예수는 우리 범죄 때문에 넘겨지셨고, 우리의 칭의를 위해 살아나셨습니다. (4:25)

이 결정적 진술이 칭의 교리에서 별 주목을 받지 못한다는 사실은 해명하기 어려운 수수께끼다. 아마 전통적 칭의 개념에 근본적 수정을 야기하는 것이어서 그럴지도 모른다. 칭의는 분명 십자가 죽음을 통한 죄 용서를 포함한다(3:23-26). 그렇다고 용서가 칭의의 전모는 아니다. 죄가 예수님의 죽음을 필요로 했던 것처럼, 칭의는 예수님의 부활을 필요로 한다. 예수님의 부활은 생명을 창조하시는 하나님의 능력이 가장 극적으로 드러난, '죽은 자를 살리시는' 하나님의 자기 계시다. 바울은 바로 여기에 칭의의 해답이 있다고 믿었다. 칭의가 무엇이길래 예수님의 부활을 필요로 하는 것일까?

## 구원의 소망에 이르게 하시는 그리스도

로마서의 흐름은 흥미롭다. 우리를 의롭다 하시기 위해 살아나셨다는 진술 이후 칭의에 관한 논의는 사실상 멈춘다. 그 대신 미래 구원에 관한 이야기로 바뀐다. 보다 정확히 말하자면 '우리 주 예수 그리스도를 통하여' 이루어진 칭의와 화목을 발판 삼아, 어떻게 미래 구원의 소망이 실현되는가에 관한 이야기로 옮아간다고 할 수 있다. 이 움직임은 중요하다. 현재 그리스도인은 믿음에 의해 '은혜'라는 삶의 공간으로 들어와 존재한다. 이 새로운 삶의 공간에서 우리는 하나님의 영광(구원)에 대한 소망으로 즐거워한다(5:2). 곧 그리스도가 조성하신 은혜의 공간에서 비로소 미래 구원을 소망할 수 있다는 이야기다. 구원의 소망에 대한 자랑 혹은 즐거움은 환난 중에도 계속된다. 왜냐하면 환난이 인내와 연단의 단계를 거치며 결국 소망에 이르는 과정임을 알기 때문이다(5:3-4). 이 소망은 우리를 부끄럽게 하는 엉터리 소망이 아니다. 왜냐하면 성령을 통해 하나님의 사랑이 우리에게 부어졌기 때문이다(5:5). 우리는 이 사랑을 십자가에서 확인한다. 바울은 이 사랑에 놀란다. 십자가는 우리가 아직 연약할 때(5:6), 아직 죄인일 때(5:8), 심지어 하나님과 원수였을 때(5:10) 하나님이 우리를 위해 자기 아들을 내어 주셨음을 의미한다. 이런 자기희생적 사랑이라면 미래를 염려할 필요는 없다. 원수일 때도 그 아들의 죽음으로 우리를 의롭게 하신 분이라면, 이제 하나님과 화해하고 그의 자녀가 된 마당에, 우리를 마지막 진노에서 구원하시리라는 것은 말할 필요도 없다(5:9-10). '우리 주 예수 그리스도'의 십자가의 사랑이 미래 구원에 대한 보증이 되는 것이다(5:11). 현재의 칭의에서 미래 구원에 이르는 과정, 이것이 계속되는 논의의 주제다.

5장 후반부는 아담과 그리스도를 유형론적으로 비교하면서, 그리스도가 어떻게 우리를 구원/영생에 이르게 하는지 설명한다. 아담과 그리스도는 모두 인류의 운명을 결정하는 원형적 '아담'(사람)들이다. 그런 점에서 두 사람의 역할은 유사하다. 하지만 실제 역할은 정반대다. 아담은 하나님께 불순종했다. 그로 인해 죄가 세상에 들어왔고, 그 죄를 타고 죽음이 세상이 들어왔다. 곧 자신의 불순종 때문에 죄와 죽음이 지배하는 세상을 만들어 내고 그것을 우리에게 물려주었다. 그 반면 그리스도는 순종하셨다. 그는 순종을 통해 죄와 죽음의 통치에서 자유로운 새로운 삶의 공간을 만들어 주셨다. 바울은 이 전혀 다른 삶의 공간을 은혜라 부른다. 은사, 선물(헬. 도레마), 선물(헬. 도레아)과 같이 비슷하면서 다른 이름으로 불리기도 한다. 바울은 이 삶의 공간 이야기를 통치 개념으로 설명한다. 아담이 물려준 '땅'에서는 죄가 통치한다. 물론 그 최종 결과는 죽음이다. 그 반면 그리스도가 물려주신 땅에서는 하나님의 은혜 혹은 그리스도의 은혜가 통치한다. 당연히, 이 통치의 최종 결과는 영생이다(5:21).

그렇다면 이 은혜의 통치는 무엇일까? 항간에 떠도는 오해처럼 예수님의 십자가가 우리를 대속하니까 우리는 죄를 지어도 처벌받지 않는다는 뜻일까? 바울은 이런 터무니없는 발상에 펄쩍 뛴다. "있을 수 없는 일입니다!"(6:1-2) 그래서 바울은 6장에서 영생에 이르게 하는 이 은혜의 통치를 보다 상세히 그려 낸다. 믿음은 머릿속 생각의 문제가 아니다. 믿음에는 실존적 차원이 있다. 그리스도를 믿는다는 것은 그분과의 연합을 의미한다. 그리스도 '안으로' 세례를 받는 것이 바로 이 하나됨을 나타낸다. 물론 그리스도는 십자가에 달려 죽으셨던 분이다. 우리는 이 죽음 안으로 세례를 받는다. 죽음은 관계의 끝을 의미한다. 예수님의 죽음은 그리고 그의 죽음 안에서 우리가 경험하는 죽음은 죄가 통치하던 옛 삶과의 관계가 종식되었다는 뜻이다(6:7, 10). 지금 우리의 삶은 부활하신 그리스도와 하나가 되어 누리는 새로운 삶이다. 과거의 삶과는 연을 끊고 하나님과의 관계 속에서 살아가는 전혀 새로운 종류의 삶이다.

그러므로 우리가 그의 죽으심 안으로 세례를 받아 그와 함께 매장되었습니다. 이는 아버지의 영광을 통해 그리스도를 죽은 자 가운데서 살리신 것처럼 우리 또한 새 생명 안에서 살아가도록 하기 위해서입니다. (6:4)

이것이 그리스도인의 정체성이다. 우리는 죄에 관한 한 죽어 버린 존재요, 하나님을 향해서만 살아 있는 존재다. 우리는 이 현실을 믿음으로 받아들인다. 그래서 우리 자신을 죄에 대해서는 죽은 사람, 오로지 하나님을 향해 살아 있는 사람으로 간주한다(6:11). 하나님이 우리를 의롭다 '여겨 주시는' 것처럼, 우리도 우리 자신을 변화된 존재로 '여기며' 산다. 물론 이 믿음의 현실이 당장, 저절로, 일상의 현실로 번역되지는 않는다. 그래서 그리스도 안에서 믿음으로 획득한 새로운 정체성은 동시에 우리가 일상에서 살아 내야 할 하나의 당위로 다가온다. 이제 죄에 대해 죽었고 하나님에 대해 살아 있다고 '여기는' 우리는 그 죽음과 삶의 고백을 삶으로 구현하라는 의무 아래 놓인다. 우리는 우리 삶의 옛 주인인 죄가 더 이상 우리 삶을 지배하게 해서는 안 된다. 그 대신 '죽은 자 가운데서 다시 살아난 자같이' 하나님의 통치에 복종해야 한다(6:12-13). 이것이 바로 우리가 '율법 아래'가 아니라 '은혜 아래' 살아가는 삶의 실제 모습이다(6:14).

당연한 말이지만 그리스도가 오셨다고 해서, 우리가 그리스도 안에 있다고 해서, 하나님의 원칙이 바뀌는 것은 아니다. 믿음은 우리 삶의 주체성을, 그 삶의 책임을 제거하는 절차가 아니다. 하나님은 언제나 각 사람에게 행한 대로 갚으신다. 우리가 어떤 삶을 살든, 우리 삶에는 종말론적 결과가 따른다. 입술의 고백이 아니라 실제 우리 삶의 결과다. 우리가 무슨 고백을 하든 우리가 실제 삶에서 죄의 지시를 따르는 한 우리는 죄의 종이다. 그리고 그 삶의 마지막은 죽음이다. 반대로 하나님의 뜻을 따르면 우리는 순종의 종이다. 그리고 그 삶의 마지막은 의로움이다(6:16). '성화 없는 칭의는 없다'는 낯익은 표현처럼, 삶의 변화가 없는 추상적 정체성의 변화는 존재하지 않는다. 실제로는 죄의 욕망을 따라 살면서도 죄의 책임에서는 면제되는 그런 식의 편리한 해방은 없다는 이야기다. 기실 우리가 죄에서 해방되어 의에게 종이 되는 변화 자체가 '우리에게 전해진 교훈의 본을 마음으로 순종하는' 과정을 거친다(6:17-18). 그렇지 않은가? 몸은 여전히 종속되어 있으면서 마음으로만 해방되었다고 말하는 것은 자기기만이다. 그래서 바울의 복음 이야기는 삶의 변화에 대한 이야기이기도 하다. 그 해방과 변화가 바로 그리스도 안에서 일어난다고 선포하는 것이다. 그리고 우리는 예수님을 통해 이루어진 이 삶의 변화를 두고 하나님께 감사를 드린다(6:17).

그래서 그리스도인의 삶은 그리스도와의 만남을 경계로 하여 '이전'과 '현재'로 날카롭게 구분된다. 전에는 부정과 불법을 섬기는 죄의 종으로 살았다면, 이제는 성결의 열매를 맺는 의의 종으로 살아야 한다(6:19). 과거 죄의 종일 때는 의로움에서 자유로운 존재였지만, 지금은 그 시절을 부끄러워한다. "왜냐하면 그 마지막이 죽음이기 때문이다"(6:20-21). 심판의 원칙이 달라질 수 없는 탓이다. 하지만 우리가 달라졌다. 이제 우리는 죄의 지배에서 해방되고 하나님을 섬기는 종이 되어 거룩함이라는 열매를 맺는 존재다. 물론 이 삶의 마지막은 영생이다(6:22). 영생이란 우리가 부활의 몸을 입고 누리게 될 영광스러운 삶이다(6:5). 이 위대한 선물은 우리가 우리 몸을 마구 굴려도 저절로 주어지는 선물이 아니다. 우리가 부활의 몸을 입고 누리게 될 구원과 영생의 삶은 현재 '죽은 자 가운데서 다시 살아난 자같이' 자신을 하나님께 드리는 자에게 내리시는 하나님의 선물이다. 이 진리를 바울은 한마디로 이렇게 요약한다. "죄의 삯(필연적 결과)은 죽음이지만, 하나님의 은혜로운 선물은 우리 주 예수 그리스도를 통해 주어지는 영생입니다"(6:23). 우리가 대충 살아도 영생을 주신다는 의미에서 은혜가 아니다. 죄를 짓는 삶을 살면 그 필연적 결과는 언제나 죽음이다. 영생이 은혜인 이유는 이전에는 꿈꿀 수 없었던 것을 하나님의 능력으로 가능하게 하시기 때문이다. 행한 대로 심판하시는 원칙을 굽혀 원하는 결과를 만들어 내는 것이 아니라(갈 6:7), 우리를 변화시켜 약속하신 결과에 이르게 하시는 것이다. 따라서 구원에 이르는 여정에서 중요한 것은 바로 이 변화의 능력이다. 마음에 할례를 행하여 속사람을 유대인이 되게 하는 변화, 곧 새로운 생명을 부여하는 창조주 하나님의 능력이다. 바울은 예수 그리스도의 십자가와 부활을 통해 바로 그 하나님의 창조적 능력이 드러난다고 선포한다.

유대인에게 율법의 소유가 도움이 되지 못했던 것은 바로 이런 이유였다. 율법에는 이런 생명의 능력이 존재하지 않는다. 하나님이 애초부터 그런 의도로 율법을 주신 것이 아니기 때문이다. 율법의 비극적 역설은 하나님의 뜻이 무엇인지 분명히 가르치고 그 뜻에 따라 우리를 정죄하면서도, 정작 그 뜻을 행할 수 있는 능력을 주지는 못한다는 사실이다. 율법에 관한 로마서 7장의 긴 논의는 바로 이 역설을 파헤친다. 하나님의 율법은 거룩하고 의롭고 선하다. 하지만 연약하다. 우리 육신을 지배하는 죄의 세력을 정복할 능력이 없다. 오히려 죄에 휘둘리는 인간에게 율법은 죄의 지배를 더욱 적나라하게 만들고, 그 지배를 더욱 공고히 만드는 계기로 작용한다. 계명은 우리를 변화시키지는 못한 채, 오히려 계명이 금지하는 우리 속의 욕망을 자극한다. 율법 때문에 일이 점점 커지는 것이다. 더욱이 죄에 휘둘리는 우리를 하나님의 율법의 권위로 정죄한다. 이렇게 율법은 죄의 사주를 받아 우리를 정죄와 죽음에 이르게 하는 매개체로 작용한다.

물론 근본 문제는 율법이 아니라 우리 자신, 곧 우리 속에서 우리의 삶을 지배하는 죄다. 바울은 죄와 죽음의 지배 아래 놓인 실존을 '죽음의 몸'이라 부른다. 율법은 우리의 이런 비극적 현실을 극명하게 드러내며 우리로 하여금 절망을 외치게 만든다. "아, 비참하구나! 누가 나를 이 죽음의 몸에서 건져 줄까?"(7:24) 우리는 복음 속에서 이 외침에 대한 응답을 얻고, '우리 주 예수 그리스도를 통해' 구원을 이루시는 '하나님께 감사드린다'(7:25).

### 죄에서의 해방과 구원의 소망 그리고 생명의 성령

바울은 하나님이 어떻게 '우리 주 예수 그리스도를 통하여' 구원을 이루시는지 풀어 간다. 이 과정의 핵심은 죄의 지배에서의 해방이다. 바로 여기에 하나님의 창조적 능력이 드러난다. 하나님은 성령의 능력으로 예수님을 죽은 자 가운데서 살리셨다(1:4). 그리고 우리 역시 부활하신 그리스도 안에서 새로운 생명으로 살아가게 하셨다(6:4). 이를 다시 말하면 성령의 능력이다. 그러니까 하나님이 그리스도를 통해 하신 일은 고스란히 성령 이야기로 번역될 수 있다. 우리는 죽고 살아나신 그리스도와 하나가 됨으로써 죄의 종이기를 멈추고 하나님의 종으로 거듭난다. 이 변화는 "생명의 성령의 위력이 죄와 사명의 위력에서 우리를 해방하시는" 이야기이기도 하다(8:2). 율법은 연약하다. 우리 육신을 지배하는 죄의 세력을 어찌할 수 없다. 그런데 하나님은 예수 그리스도의 십자가 죽음을 통해 바로 그 일을 하셨다. 예수님의 육신의 죽음을 통해 육신에 활동하는 죄 자체를 '해치우신' 것이다(8:3).²⁶ 그래서 우리는 죄의 지배에서 해방되고 하나님의 종으로 새롭게 살아간다(6:22). 이렇게 "육신을 따라 행하지 않고 성령을 따라 행함으로써 우리에게 율법의 의로운 규정이 이루어진다(fulfilled)"(8:4).²⁷

6장에 죄의 종으로서의 삶과 의의 종으로서의 삶이라는 실존적 선택이 나오듯, 육신을 따르는 삶과 성령을 따르는 삶 사이의 선택이 8장에 나온다. 물론 거기에는 각각의 삶에 어울리는 종말론적 결과가 기다린다. 육신을 따르는 삶은 죽음에, 성령을 따르는 삶은 생명과 평화에 이른다(8:5-6).²⁸ 그렇다면 신자의 미래를 결정하는 것은 결국 성령이다. 다시 말하면 구원을 상속할 자로서의 현재적 정체성을 결정하는 것도 성령이라는 뜻이다. 갈라디아서에서 확인한 이야기와 같다. 우리 속에 하나님의 영이 계셔야 우리가 육신이 아닌 영 안에서 살아갈 수 있다. 반대로 우리 속에 그리스도의 영이 안 계시면 우리는 그리스도께 속한 사람이 아니다(8:9). 그리스도가 우리 안에 계시다면, 몸이야 죄 때문에 죽음에 이르지만 영은 의로움을 통해 생명에 이른다(8:10). 결국 우리를 구원의 소망, 곧 우리 몸의 부활에까지 이르게 하는 열쇠는 성령이다.

> 예수를 죽은 자 가운데서 살리신 분의 영이 여러분 안에 거하시면 그리스도 예수를 죽은 자 가운데서 살리신 분께서 여러분 안에 거하시는 그의 영을 통하여 여러분의 죽을 몸을 살리실 것입니다. (8:11)

다시 말하자. 여기서도 성령으로 우리를 살리신다는 약속이 행위심판의 원칙을 무력화시키는 것은 아니다. 우리가 육신대로 살면 안 되는 이유는 그렇게 살아서는 안 되는 존재라는 신학적 이유 때문이기도 하지만, 보다 단순히 그렇게 '육신대로 살면 죽을 것'이라는 엄연한 사실 때문이기도 하다. 우리가 생명을 얻는 길은 '영으로 몸의 행실을 죽이는' 것밖에 없다(8:13).

그래서 '하나님의 자녀'라 불리는 사람은 자신이 하나님의 자녀라고 스스로 믿는 사람이 아니라 실제 '성령의 이끌리심을 받는' 사람이다. 성령은 우리를 하나님의 자녀로 만들어 '아바, 아버지'를 외치게 하고, 또 우리가 하나님의 자녀라는 사실을 증언하신다(8:15-16). 현재 우리가 하나님의 '자녀'라는 사실이 중요한 이유는 그래야 우리가 하나님이 약속하신 구원의 '상속자'가 되기 때문이다. 원래 아들이요 상속자이신 '그리스도와 더불어 공동상속자'가 되는 것이다. 하지만 성령으로 지탱되는 이 정체성은 내가 편한 방식대로 살면서도 누릴 수 있는 혜택이 아니다. '그리스도와 공동상속자'라는 은혜로운 선언은 그분과 함께 구원의 영광을 누리기 위해 '우리가 그분과 더불어 고난을 받는다면(only if)'이라는 선명한 조건을 동반한다(8:17). '조건'이라는 말이 불편할 수도 있지만, 바울의 문장은 분명 조건문이다. 구원의 영광을 누리려면 그리스도와 더불어 고난을 받아야 한다. 그런 삶을 살아가는 자들에게 '그리스도와 공동상속자'라는 신분이 허락된다. 따라서 그리스도와 더불어 고난받는 삶을 회피하면서, 즉 성령이 아니라 육신대로 살아가면서 상속자의 지위를 유지할 수는 없다. 그 삶의 마지막은 영생이 아니라 죽음이기 때문이다.

## 구원의 소망

당연한 말이지만, 구원에 관한 이야기는 결국 미래에 관한 이야기다. 우리에겐 '구원받았다'는 표현이 더 익숙할지 몰라도, 바울을 비롯한 신약성경은 구원이 기다려야 할 소망의 대상임을 분명히 한다. 원래 구원이란 심판 때 하나님의 진노에서 건짐을 받는 것이다(살전 1:10). 로마서에서 말하는 구원도 바로 이 구원이다(5:9-10). 그래서 '구원을 얻으리라'는 미래형이 표준이다. 경우에 따라서는 '구원을 받았다'고 말할 수도 있을 것이다. 하지만 여기에도 '소망으로'라는 역설적 수식이 붙는다(8:24). 더욱이 바울은 우리가 바라는 그 구원의 소망이 아직 '보이지 않는다'는 사실, 곧 아직 눈앞의 현실로 구현되지 않았다는 사실을 힘주어 강조한다. 이미 이루어진 것을 소망하지는 않는다. 우리는 아직 보이지 않는 것을 바라본다. 그러기에 그 구원이 드러날 성취의 날을 '인내하며 기다리는' 것이다(8:25).

그래서 논증의 막바지에서 미래적 전망이 더욱 강해지는 것은 자연스럽다. 구원 자체가 미래일 뿐 아니라, 심지어 줄곧 현재적인 개념으로 제시되었던 우리의 자녀됨조차 기다려야 할 소망의 대상으로 나타난다. 창조 세계는 하나님의 자녀들이 나타나기를 탄식하면서 고대하고 있다(8:20-22). 그뿐 아니라 심지어 성령의 첫 열매를 받은 우리조차 속으로 탄식하며 하나님의 자녀로 '입양'될 날을 간절히 기다린다. 물론 이 '입양'은 하나님의 본래 아들이신 그리스도의 형상을 입는 것, 곧 우리 몸이 부패에서 속량되어 부활의 몸을 입는 것을 가리킨다(8:23).

## 의로움의 소망: 기다림의 대상으로서의 칭의

놀랍게도 이 소망의 대상에는 칭의 역시 포함된다. 갈라디아서에서 칭의는 '의의 소망'이었다(갈 5:5). 그 반면 로마서에서 우리는 하나님의 의로움이 '지금' '나타나 있다'는 말을 듣는다(롬 3:21). 믿음으로 '의롭다 하심을 받았다'는 진술도 만난다(5:1, 9; 6:7). 그래서 우리는 칭의가 현재적 개념이라 생각한다. 이것이 기독교 칭의 교리의 정설이기도 하다. '의의 소망'이라는 바울 자신의 진술에도 불구하고, 칭의의 미래성을 말하는 것이 무슨 이단이라도 되는 양 호들갑을 떠는 사람들마저 존재한다.[29] 이게 다 '의롭다 하심을 받았다'고 말하는 로마서 때문이다. 아니, 정말 로마서 때문인가? 오히려 바울의 말을 재주껏 취사선택하는 우리의 편식 때문 아닌가?

물론 바로 앞에서 언급한 것처럼, 칭의는 이미 이루어진 것으로 그려진다. 하지만 칭의를 미래로 묘사하는 구절 역시 차고 넘친다. 우선 바울의 의도와는 달리 칭의를 이미 이루어진 것으로 잘못 번역한 구절들이 있다. 가령 3장 24절의 동사는 '하나님의 영광에 미치지 못하는 상태에 놓여 있다'는 현재형 동사를 수식하는 현재분사로, '의롭게 된다'는 원칙의 진술이지 '의롭다 하심을 얻은 자가 되었다'는 선언이 아니다. 6장 18절 역시 '의롭다 하심을 받아 생명에 이르렀다'는 말이 아니라, 한 사람 예수의 순종의 행위가 '생명의 의로움'이라는 목적 혹은 결과에 이르게 한다는 원론적 진술이다. 8장 33절에서도 하나님은 '의롭다 하신' 분이 아니라, '의롭다 하시는' 분으로서 '누가 우리를 정죄할 것인가?' 하는 미래적 표현과 상응한다.

물론 칭의를 미래로 명시하는 구절들도 많다.

하나님 앞에서는 율법을 듣는 자가 아니라 행하는 자가 **의롭다 하심을 얻을** 것입니다. (2:13)

그러므로 그 앞에서 율법의 행위로 **의롭다 하심을 얻을** 사람은 없습니다. (3:20)

할례자도 믿음으로 무할례자도 믿음으로 **의롭다 하실** 하나님은 한 분이십니다. (3:30)

"그에게 여겨졌다"고 기록된 것은 아브라함만 위한 것이 아니라, **장차 의롭다 여기심을 받을** 우리를 위한 것이기도 합니다. (4:23-24)

한 사람의 순종으로 많은 사람이 **의인이 될 것입니다.** (5:19)

그래서 칭의를 사실상 미래의 구원과 동일시하는 구절도 있다.

…하나님이 그를 죽은 자 가운데서 살리신 것을 그대 마음에 믿으면 **구원을 얻을** 것입니다. 사람이 마음으로 믿어 **의에 이르고** 입으로 시인

하여 구원에 이릅니다. (10:9-10)

## 하나님의 의로움, 하나님의 능력

칭의의 시제가 오락가락한다는 것은 바울이 어느 한쪽을 일방적으로 강조할 의사가 없었음을 의미한다. 바울의 강조점은 칭의의 시제가 아닌 다른 곳에 있다. 칭의의 관건은 믿음이다. 물론 이 믿음이 도덕적 '행위 없음'을 의미할 수는 없다. 바울의 복음 자체가 '믿음의 순종'을 의도한 것이기 때문이다. 오히려 우리를 의롭게 하는 믿음은 죽은 자를 살리시는 하나님을 믿는 믿음을 가리킨다. 그리스도인은 '하나님이 예수 우리 주를 죽은 자 가운데서 살리셨다'는 고백으로 이 믿음을 표현한다. 그래서 신자의 칭의에는 예수님의 십자가만큼이나 그분의 부활이 필요하다. 우리가 5장 이후의 논의를 개관하며 살핀 것처럼, 그리스도의 부활은 하나님이 자신을 생명의 능력을 소유한 창조주로 나타내신 결정적 계시에 해당한다. 생명의 성령이 가장 강력하게 드러난 사건인 셈이다. 그래서 그리스도의 부활은 신자들을 위한 새로운 삶의 기초다. 그리고 이 삶의 마지막에 본래적 의미의 부활, 곧 우리가 소망하는 몸의 부활이 기다린다. 바울이 처음부터 하고 싶었던 말이 바로 이것이다. 믿음으로 하나님의 의로움이 계시된다. 단순한 믿음이 아니라 죽은 자를 살리시는 하나님을 바라보는 믿음이다. 따라서 '하나님의 의로움'이란 생명의 능력을 지니신 하나님이 믿는 자를 향해 베푸시는 의로움을 나타낸다. '하나님의 의로움'이 믿는 자를 구원에 이르게 하는 '하나님의 능력'에 대한 해명이 되는 이유가 바로 여기 있다. 복음 속에 하나님의 의로움이 강력하게 나타나기 때문에 이 복음이 모든 믿는 자를 구원하는 하나님의 능력이라고 말할 수 있었던 것이다(1:16-17). 칭의 자체가 미래의 사건으로 묘사되곤 하는 것도 이런 바울의 의도와 무관하지 않다. 궁극적으로 신자들이 소망하는 것은 바로 하나님의 심판대 앞에서 받게 될 그 '의롭다 하심'이기 때문이다. 물론 칭의가 미래 구원 혹은 영생과 겹칠 때, 칭의 역시 하나님의 능력과 긴밀하게 얽힐 수밖에 없다. 그래서 바울은 우리의 믿음 자체를 죽은 자를 살리시는 하나님을 믿는 믿음으로 설명하고, 칭의도 예수님의 부활에 기반을 둔 것으로 제시한다.

바울은 바로 이 하나님의 능력에 방점을 찍는다. 성도의 삶을 두고 말하자면, 부활하신 그리스도를 통해 주어지는 성령의 역사다(고전 15:45). 로마서는 이 능력이 어떻게 신자를 변화시키고 구원의 소망에 이르게 하는지에 대한 치밀한 해명이다. 믿음이라는 방식으로 찾아오는 하나님의 능하신 은혜가 어떻게 인간의 헛된 자랑거리를 폐기 처분하는지, 또 그 은혜가 어떻게 죄의 지배를 종식시키고 하나님을 섬기는 새로운 삶을 창조하는지, 그리하여 어떻게 믿는 자들을 마지막 구원의 소망에 이르게 하는지에 대한 설명이다. 로마서 본론의 마지막 구절은 바울의 이런 관심사를 매우 멋지게 요약해 준다.

**소망**의 하나님이 **믿음** 안에서 모든 기쁨과 평화를 여러분에게 가득하게 하셔서 **성령**의 **능력**으로 소망이 넘치게 하시기를 바랍니다. (15:13)

✜

바울이 이방 신자들의 삶에서 보고 싶어한 것은 순종이다. 순종은 율법을 소유한다고 생기지 않는다. 이는 예수 그리스도를 통해 우리를 구원하시는 하나님을 믿음으로써 가능하다. 그래서 그 순종은 '믿음의 순종'이라 불린다(1:5; 16:26). **순종, 곧 인간의 행위는 바울이 성취하고자 한 목표지, 그가 맞서 싸운 교리적 장애물이 아니다.** 그가 마주한 근원적 문제는 인간의 죄요, 그 죄의 결과물인 불순종이다. 불순종이 불순종으로 분명히 드러나고 고백되는 한, 상황은 별로 어려울 것이 없다. 하지만 죄의 영향력 아래 있는 사람의 태도는 그처럼 단순하지 않다. 우리는 잘못을 저지르면서도 그 잘못을 직시하지 못하게 하는 방어기제들을 작동시킨다. 현실과 생각이, 삶의 실상과 자기인식이 서로 어긋나는 위선적 상황이 조성되는 것이다.

하나님의 백성을 자처하는 이들에게는 신학적 방어기제들도 동원될 것이다. 바울이 보기에는 동시대의 유대인들 혹은 일부 유대 그리스도인들이 그랬다. 하나님 앞에 적나라한 죄인으로 서기보다는, 그리하여 위로부터 내리는 하나님의 능하신 은혜에 자신을 맡기기보다는, 그들이 소유한 알량한 차별성에 집착하며 '우리는 다르다'고 믿었던 것이다. 그래서 그들은 할례에 집착했고, 날짜에 민감했고, 음식에 예민했다. 이를 통해 자신과 '이방 죄인'과의 차이를 분명히 하고 싶어 했다. 하지만 그와 같은 육체적 수준의 '다름'은 진정한 '믿음'이 아니라 위험한 자기기만에 불과했다. 사람과 사람 사이의 차이일 뿐, 거기서 생명의 능력을 기대할 수는 없다. 바울은 복음의 이름으로 바로 그 위선적 종교성과 싸움을 벌인다. 인간적 차이의 무의미함과 무기력함을 역설하면서, 예수님의 복음으로 사람을 구원하시는 하나님의 능력을 선포한다. 그래서 예수 그리스도에 관한 그의 복음은 성령의 능력에 관한 이야기로 모아진다. 바로 그 성령의 능력이 복음을 복음답게 만들고, 사람들 사이의 모든 차이를 무의미하게 만드는 복음의 본질이기 때문이다.

# 나가는 글

많은 지면을 들여 길게 썼지만, 실상 하고 싶은 이야기는 한마디다. 알맹이 없는 위선적 종교성과 참된 신앙을 구별하자는 것이다. 구약의 시인이 노래하는 것처럼, 하나님은 신실한 사람을 찾으신다. 하나님 앞에서 복된 사람은 '야훼의 율법을 따라 살아가면서 그 삶에 흠이 없는' 사람이다(시 119:1). 진심으로 하나님을 찾는다는 것은 최선을 다해 하나님이 주신 계명을 지킨다는 말과 같다(119:2). 하나님은 언제나 자신에게 순종하는 사람을 찾으신다는 의미다. 하나님의 임재에 어울리는 사람이란 '정직하게 살아가는 사람, 정의를 실천하는 사람, 그 마음에 진실을 말하는 사람'이다(15:2). 시인의 설명은 계속되지만, 모두 올바른 삶을 그려내는 묘사들이다. 하나님은 바로 그런 사람을 원하신다. 하나님이 그런 사람을 찾는 과정을 구원이라 부른다.

문제는 우리가 신실하지 못하다는 사실이다. 그래서 구원이 필요하다. 당연히 하나님의 구원 이야기는 사태의 핵심을 건드린다. 신실하지 못한 우리의 모습을, 그 아래에 놓인 죄를 건드린다. 죄를 해결하고 우리를 치유함으로써 신실하지 못한 우리를 신실하게 만드는 이야기다. 바울의 언어로 말하자면, 허물과 죄로 죽었던 존재들을 살리고 깨워 하나님 앞에 '거룩하고 흠이 없는' 존재로, 그야말로 '하나님의 자녀'의 모습으로 만드는 것이다(엡 1:4-5; 롬 8:29). 누가 들어도 말이 되는, 당연한 이야기다.

이런 당연한 이야기를 굳이 되뇌는 이유는 올바르게 사는 삶이 우리 취향에 맞지 않기 때문이다. 구원은 원하지만, 구원의 과정은 달갑지 않다. 그래도 쓴 약 받아먹듯 구원의 처방을 받아들이면 괜찮을 것이다. 하지만 우리는 고집이 세다. 그래서 내밀어진 약을 거부한다. 그래서 구원의 드라마는 복잡하게 꼬인다. 복음은 구원을 약속하지만, 놀랍게도 복음 이야기는 가는 곳마다 갈등과 투쟁의 이야기를 만들어 낸다. 지금까지 살펴본 것처럼 구약의 예언자들이나 예수님의 삶, 신약 사도들의 삶이 이를 잘 보여 준다. 역설적이다. 우리를 살려 주러 온 사람들에게 대드는 꼴이기 때문이다. 물론 우리가 구원 자체에 저항하는 것은 아니다. 우리는 어느 순간도 구원 자체를 부정하지는 않는다. 우리의 저항은 구원 과정에 수반되는 변화와 성숙의 요구를 겨냥한다. 구원은 간절히 사모하지만 구원에 필요한 변화는 싫기 때문이다. 누구나 그렇듯, 구원의 약속에는 혹하지만 구원을 위해 내 삶을 바꾸고 싶지는 않은 것이다.

이것이 우리 앞에 놓인 유혹이다. 구원에 이르는 신앙을 고백하지만, 욕망의 포기를 요구하는 구원의 길을 걷고 싶지는 않다. 그래서 우리는 우회로를 모색한다. 신학적 두뇌를 동원하여 순종하지 않아도 구원에 이르는 교리적 첩경을 만들어 내기도 한다. 혹은 종교적 상상력과 열정을 동원하여 신앙의 대체물을 만들어 내기도 한다. 위선의 몸짓들이다. '약 안 먹고 병 낫기'를 기대하는 도둑놈 심보다. 지금까지 살펴본 이야기들은 바로 이런 헛된 시도의 기록들, 그리고 '복된 소식'으로 이런 위선에 맞서는 이야기들이다. 몇몇 이야기만 골라 읽었지만, 성경에 친숙한 이들은 실상 성경 전체가 '위선과의 투쟁'으로 읽힐 수도 있다는 생각에 고개를 끄덕일 것이다.

위선(僞善)도 일종의 선(善)이다. 물론 진짜 선은 아니다. 보기에 그렇다는 뜻이다. 그래서 위험하다. 일상 속에서 위선은 신학적 선으로 주장되기도 하고, 종교적 선으로 모양을 내기도 한다. 위선과 싸우기 쉽지 않은 이유가 여기 있다. 적어도 어느 순간에는 마치 올바른 신학, 올바른 신앙과 싸우는 것처럼 보이기 때문이다. 위선의 후견인들일수록 신학적 수사와 신앙적 몸짓에 더 예민하다는 사실도 싸움을 어렵게 만드는 원인 중 하나다.

하지만 시간을 속이기는 어렵다. 숨겨진 것치고 드러나지 않을 것이 없다. 선을 흉내 내는 사람의 삶에서 정말로 선한 사람들이 맺는 선행의 열매를 기대하기는 어렵다. 잘 계산된 수사와 교묘한 언론 플레이의 먼지가 가라앉고 나면, 그들의 삶이 보여 주는 것은 거의 없다. 오히려 그들 뒤에는 종종 추악한 욕망의 냄새가 남는다. 소위 유명하다는 대형 교회 목사들의 모습이 대개 그렇다. 거창한 영적 수사와 저급한 욕망의 삶이 억지로 맞붙은, 속아 주기로 결단한 사람이 아니면 통할 수 없는 그런 수준의 '영성'이다. 그런 이들을 향해 여전히 '아멘!'으로 응답하는 사람들 역시 동일한 혐의에서 자유롭기는 어려울 것이다. 고도의 '성장'을 구가하던 우리 한국 교회의 영성이 얼마나 역동적이었는지는 모르지만, '열매로 알리라'는 주님의 말씀이 진실이라면, 우리가 자랑했던 신앙은 많은 부분이 위선이었다고 고백해야 할 것 같다. 그 속에 내가 있고, 그 속에 독자 여러분이 있다. 정도의 차이는 있겠지만 그 차이에 흐뭇해하기엔 우리의 모습이 너무나 부끄럽다. 열매 없는 영성의 허망함은 그야말로 우리 모두의 책임인 셈이다.

위선은 쉽지 않은 주제다. 우리의 삶이 위선에서 완전히 자유롭기는 어렵기 때문이다. 적절한 수준의 화장이나 신중하게 표현된 예의범절이 그렇듯, 좀더 그럴듯하게 꾸미는 것이 언제나 나쁜 것도 아니다. 선의의 노력과 악의적 수작의 경계는 미묘하다. 제삼자의 눈으로 사실을 판단하기는 더 어려울 것이다. 우리가 보다 신중해야 할 이유다. 하지만 그렇다고 아무래도 좋은 건 아니다. 경계가 미묘하다는 것은 신경 끄고 마음대로 살아도 좋다는 것이 아니라, 그만큼 더 세심한 분별이 필요하다는 이야기일 것이다.

그래서 우리는 말씀 앞에 무릎을 꿇는다. 나 자신을 더 멋있게 보이기 좋아하는 존재, 다른 사람에겐 그만큼 냉정한 평가를 내리는 존재임을 알기에, 그럴수록 말씀을 통해 나의 이기적 성향과 위선적 모습을 분별해야 하기 때문이다. 이 책에 담긴 성경 읽기는 그런 시간의 작은 결과물이다. 신실한 설교자들은 종종 청중에게 말을 걸면서 동시에 자신을 향해 설교한다. 그래서 자신의 설교를 통해 청중보다 더 큰 은혜를 경험하기도 한다. 이 책도 마찬가지다. 앞으로는 필자 역시 여러분처럼 책장에서 이 책을 꺼내 마치 누군가의 조언을 듣듯 이 책의 이야기를 읽게 될 것이다. 이 서툰 묵상의 열매가 위선을 넘어 알찬 신앙을 향해 올라가는 우리 모두에게, 작지만 반가운 디딤돌이 되기를 희망해 본다.

# 주

**들어가는 글**

1  "종교적 위선에 관하여", 『신약연구』 12/4(2013), pp. 964-997. 대부분을 새로 쓰기는 했지만, 구도상 이 책은 이 논문을 확대한 것이라 할 수 있다.

**1장. 죄의 역사, 위선의 역사: 에덴의 타락**

1  아담은 남녀를 막론하고 '사람' 혹은 '인류'를 의미하는 일반 명사다(창 1:27; 5:1-2). 애초에는 그 아담이 한 명뿐이라 이름처럼 사용되었다. 개역개정은 2:18까지는 '사람'으로, 2:19부터는 '아담'이라는 이름으로 번역했다. '아담과 그의 아내'라는 표현도 나오고, 에덴 추방 이야기에서는 다시 단수로 '아담'만 나오지만 아담과 하와 둘 다를 의미하는 것이 분명하다(3:22, 24). 새번역은 2:18부터 아담을 '남자'로 옮긴다. 나중에 '여자'와 대조되는 '남자'가 따로 나오는 것을 생각하면 다소 혼란스러운 번역처럼 보인다(2:23, 히브리어로 남자는 '이쉬'고 여자는 '이샤'다).

2  『반지의 제왕』(The Lord of the Rings, 씨앗을 뿌리는 사람)에 나오는 간신 그리마 웜텅(Grima Wormtongue)이나 "나니아 연대기"(The Chronicles of Narnia)의 마지막 편 『마지막 전투』(The Last Battle, 시공주니어)에 나오는 영악한 원숭이가 떠오른다. 치명적 언변에 있어서는 파멸 직전의 사루만 역시 마찬가지다.

3  C. S. 루이스는 우주 3부작 중 두 번째 작품인 『페렐란드라』(Perelandra, 홍성사)에서 막 창조되어 아직 타락하지 않은 행성 페렐란드라(금성)를 상상해 낸다. 이 행성의 거주자는 바다 위에 떠서 움직이는 섬들에 사는 녹색 여인(the Green Lady)이다. 그녀에게는 고정된 땅에는 올라와서는 안 된다는 명령이 내려져 있다. 악의 화신인 웨스턴(Weston)은 교묘한 화술로 그녀를 부추겨 보다 안정되고 독립된 삶을 상징하는 '고정된 땅'으로 올라가게 하려 하고, 이야기의 주인공 랜섬(Ransom)은 악의 화신과

생사를 건 투쟁을 벌인다. 이 소설은 창조주에 기대지 않는 독자적 실존을 탐내는 것이 타락의 본질임을 드러낸다. 전편 『침묵의 행성 밖에서』(Out of the Silent Planet, 홍성사)는 타락하지 않았지만 지구보다 더 늦게 정해진 수명이 다해 가는 행성 말라칸드라(화성)를 배경 삼아 타락한 인간의 본질을 탐구한다.

4  아마 엔도 슈사쿠의 『침묵』(沈默, 홍성사)에 등장하는 '연약한' 인물 기치지로를 떠올릴 수도 있을 것이다. 배교와 회개를 반복하는 그는 자신이 애초에 약한 존재로 태어난 것이라고, 또 하필 박해의 시대에 태어나는 바람에 배교자가 된 것이라고 항변한다.

5  딤전 2:14에서는 하와가 속아 죄에 빠졌다는 사실을 근거로 여자에게 침묵하라고 가르친다. 하지만 롬 5:12-21에서 죄/불순종의 원조는 오로지 아담이다. 이 두 시선의 차이는 많은 흥미로운 질문을 불러일으키지만 여기서 건드릴 주제는 아니다.

6  가인 이야기는 이미 그 땅에 많은 사람이 살고 있음을 전제한다. 이 상황을 '역사적으로' 설명하려는 사람도 있지만, 제대로 된 역사는 제대로 된 글 읽기에서 시작한다는 사실을 기억하는 것이 좋을 것이다. 가령, 글리슨 L. 아처, 『성경 난제 백과사전』 (Encyclopedia of Bible Difficulties, 생명의말씀사)의 경우, 유익한 설명도 매우 많지만 무리수를 둔 대목도 적지 않다.

7  전 1:2에서 다섯 번 반복되는 '헛되다'라는 단어가 바로 이 단어다.

### 2장. 신앙과 욕망 사이: 이스라엘 이야기

1  이런 상징들에 대해서는 N. T. Wright, *New Testament and the People of God* (London: SPCK, 1992), 8장을 참고하라. 『신약성서와 하나님의 백성』(CH북스). 신약성경에서 '할례자'는 문자적으로 모두 '할례'인데, 사람을 가리킬 경우 우리말 성경에서는 '할례자'로 옮긴다.

2  어떤 진화생물학자는 자기기만이 남을 더 잘 속이기 위한 목적으로 진화된 것이라고 주장했다. 로버트 트리버스, 『우리는 왜 자신을 속이도록 진화했을까?』(*The Folly of Fools*, 살림). 그는 종교와 자기기만이라는 주제에도 한 장을 할애했다(433-470면).

3  전성민, 『사사기 어떻게 읽을 것인가』(성서유니온선교회)는 하나님이 사용하신 사사들이 드러내는 인간적 욕망의 전횡을 선명하게 부각시킨다.

4  엘리의 사사 통치가 40년이라면(4:18), 삿 17-21장에 기록된 혼란스러운 상황은 그가 사사로 다스린 시기와 겹친다. 그렇다면 18절은 엘리를 사사의 반열에 포함시켜야 한다는 호의적 의도를 보인 표현일 수도 있고 사사 시대의 영적 혼란에 대한 책임을 묻는 질책성 첨언일 수도 있다. Keith Bodner, *1 Samuel: A Narrative Commentary* (Sheffield: Sheffield Phoenix Press, 2009), p. 49.

5  개역개정 각주에는 '놋조각'이라는 설명이 붙어 있다. Gary Inrig, *1 & 2 Kings*.

HOTC. (Nashville: Broadman and Holman Publishing, 2003), p. 306. 『Main Idea 로 푸는 열왕기상·하』(디모데). 이스라엘은 이를 일종의 치유신으로 숭배했을 것이다. J. Walton 외, *The IVP Bible Background Commentary: Old Testament* (Downer Grove: IVP, 2000), p. 405. 『IVP 성경 배경 주석』(IVP).

6  전성민은 사사 시대를 "신앙의 이름으로 포장된 욕망의 시대"라 부른다. 『사사기 어떻게 읽을 것인가』, 15-21면.

7  이 사건에 대해 리랜드 라이큰(Leland Ryken)은 "순종보다는 임시변통에 의존하려는 주인공의 치명적 경향"과 "잘못된 선택을 거창한 경건으로 합리화하려는 경향"에 관해 이야기한다. *Words of Delight: A Literary Introduction to the Bible* (Grand Rapids: Baker, 1987), pp. 152-153.

8  이는 일반적 전쟁이 아니라 '거룩한 전쟁'으로서, 일종의 '종교적 행위'였다. 버나드 W. 앤더슨, 『구약성서 이해』(*Understanding the Old Testament*, CH북스), 269면.

9  21절 초두의 접속사 '베'(ו)는 자신의 '순종'과 백성들의 행동을 대조하려는 의도를 보다 선명하게 만든다. "(나는 순종했는데) 하지만 백성들이…." 참고. Ralph W. Klein, *1 Samuel* (Dallas: Word, 1983). CD-ROM edition. 『사무엘상』(솔로몬).

10  Bodner, *1 Samuel*, p. 165.

11  물론 이 선고는 이전 길갈에서의 불순종에 대해 이미 내려진 선고의 재확인일 뿐이다(13:13-14).

12  클라인(Klein)의 번역은 이를 생략했다(참고. 주 9번). 칠십인역은 이를 강조의 부사 데(δή)로 옮겼다. 이 불변화사의 뉘앙스를 살리자면 "용서해 주세요, 네?" 정도가 될 것이다.

13  클라인은 이를 사울의 왕권이 당분간은 지속될 것이라는 의미로 이해한다(참고. 주 9번).

### 3장. 위선에 대한 예언자들의 투쟁: 아모스, 호세아, 미가, 이사야, 예레미야

1  Gerhard von Rad, *Die Botschaft der Propheten* (München: Chr. Kaiser Verlag, 1960), p. 100. 그는 이를 "야훼의 비상 조치"(eine Notmaßnahme Jahwes)라 부른다. 『예언자들의 메시지』(비전북).

2  James D. Newsome, Jr., *The Hebrew Prophets* (Atlanta: John Knox Press, 1984), pp. 17-19. 『구약 예언서 연구』(기독정문사).

3  요셉의 후손인 므낫세와 에브라임 지파가 북왕국 이스라엘의 핵심이다.

4  Gerhard F. Hasel, *Understanding the Book of Amos: Basic Issues in Current Interpretations* (Grand Rapids: Baker, 1991), p. 104. 여기서 하셀은 R. Bohlen, "Zur Sozialkritik der Propheten Amos," *TTZ* 95 (1986)를 인용하고 있다. von Rad,

*Propheten*, p. 102.

5 '보응하다'(קפַּד)는 종종 잘못에 대한 응분의 '처벌을 가하다' 혹은 '잘못을 되갚다' 등의 의미로 사용된다.

6 북왕국 이스라엘과 관련하여 율법이 언급되지는 않지만, 출애굽 전승은 매우 중요한 선포의 선이해로 전제되어 있다(2:10; 3:1-2; 4:10; 9:7).

7 24절 문두의 접속사(ו)는 '반대로' 혹은 '오히려'(but)의 뉘앙스를 전달한다. Douglas Stuart, *Hosea – Jonah* (Dallas: Word, 1987). CD-ROM edition. 『호세아-요나』(솔로몬).

8 이 신들의 정체를 구체적으로 밝히는 일은 쉽지 않다. Hans M. Barstad, *The Religious Polemics of Amos* (Leiden: E. J. Brill, 1984), pp. 143-201.

9 이들은 앗수르(앗시리아)의 천체 신들이다. 아모스 시대에 이스라엘 사람들 중에서도 이런 신들을 숭배하는 움직임이 있었던 것으로 보인다.

10 우상숭배는 아모스에서 두드러진 주제가 아니다. 본문이 24절에서 끝나는 것으로 보고 25-27절은 후대의 첨언으로 간주하기도 한다. 가령, Tchavdar S. Hadjiev, *The Composition and Redaction of the Book of Amos* (Berlin: Walter de Gruyter, 2009), pp. 166-169.

11 폰 라트(von Rad)는 이를 "지독한 자기기만의 하나"라 부른다. *Propheten*, p. 106.

12 바울은 로마서에서 이와 유사한 논법을 구사한다. 마음에 새겨진 율법을 지키는 이방 사람이 율법을 소유하고서도 이를 지키지 않는 유대인을 심판하게 될 것이다(롬 2:27). 중요한 것은 율법의 소유나 들음이 아니라 그 율법을 실제로 지키는 것이기 때문이다(2:13-16, 26-29).

13 H. W. 볼프, 『예언과 저항: 아모스서 연구』(*Stunde des Amos*, 대한기독교출판사). 55-58면.

14 호세아의 진술 자체는 제사무용론으로 해석될 수도 있다(참고. 주 15번). 이를 인용한 마태복음의 맥락에서는 절대적 의미의 제사무용론보다는 행동으로 드러나는 회개를 동반하지 않는 제사의 무용함을 강조한다고 볼 수 있다. Craig L. Blomberg, "Matthew", in G. K. Beale & D. A. Carson eds., *Commentary on the New Testament Use of the Old Testament* (Grand Rapids: Baker Academic, 2007), p. 34. 『마태 · 마가복음: 신약의 구약 사용 주석 시리즈 1』(CLC).

15 히브리어 본문은 '입술의 수송아지'다. 이 단어의 끝 자음을 떼면 칠십인역처럼 '입술의 열매'가 될 수 있다. 히브리서는 이 본문을 칠십인역과 같이 '입술의 열매'로 인용했다(히 13:15). 호세아가 의도한 것이 제의적 예배의 회복인지 아니면 완전한 폐지인지에 대해서는 논란이 있다. Paba Nidhani de Andrado, "Hesed and Sacrifice:

The Prophetic Critique in Hosea", *Catholic Biblical Quarterly* 78 (2006), pp. 47-67; Reinhart Gregor Kratz, "Die Kultpolemik der Propheten im Alten Testament", in *Prophetenstudien: Kleine Schriften II* (Tübingen: Mohr Siebeck, 2011), pp. 344-358.

16  24절에서는 이스라엘이 하나님의 '대적'(τοῖς ὑπεναντίοις)이요 '원수'(ἐκ τῶν ἐχθρῶν μου)로 묘사된다.

17  모세오경에서 이 단어는 약속의 땅을 더럽히는 행위들이나 우상들과 관련하여 사용된다(레 18:22, 26, 27, 29, 30; 20:13; 신 7:25-26 등).

18  이 부분을 용서의 약속이 아닌 용서의 불가능성을 강조하는 수사적 의문문으로 해석하는 이도 있다. "너희 죄가 주홍 같은데, 눈과 같이 희어질 수 있겠느냐? 진홍같이 붉은데, 양털같이 되겠느냐?" Otto Kaiser, trans. by John Bowden, *Isaiah 1-12* (London: SCM, 1983), p. 38.

19  John D. W. Watts, *Isaiah 1-33* (Dallas: Word, 1983). CD-ROM edition. "Guilt can be forgiven, former insults forgotten. But proper attitude is not negotiable in the covenant."

20  이는 종교적 치장, 곧 종교적 열심을 가리킨다. 김근주,『특강 예레미야』(IVP), 65면. 이 부분의 논의는 이 책에 많이 의존하고 있다.

21  26장은 7장에서 소개된 성전 설교의 역사적 정황을 보다 상세히 보도한다.

22  개역개정은 "우리가 구원을 얻었나이다"로 번역했다. 하나님이 북쪽으로부터의 위험에서 안전하게 지켜 주실 것이라는 (헛된) 신뢰의 표현이다.

23  Peter Craigie, *Jeremiah* (Dallas: Word, 1991). CD-ROM edition.『예레미야 상』(솔로몬).

24  이스라엘이 '무할례자'라는 말은 그들의 특별한 지위가 무의미하다는 의미다. 그들 역시 심판에 직면할 것이다. John Bright, *Jeremiah* (Garden City: Doubleday, 1965), pp. 77-78.『국제성서주석: 예레미야』(한국신학연구소). 롬 2장에서 '유대인'을 향한 바울의 비판은 예레미야의 이 메시지를 떠오르게 한다(롬 2:25-29).

### 4장. 열매 없는 자기 확신의 위험: 세례 요한의 경고

1  사복음서의 특징과 더불어 사복음서 전체의 핵심을 잘 소개하는 입문서로는 리처드 버릿지,『복음서와 만나다: 예수를 그린 네 편의 초상화』(*Four Gospels, One Jesus?: A Symbolic Reading*, 비아), 그리고 Graham N. Stanton, *Gospels and Jesus* (개정판. Oxford: Oxford University Press, 2001)를 참고하라.

2  마 16:17의 '바요나(요나의 아들) 시몬'과 요 21:15-17의 '요한의 아들 시몬'을 비교해 보라.

3    이 부분에 대한 간략한 설명으로는 박윤만,『길 위의 예수, 그가 전한 복음: 마가복음』(킹덤북스), 60면을 참고하라.
4    마태복음과 누가복음에 따르면, 죽음에 임박한 요한은 감옥에서 예수님이 정말 메시아인지에 대해 의문을 품는다(마 11:3; 눅 7:19). 어떤 이는 요한이 처음에는 자신을 엘리야로, 그리고 예수님을 엘리사(더 강한 자)로 생각했다가 감옥에서 처음으로 '오실 자'(메시아)로 생각하게 된 것이 아닌가 추측한다. Joel Marcus, "John the Baptist and Jesus", Alan J. Avery-Peck 외 편, *When Judaism and Christianity Began: Essays in Memory of Anthony J. Saldarini, Vol. One: Christianity in the Beginning* (Leiden: E. J. Brill, 2004), pp. 179-197. 하지만 하나님 나라를 우선 심판과 동일시했던 요한이 심판 대신 치유에 집중하는 예수님의 사역을 보고 잠시 의문을 품은 것이라고 생각할 수도 있다.
5    요단강에서 행해진 요한의 세례가 요단강을 건너는 상징적 행위로서, 새로운 출애굽과 가나안 입성을 상징한다는 주장도 있지만, 이는 본문의 명시적 의미를 한참 넘어가는 해석이다. 요한복음에 따르면, 구체적인 세례 장소의 선택은 물의 양이라는 실용적 측면을 고려한 결과였다(3:22-23).
6    대부분의 한글 번역에는 빠졌지만, 이 본문은 '왜냐하면'이라는 접속사로 연결된 한 문장이다. 천국이 가까우니 빨리 회개하라는 뜻이다.
7    새번역의 "세례를 받으러"는 오역일 것이다. 여기 사용된 표현(ἐπὶ τὸ βάπτισμα αὐτοῦ)은 세례를 주고받는 구체적 행동이 아니라 세례를 주는 장소를 나타낸다. Gary Yamasaki, *John the Baptist in Life and Death: Audience-Oriented Criticism of Matthew's Narrative* (Sheffield: Sheffield Academic Press, 1998), p. 86; Davies and Allison, *Matthew* (Edinburgh: T&T Clark, 2005), pp. 303-304. 죄인들에게 회개를 촉구하던 요한이 세례받겠다는 선의를 품고 오는 이들에게 심판의 독설을 날리지는 않았을 것이다.
8    Kent L. Yinger, *Paul, Judaism, and Judgement According to Deeds* (Cambridge: Cambridge University Press, 1999). 제임스 던(James D. G. Dunn)은 기독교 이전의 사례로는 욥 34:11; 렘 17:10; 호 12:2; 집회서 16:12-14;『에녹1서』100:7;『요셉과 아스낫』28:3 등을 소개한다. James D. G. Dunn, *Romans 1-8* WBC 38A (Dallas: Word, 1988), p. 85.
9    '독사의 자식'이라는 부정적 묘사에 어울리게 이 요구 역시 또 다른 빈정거림으로 볼 수도 있다. 안 할 것을 뻔히 알면서, "어디 한번 열매를 맺어 보시지!" 하고 자극함으로써 회개하지 않는 그들을 더욱 부정적으로 만드는 것이다. Yamasaki, *John the Baptist*, p. 88. 하지만 9절과 11절 등을 보면 요한이 그들의 회개 가능성을 원천적으로 부정하지는 않은 듯하다.

10 문자적으로는 "아브라함을 우리 조상으로 가졌다 말할 생각을 하지 마시오"로 쓸 수 있다. "말할 생각을 하지 말라"는 표현에 청중의 신학적 오만이 내포된 것일 수도 있다("Do not presume to say…").
11 야마사키의 주장과는 달리, 요한은 그들의 속마음을 읽어 내는 것이 아니라 당시 널리 퍼진, 언약에 기초한 '구원의 확신'을 지적한다. 주 8번을 참고하라.
12 이 책은 '시락의 아들 예수의 지혜서'라고도 불린다. '시락의 아들' 부분만 따서 '벤 시라'로 불리기도 한다. 외경 중 가장 길고 또 가장 잘 알려진 지혜문학 문서로 여겨진다.
13 세상을 공정하게 심판하는 그날은 하나님이 택한 백성을 위해 싸우시는 날이다(1QM 18.7-8; 『시빌의 신탁』 3.702-9).
14 이는 랍비들의 글에 나오는 '조상들의 공로' 개념과 관련이 있을 수 있다. Daniel Harrington, *The Gospel of Matthew* (Collegeville: Liturgical Press, 1991), p. 56. 『마태오복음서』(대전가톨릭대학교출판부).
15 이는 유대인의 자존심에 심한 상처를 입히는 이미지였을 것이다. R. T. France, *The Gospel of Matthew* (Grand Rapids: Eerdmans, 2007), p. 113. 히브리어와 아람어로 '후손/아들들'(바님, 브나야)과 '돌들'(어바님, 아브나야) 사이에는 언어유희가 엿보인다.
16 세례 요한의 언어가 사 51:1-2과 관련된 것일지도 모른다. 아브라함과 사라라는 한 부부에게서 그렇게 많은 자손이 태어났다는 사실은 생명의 능력이 하나님께 있다는 것을 확실히 보여 준다. 이사야는 이를 바위에서 혹은 땅의 구덩이에서 생명을 창조한 것이라 비유한다. 이것을 강조하는 이유는 바로 이 하나님을 신뢰하고, 그분의 율법을 신실하게 지켜야 한다는 사실을 강조하기 위해서다(사 51:4, 7). 당시의 이교 신화를 아는 독자들은 요한의 말에서 데우칼리온과 퓌라의 이야기를 떠올리며 미소를 지었을지도 모른다. 가령, 오비디우스, 『변신 이야기 1』(*Metamorphoses*, 민음사), 33-38면.
17 앞 장에서 본 것처럼, 이는 이스라엘을 구스인(에티오피아인)에 비교한 아모스의 움직임과 같다. 로마서에서 바울 역시 종말에 무할례자가 할례자를 심판할 것이라는 모욕적 가능성을 펼쳐 보인다(롬 2:27).
18 마태복음과 달리, 누가복음은 "말하기 시작하지 말라"는 표현을 사용한다(눅 3:8).
19 보기에 따라, 삭개오의 결단은 율법의 요구를 넘어서는 것일 수도 있고(레 6:1-5; 민 5:5-7), 율법의 규정 그대로 따르는 것일 수도 있다(출 22:1; 겔 33:14-16). 삭개오의 이 결단을 듣고서 예수님은 "오늘 구원이 이 집에 이르렀다"고 선포하신다(눅 19:9).
20 확실치는 않지만, 마 5:38-41 배후의 상황이 요한의 권고와 연관된 것일 수도 있다.

21   마태복음에서, 예수님의 임재를 기다리는 기간 동안 임마누엘 약속(1:23; 28:20)은 공동체적 사랑의 실천을 통해 간접적으로 구현된다(25:31-46). 요한복음에서도 예수님이 제자들을 떠나신 후 예수님과 제자들 간의 상호 내주 관계는 형제 사랑의 계명을 지키는 삶을 통해 구현되고 유지된다(가령 13:34-35; 15:1-17).

## 5장. 위선에 맞서는 하나님 나라: 메시아 예수의 사역

1   예수님의 논쟁 이야기들에 관한 평이한 소개서로는 박태식, 『예수님의 논쟁 사화』(늘봄)가 있다.

2   복음서 스토리 라인의 뼈대를 보여 주는 마가복음조차도 실제 사건의 진행은 상당 부분 시간과 공간의 순서를 무시한다. "차근차근"(혹은 "차례대로") 기록하겠다는 누가의 공언 역시 사건을 시간 순서대로 적겠다는 말은 아니었다(눅 1:1-4). 또한 공관복음과 요한복음은 예수님의 사역 영역과 순서에서 큰 차이를 보인다. '역사적 예수'를 찾는 길이 험난해지는 이유다. 간략한 개관으로는 헬렌 K. 본드, 『역사적 예수 입문』(The Historical Jesus: A Guide for the Perplexed, CLC), 다양한 입장을 비교해 보려면 로버트 M. 프라이스 외, 『역사적 예수 논쟁』(The Historical Jesus: Five Views, 새물결플러스)을 참고하라.

3   2장의 주 2번에서 소개한 트리버스의 저서를 참고하라.

4   마태복음에 자주 나오는 '하늘나라'는 하나님의 이름을 직접 거론하지 않고 (가령 '주님'이나 '그 이름'처럼) 간접적으로 지칭하기를 좋아했던 유대적 관습을 반영한다. 그러니까 여기서 하늘은 문자적 하늘이 아니라 '하나님'을 에둘러 표현하는 방식의 하나다. 그래서 마태복음에는 '하나님 나라'와 '하늘나라'가 함께 나온다.

5   성경을 많이 읽어도 하나님 나라가 무엇인지 모르겠다는 자괴감은 독자들이 잘못 읽어서가 아니라 복음서들 자체가 그 점에 대해 별로 말을 하지 않기 때문이다. 물론 우리는 예수님의 가르침과 행적을 통해 그가 선포하신 하나님 나라의 성격에 대해 상당한 내용을 추론할 수 있다. 하지만 예수님의 선포에서 하나님 나라 자체는 청중이 이미 다 아는, 곧 다가올 익숙한 실체로 간주되었다. 예수님의 선포는 상당 부분 이 나라가 순종을 요구한다는 사실에 초점을 맞춘다.

6   통속적 구원론에서 신자들은 이미 구원의 결승점을 지난 터라, '구원 그 이후' 현재 삶의 의미를 설명할 방법이 없다. 현재 (부분적으로나마) 이 땅에 구현된 하나님 나라 혹은 통치 개념은 이 공백을 메우는 좋은 해답이 된다. 그래서 현재의 삶을 논할 때 하나님 나라 '건설'이나 '확장' 이야기가 자주 나온다. 하지만 성경에서 하나님 나라란 그냥 '오는' 것이지 우리가 건설하거나 확장할 수 있는 대상이 아니다. 우리는 그 나라에 '들어가고' '상속하고' '받들' 수는 있지만, 그 나라 자체를 건드리는 건 우리의 권한이 아니다. 구원에 행위를 연결하면 행위구원론이라 발끈하면서도, 하나님 나라 건설/

확장 같은 표현을 즐겨 사용하는 것은 설명하기 쉽지 않은 역설이다.

7   물론 나머지 동사들은 미래형이지만 "하늘나라가 그들의 것이다"라는 표현은 현재형이라는 사실을 들어, 그리고 하늘나라가 이미 도래한 것이기도 하다는 판단에서, "하늘나라가 그들의 소유가 되었다"고 이해하는 이들도 많다. Donald Hagner, *Matthew 1-13* (Dallas: Word, 1993), p. 92; David Turner, *Matthew* (Grand Rapids: Baker, 2008), p. 150. 『BECNT 마태복음』(부흥과개혁사). 하지만 이는 팔복 말씀의 수사적 구조를 무시한 기계적 읽기다. 전체 단락의 깔끔한 구조는 3-10절의 모든 선언이 동일한 미래적 소망의 표현이며, 이 다양한 약속은 모두 하늘나라라는 포괄적 표현 속에 용해되어 있음을 분명히 보여 준다. 이들은 모두 장차 '하늘에서' 받게 될 '보상'(5:12), 곧 미래에 '천국에 들어갈' 약속에 해당한다(5:20). Keener, *Matthew* (Downers Grove: IVP, 1997), p. 166. 팔복 말씀은 고통받는 제자들에게 "천국이 이미 너희들의 것이니 기뻐하라"는 것이 아니라, 현재의 고통 중에도 신실한 삶을 지키는 자들에게 주어질 상이 크다는 약속의 말씀이다. 천국을 현재적 실재로 제시하는 구절이 있다손 치더라도, 미래적 천국을 전제한 구절에서조차 현재성을 덧씌우면 미래성을 전제한 본문의 메시지가 망가질 것이다.

8   탁월한 이에게 주는 '상'(賞)이 아니라, 이 땅에서의 수고에 따라 하나님이 "갚아주시는" 종말론적 반대급부를 의미한다. 원래 '삯/급료'(헬. 미스도스)를 가리키는데, 현재의 삶과 미래의 보상 사이의 필연적 관계를 강조하기 위해 활용된 단어다(참고. 히 11:6).

9   권연경, "심판에 대한 경고로서의 '소금'(마 5:13)", 『신약연구』 12/1(한국복음주의신약학회, 2012), 1-32면.

10  "빛나게 하라"는 것은 빛을 쪼여 어둠을 밝히라는 말이 아니라, 스스로 '빛나라'는 것이다. 물론 빛이니 어둠을 '밝히는' 역할도 하겠지만, 그것이 본문의 일차적 관심사는 아니다.

11  Herbert W. Basser and Marsha B. Cohen, *The Gospel of Matthew and Judaic Traditions: A Relevance-Based Commentary* (Leiden: Brill, 2015), pp. 134-135.

12  신약 헬라어에서 '이중 부정어 + 가정법' 구문은 미래에 대한 강한 부정을 나타낸다. 바울도 동일한 구문을 활용하여 "결코 하나님 나라를 상속받을 수 없을 것입니다" 하고 경고한다(갈 5:21).

13  바리새인 가말리엘은 "모든 백성의 존경을 받는" 자였다(행 5:34). 혹은 예수님의 표현이 일종의 역설적 풍자를 함축한 것일 수도 있다.

14  이것이 필자가 어릴 적부터 배운 내용이다. 학자들의 '복잡한' 논의와는 별개로, 대부분의 목회자와 교인들은 여전히 이렇게 생각한다.

15  '바리새인'(Pharisees)이라는 영어/한글 이름은 헬라어 표기(Pharisaioi)에서 왔

지만, 그 바탕에는 '분리'를 의미하는 아람어(페리샤야)와 히브리어(페루쉼)가 있다.

16 이는 미로슬라브 볼프(Miroslav Volf)의 책, *Exclusion and Embrace*의 우리말 제목이다. 『배제와 포용』(IVP).

17 실제 정결 규정이 어느 정도로 시행되었는지는 확실하게 말하기 어렵다. 마가복음과 관련해서는 R. T. 프랑스, 『NIGTC 마가복음』(*NIGTC The Gospel of Mark*, 새물결플러스), 450-478면을 보라. 본문과 각주에 이 문제와 관련된 설명이 많이 제공된다.

18 이 전통이 모여 주후 200년경 『미쉬나』가 되고, 여기에 후대 랍비들의 해석이 다시 덧붙여져 500년경 『탈무드』로 편집되었다. 『탈무드』는 바벨론판과 예루살렘판 두 가지가 있다.

19 물론 보다 적나라한 형태의 위선도 가능했을 것이다. 프랑스, 『NIGTC 마가복음』, 466-469면.

20 여기 제시된 바리새인 상이 당시 바리새인들의 실제 모습과 다르다고 생각하는 해석자들은 이 부분을 역사적 예수님의 말씀이 아닌 마태 혹은 마태 공동체의 창작으로 간주한다(참고. 요세푸스, *Antiquities* 18.15). 가령, E. P. Sanders, *Jesus and Judaism* (London: SCM, 1985), pp. 260-264, 270-281. 『예수와 유대교』(CH북스); Helmut Koester, *Introduction to the New Testament: History, Culture, and Religion of the Hellenistic Age* (New York/Berlin: Walter de Gruyter, 1995), p. 227. 『신약 성서 배경 연구』(은성)는 요세푸스, 미쉬나처럼 신약 복음서들 역시 모두 '매우 치우친' 묘사로, 역사적 예수가 아니라 '그의 추종자들'에게서 연유한 것이라 본다. 복음서는 오늘 그리스도인들이 그렇듯, 바리새인들 역시 다양한 부류가 있었음을 시사한다[막 12:34; 요 7:50-51(니고데모); 행 15:5]. Moisés Silva, "The Place of Historical Reconstruction in New Testament Criticism" in D. A. Carson et al. eds., *Hermeneutics, Authority, and Canon* (Grand Rapids: Zondervan, 1986), pp. 109-121. 그는 예수님의 다소 수사적이고 '비공식적인 일반화'를 엄밀한 의미의 일반화로 간주할 수 없다고 말한다. 엄밀히 우리의 관심은 역사적 바리새인의 정체가 아니라 바리새인을 사례로 삼아 제시되는 성경의 가르침을 파악하는 것이다.

21 예수님이 바리새인들의 '모든' 가르침을 인정하셨다고 보기는 어렵다. 따라서 많은 주석가는 "무엇이든지 그들이 가르치는 바는 행하고 지키되"라는 말씀도 풍자적이라고 본다. France, *Matthew*, p. 860. 그렇다면 예수님의 의도는 이렇다. "굳이 그들을 따라야겠다면, 그들의 가르침은 지켜라. 하지만 그들의 행위는 무슨 일이 있어도 본받지 말라."

22 Moisés Silva, "The Place of Historical Reconstruction in New Testament Criticism", pp. 109-121.

23 성경은 이들의 삶을 '율법 준수'라 부르지 않는다. 이들은 율법의 '더 무거운' 가

르침을 무시한 사람들이었고, 그들의 행위는 제자들이 본받아서는 안 될 행위였다. 샌더스의 영향과 관련이 있을지 모르지만, 학자들은 종종 이 부분에서 모호한 태도를 보인다. 가령, R. Guelich, *The Sermon on the Mount: A Foundation for Understanding* (Waco: Word, 1982), pp. 171-172. 『산상설교』(솔로몬).

24 철학자들도 이를 위선의 보편적 특징의 하나라고 분석한다. Bela Szabados & Eldon Soifer, *Hypocrisy: Ethical Investigations* (Orchard Park: Broadview Press, 2004), p. 88.

25 하루살이나 낙타는 모두 물이나 포도주를 부정하게 만든다. 하루살이는 워낙 작아 그것 하나 때문에 대접의 물이 부정해진다 말하기는 어렵다. 하지만 바리새인들은 그런 하루살이조차 걸러내는 철저함을 보였다. 그러면서 대접에 빠진 낙타는 상관없다고 그냥 삼킨다. 눈에 들보가 들어 있다는 것이나 낙타가 바늘 귀로 들어가는 것과 같은 과장법에 해당한다. France, *Matthew*, p. 874.

26 23장의 비판 전체는 서기관들과 바리새인들이 자신의 위선을 제대로 깨닫지 못하고 있다는 사실을 전제한다. 특히 깨달음을 유도하는 16절 이하의 수사의문문은 이 점을 매우 분명하게 드러내 준다.

27 이는 사 29:13의 인용이다. 이사야에 관한 본서 3장의 논의를 보라.

28 고넬료의 회심 이야기는 하나님이 그의 구제와 기도를 받으셨다는 사실에서부터 시작한다. 행 10-11장은 고넬료의 경건을 세 차례에 걸쳐 반복해서 강조하면서, 이를 하나님이 그를 구원하기로 결정하신 직접적 이유의 하나로 제시한다(10:2, 22, 31, 35). 사울-바울과 같은 예외가 없지는 않지만, 누가복음과 사도행전에서는 신실한 사람이 하나님의 도구로 부르심을 받는다는 메시지가 지속적으로 나타난다. 유대적 전통이 강하게 드러나는 야고보서에서도 기도와 구제의 중요성이 잘 드러난다(1:5-8, 27; 5:13-18). 외경의 하나인 토빗서는 구제와 기도의 경건을 매우 중시한다(가령 12:8).

29 히브리서는 신자들의 신실한 인내의 필요성을 강조하면서 하나님과 맺는 관계의 첫 단추는 갚아 주시는 하나님의 존재를 믿는 것이라고 말한다(히 11:6).

30 이 부분은 권연경, 『행위 없는 구원?: 새롭게 읽는 바울의 복음』(SFC출판부) 1장을 참고하라.

## 6장. 사도 바울의 목표와 바울 복음의 성격

1 이 대목에서 루터는 "사랑을 통해 선행을 만들어 내는 것이 참되고 살아 있는 믿음"이며, "선행과 사랑이 믿음을 뒤따르지 않으면 진정으로 믿는 것이 아니라"고 말한다. 곧 "내적으로 하나님 앞에서"는 행위에 의존하지 않는 수동적 믿음이 필요하고, "외적으로 사람들을 향해서는" 사랑과 선행이 필요하다. 이렇게 사랑과 행위는 믿음의 "외면적 직무"(external office)로 이해되어 믿음과 결합된다. M. Luther,

*Commentary on Galatians* (Grand Rapids: Kregel Classics, 1979), pp. 314-315. 이 대목의 설명을 그 책 앞에 나오는 '루터의 선언'(xi-xviii)과 비교해 보라. 거기서는 일체의 행위 구분 혹은 분리된 수동적 믿음의 필요성을 강조하는 경향을 보인다. 이 영역본은 Middleton의 번역을 J. P. Fallowes가 축약한 것이다.

2   권연경, "에베소서의 종말론과 성령", 「신약논단」 25 (2018), 145-180면.

### 7장. 성령에 이끌리는 삶: 갈라디아서

1   이 장의 내용은 갈라디아서에 관한 필자의 다른 저술들과 겹치는 부분이 많지만, 실제 논의 자체는 이 책을 위해 따로 썼다. 갈라디아서에 관한 보다 포괄적인 논의를 위해서는 권연경, 『갈라디아서 산책』(복있는 사람) 및 권연경, 『갈라디아서 어떻게 읽을 것인가』(성서유니온선교회)를 보라. 이 책들에는 갈라디아서에 관한 필자의 연구 논문들도 소개되어 있다.

2   문법적으로는 "예수 그리스도의 믿음/신실함"도 가능하다. 바울이 주장하는 칭의의 핵심 근거가 우리가 "그리스도를 믿는" 것인지, 우리 아닌 "그리스도의 신실하심"인지는 치열한 논쟁의 주제다. 여기서는 예수 그리스도를 믿는 우리의 믿음을 가리킨다는 입장을 취했다. 간략한 논쟁의 역사는 다음 책을 참고하라. M. F. Bird and P. M. Sprinkle (eds.), *The Faith of Jesus Christ: Exegetical, Biblical, and Theological Studies* (Peabody: Hendrickson, 2009).

3   이 단어는 대부분 어떤 행동을 '시도하다' 혹은 무언가를 얻으려고 '부지런히 찾다'라는 의미다. 유대인들은 자신의 의를 세우려고 "시도하다가" 결과적으로 하나님의 의에 복종하지 않는 잘못을 저질렀다(롬 10:3). 하나님은 자신을 "찾으려 하지" 않았던 이방인들에게 나타나셨다(롬 10:20).

4   사실 로마서에서도 칭의의 시제는 이중적이다. 의롭게 된 것이기도 하고, 의롭게 될 것이기도 하다. 로마서에서 칭의가 동시에 두 시제로 표현된다는 사실을 어떻게 설명할 것인가는 따로 다루어야 할 문제다. 물론 갈라디아서에서는 이런 복잡한 문제가 전혀 발생하지 않는다.

5   가령 로마서에서 '의롭다 하심을 얻었다'(5:1)고 표현하는 회심 체험이 에베소서에서는 '구원을 받았다'고 표현된다(엡 2:5, 8). 또 갈라디아서에서는 회심이 '그리스도와 함께 죽는' 경험이지만(2:19-20; 6:14), 에베소서에서는 하나님이 신자들을 '그리스도와 함께 살리신' 것이 된다(2:5). 6장에서 언급한 필자의 논문, "에베소서의 종말론과 성령"을 참고하라.

6   이것이 필자가 쓴 박사 학위 논문의 중심 논지다. *Eschatology in Galatians: Rethinking Paul's Response to the Crisis in Galatia* (Tübingen: Mohr Siebeck, 2004). 로마서에는 "의롭다 하심을 받을 것"이라는 미래적 관점이 자주 나타난다(롬

2:13; 3:30; 4:24; 5:19). 이는 심판 때에 하나님의 진노로부터 '구원을 얻을 것'이라는 말과 사실상 같다(롬 5:9-10).

**7** 더글라스 무(Douglas Moo)는 '율법의 행위들'에 관한 논쟁에서 바울이 "'행함' 이라는 보다 근본적인 사안"(the more fundamental issue of "doing")에 관심을 기울이고 있다고 말한다. Douglas Moo, *Galatians* (Grand Rapids: Baker, 2013), p. 203. 『BECNT 갈라디아서』(부흥과개혁사).

**8** Moo, *Galatians*, pp. 203-204.

**9** 제임스 던은 '율법의 행위들'이 원칙적으로 율법 전체와 관련된다는 사실을 인정함으로써, 그가 이 표현을 일부 항목으로 축소했다는 해묵은 비난을 피해 간다. 하지만 그러면서도 실제 갈라디아의 상황에서는 할례나 절기 준수 같은 특수한 항목들이 특별한 중요성을 띨 수밖에 없었다고 주장한다. James D. G. Dunn, *The New Perspective on Paul* (Tübingen: Mohr Siebeck, 2004), pp. 23-28.

**10** 톰 라이트(N. T. Wright)는 율법을 완벽하게 지킬 수 없다는 전통적 해석과 그 순종이 이방인을 배제하는 것이라는 두 입장을 모두 취한다. 톰 라이트, 『톰 라이트 칭의를 말하다』(*Justification*, 에클레시아북스), 184-186면.

**11** Dunn, *New Perspective*, pp. 41-44.

**12** 더글라스 무는 바울의 논증을 이해하려면 이 '전제'(assumption)를 바울의 "본문에 집어넣어 읽어야 한다"(must read into the text)는 사실을 인정한다. Moo, *Galatians*, pp. 202-204. 그는 그리스도의 도래가 초래한 구원사적 양자택일(either-or)의 상황으로 인해 율법에 대한 순종이 완벽해야만 복의 수단이 될 수 있다고 생각한다. 물론 이는 나름의 추상적 추론이지 구체적 근거가 있는 주장은 아니다(pp. 204-205).

**13** 개역개정이 "모든 일을 항상 행하지 아니하는"으로 옮겼지만, 직역하면 "모든 것을 (지속적으로) 준수하여(ἐμμένει) 그것들을 행한다"는 의미다. Walt Bauer and F. W. Danker, *A Greek-English Lexicon of the New Testament and Other Early Christian Literature* (Chicago: University of Chicago Press, 2000), p. 322.

**14** 바울의 언어에서 '새롭다'는 말은 순종을 가능케 하는 성령의 역사를 염두에 둔 수식어다(고후 3:6-11). 이는 예레미야가 꿈꾼 '새 언약' 개념에 이미 나타난다(렘 31:31-34).

**15** 상식적 사고를 하는 사람이라면, 율법을 찬양하고 그에 대한 순종을 격려하는 시 1편, 19편, 119편 등에 나타난 태도와 하나님의 뜻에 순종하려는 그리스도인의 태도가 다르다고 말하지는 않을 것이다.

**16** 개역개정이 '꾀더냐'(3:1)로 번역한 단어는 주술적 뉘앙스를 풍기는 강력한 비난의 표현이다. 이들은 때로는 '선동자'(단수)로, 때로는 '선동자들'(복수)로 묘사된다

(4:17; 5:10, 12; 6:12-13). 다수의 그룹 중 강력한 주동자가 있는 상황을 생각해 볼 수 있다.

17 무엇으로부터 배제하려 했는지는 분명치 않다. 할례받지 않은 사람들을 하나님의 백성이라는 신분에서 배제한다는 의미일 수도 있고, 갈라디아 신자들을 바울로부터 이간시키려 한다는 의미일 수도 있다. 어느 쪽이든 바울이 이를 매우 나쁜 행동으로 묘사하고 있다는 사실은 분명하다.

18 대표적으로 John M. G. Barclay, *Obeying the Truth* (Edinburgh: T&T Clark, 1988), pp. 65-74가 그러하다.

19 더글라스 무는 필자의 이런 해석을 "설득력이 없다"고 비판하지만, 필자가 제시한 논증에 대한 반박은 제시하지 않는다. *Galatians*, p. 19, n.25.

20 갈라디아 신자들의 '행위'가 선택적이지 않았다고 전제하는 이들은 여기서 바울이 "그들이 그 의미를 아직 완전히 깨닫지 못한 무언가"를 지적하고 있다고 설명한다. 가령 Hans Dieter Betz, *Galatians* (Philadelphia: Fortress Press, 1979), pp. 260-262; Barclay, *Obeying*, p. 64; Richard B. Hays, "Galatians" in *The New Interpreter's Bible, Vol 11: 2 Corinthians - Philemon* (Nashville: Abingdon, 2002), p. 313을 보라. 물론 학자들의 이런 모호한 '설명'은 그들 역시 바울의 경고를 달리 이해하기 쉽지 않다는 사실을 반증한다. '율법 전체를 지켜야 한다'는 사실이 그렇게 이해하기 어려운 심오한 가르침이었을까?

21 이는 결국 선동자들이 율법 준수의 필요성을 강조하지 않았음을 의미한다. 어떤 이들은 선동자들이 일단 할례를 받게 하고 나중에 율법 준수의 필요성을 가르치려는 점진적 선교 방식을 택했다고 생각한다. 물론 이는 가장 어려운 조건을 먼저 요구하고 상대적으로 쉬운 것을 나중에 가르치는 우스꽝스러운 선교 방식이 될 것이다. 그 반면 어떤 이들은 그들이 율법 준수의 필요성을 가르쳤지만, 갈라디아 신자들이 그 가르침의 치명적 함의를 잘 몰랐다고 생각한다. 바울이 그 함의를 분명히 지적함으로써 그 가르침의 치명성을 폭로한다는 것이다. 선동자들이 율법 준수를 요구했다면, 그것이 의롭다 하심을 얻기 위해 필요하다고 분명히 말했을 것이다. 여기서 바울이 완벽한 순종의 불가능함을 지적한다고 주장하는 이들은 바울이 (선동자들처럼) 율법 전체를 준수해야 한다는 필요성만 지적할 뿐, 정작 '완전한 순종은 불가능하다'는 핵심적 사실은 언급하지 않고 있음을 해명해야 한다.

22 가령, Moo, *Galatians*, p. 323를 보라.

23 물론 구약 위경의 하나인 『시빌의 신탁』에서처럼, 율법과 일반 사회의 도덕적 공통점을 부각시키는 경우도 있다. 필로 같은 이도 구약성서의 많은 종교적 이야기를 당시의 철학적·윤리적 관점으로 풀어내곤 했다.

24 이는 새 관점의 강조점과 일치한다. 하지만 이 '율법의 행위들'이 전체 율법을 지

키는 것이 아니라는 필자의 주장은 전반적인 새 관점 학자들의 주장과 다르다. 물론 이 점에 있어서는 전통적 해석의 입장과도 다르다.

25 가령, 라이트, 『톰 라이트, 칭의를 말하다』, 213-214면을 보라.
26 던은 이를 "믿음에 더하여 다른 무언가를 요구하는 근본적 실수"라고 부른다. Dunn, *New Perspective*, pp. 23-36.
27 던이나 라이트 같은 학자들은 이 부분을 매우 강조하지만, 이것이 그들의 주장, 곧 바울이 비판하는 '율법의 행위들'이 (원칙적으로) 도덕적 영역을 포함하는 포괄적 개념이라는 주장과 어떻게 연결되는지는 설명하지 않는다.

## 8장. 하나님의 의와 하나님의 능력: 로마서

1 로마서의 기록 목적에 대해서도 다양한 해석이 존재하지만, 로마 교회를 염두에 둔 '자기소개서'로서의 기능은 부정하기 어렵다. 로마서에 관한 보다 상세한 논의로는 권연경, 『로마서 산책』(복있는사람)을 참고하라.
2 바울의 사상이 달라졌거나 발전했다는 가정도 가능하지만, 오랜 선교 경험을 지닌 베테랑 선교사가 비교적 짧은 간격을 두고 기록한 두 편지 사이에 그런 변화가 일어났을 가능성은 거의 없다.
3 한글 번역에는 생략되었지만, 17절 문두에 '왜냐하면'으로 옮길 수 있는 접속사가 있다.
4 이 흥미로운 표현은 다양한 방식으로 해석되지만, 여기서는 가장 단순한 해석을 택했다.
5 이 부분과 솔로몬의 지혜서 12-14장과의 유사성은 빈번하게 논의된다. 외경의 하나인 이 문서는 공동번역 가톨릭판이나 가톨릭성경에 들어 있다.
6 바울의 물음은 앞서 살펴본 세례 요한의 경고를 떠올리게 한다. 흥미롭게도 솔로몬의 지혜서 15장에는 하나님과의 특별한 관계를 기초로 유대인은 심판에서 면죄될 것이라는 생각이 은근히 드러난다. 유대교식 '구원의 확신'인 셈이다.
7 본서 세례 요한에 관한 논의(4장)에서 이 부분을 다루었다.
8 6절은 시 62:12의 인용이다. 이 시편은 억울하게 위험에 처한 의인이 왜 잠잠히 하나님을 바라볼 수 있었는지 보여 준다. 곧 하나님이 주권자이시고, 그분은 신실하시다. 그리고 그 신실함의 핵심에 그가 "각 사람에게 행한 대로 갚으신다"는 사실이 있다(62:12). 잠 24:12에도 같은 표현이 나온다. 신약성경에는 이 구절 외에도 마 16:27과 벧전 1:17에 인용되고 있다. 물론 행위심판 사상 자체는 신약 전반에 골고루 퍼져 있다.
9 '율법이 규정한 행위들'(개역개정에서는 "율법의 일")은 '율법(에 속한) 것들' (things of the law)을 풀어 쓴 것이다. 율법의 규정과 일치하지만 이방인들이 모세 율

법 자체를 지키는 것은 아니기 때문에 이렇게 표현한 것이다. 혹은 나중에 부정적 맥락에서 나올 '율법의 행위들'(works of the law)과 구분하려고 쓴 표현일 수도 있다.

10  '율법의 행위'(work of the law)는 단수로, 3:20 이후에 부정적 맥락에서 등장할 복수형 '율법의 행위들'(works of the law)과는 다르다(3:20, 28). 물론 중요한 것은 단수/복수 여부가 아니라 해당 표현이 사용되는 구체적 맥락이다.

11  히브리서도 예수님이 "첫 언약 때에 범한 죄에서 속량하려고" 죽으신 것으로 간주하고(9:15), 베드로후서 역시 "옛 죄가 깨끗하게 된" 것을 망각한 사람들에 관해 경고한다(1:9).

12  칼빈이 칭의와 성화를 구분하고서도, 행위의 구원론적 의미에 대해 고민할 수밖에 없었던 이유가 여기 있다. 그는 신학자지만, 무엇보다 성경을 연구하는 성서학자요 설교자였다. 권연경, "칼빈의 칭의론과 '행위': 행위 관련 구절들에 대한 칼빈의 주석", 『신학지평』 22(2009), 219-237면.

13  이 '내면'은 16절의 '은밀한 것'과 같은 단어고, 이는 다시 6절의 '행위'와 연결된다. 밖으로 드러나지 않는 '내념'이 아니라, 외적인 조건이나 빈말과 달리 인간의 실제 행동을 좌우하는 속내를 가리킨다.

14  권연경, "마음의 할례와 행위 - 로마서 2장 읽기", 『신약연구』 7/2(2008), 311-340면. 에스겔은 아예 돌처럼 굳은 마음을 제거하고 살처럼 부드러운 새 마음을 주는 변화 및 새로운 영을 주는 변화로 묘사한다(겔 36:25-27).

15  여기서 성령은 행위, 곧 행실 변화의 중요성을 강조하기 위해 슬쩍 끼워 넣은 것으로, 지금 바울이 설파하려는 논점은 아니다.

16  "어떤 이들"은 사실상 '상당수'를 의미한다(참고. 9:6; 11:1).

17  여기서 '율법'은 넓은 의미에서의 율법, 곧 성경과 같은 의미다.

18  몇몇 예를 들자면, D. Moo, *The Epistle to the Romans*, NICNT (Grand Rapids: Eerdmans, 1996), pp. 209, 217, 250 ("universal application"; "any system of works"); S. Kim, *Paul and the New Perspective* (Grand Rapids: Eerdmans, 2002), pp. 59-60 ("good works of law observance in general"); 하워드 마샬, 『신약성서신학』(*New Testament Theology*, CH북스), 379-380면.

19  C. E. B. Cranfield, *Romans*, Vol. I. ICC. (Edinburgh: T&T Clark, 1975), p. 198; Moo, 앞의 책(1996), pp. 210, 217.

20  E. P. Sanders, *Paul and Palestinian Judaism* (Minneapolis: Fortress Press, 1977). 『바울과 팔레스타인 유대교』(알맹e).

21  K. Stendahl, E. P. Sanders, James D. G. Dunn, N. T. Wright, T. Donaldson 등이 이런 경향을 주도하는 이들이다. 이런 주장의 율법주의적 색채를 피하기 위해 던은 정체성의 표지들은 이스라엘을 이방인과 구분하는 "사회학적" 역할을 하는 것이며, 이

것이 직접 칭의와 연결되는 용어는 아니라고 주장한다. Dunn, *Romans 1-8*, p. 159.

**22** 던은 '율법의 행위'를 "율법이 요구하는 모든 것, 언약적 신율주의 전체"(all or whatever the law requires, covenantal nomism as a whole)로 정의하면서 자신이 이 개념을 '할례, 음식법, 안식일' 등으로 제한한 적이 없음을 분명히 한다. 물론 그러면서도 실제 상황에서는 이들 항목들이 두드러진 관심의 대상일 수밖에 없었다고도 이야기한다. James D. G. Dunn, *The Theology of Paul the Apostle* (Grand Rapids: Eerdmans, 1998), p. 358 (각주 97). 『바울 신학』(CH북스). 본서 7장 주 9번을 보라.

**23** 라이트의 어떤 진술에는 전통적 관점의 주장과 새 관점의 주장이 동시에 나타난다. 부분적으로는 율법을 행하는 데 실패했기 때문이고, 부분적으로는 배타적 방식으로 율법을 행했기 때문이라는 것이다. Wright, *Justification*, pp. 177-178. 두 주장을 이렇게 붙인다고 논리적으로 깔끔한 설명은 아니다. 어쨌든 바울은 두 이유 모두에 대해 아무런 말이 없다.

**24** 참고. D. A. Carson, P. T. O'Brien, and Mark A. Seifrid eds., *Justification and Variegated Nomism: A Fresh Appraisal of Paul and Second Temple Judaism. Volume I: The Complexities of Second Temple Judaism.* WUNT 2. Reihe 140 (Tübingen: Mohr Siebeck, 2001).

**25** "차별이 없다"는 선언은 '왜냐하면'이라는 접속사로 시작한다. 결과적으로 차별이 없다는 것이 아니라, 차별이 없도록 하려고 믿음의 길이 선택되었다는 것이다. 동일한 의도의 진술이 4:16에도 나온다.

**26** 문자적으로는 "육신에 있는 죄를 정죄하셨다"(condemned the sin)라는 특이한 표현이다. 마지막 적대 세력으로서 "죽음이 파멸한다"는 표현이 떠오르게 한다(고전 15:26).

**27** 이 성취가 신자들에 의한 윤리적 성취가 아니라 그리스도에 의한 대속적 성취라고 해석하기도 하지만, 이는 문맥을 무시한 해석이다. "성령을 따라 행하는 우리에게" 율법의 계명이 성취된다는 말은 결국 우리가 성령을 따라 행하면서 그 계명을 지킨다는 말이 된다. Kevin W. McFadden, "The Fulfillment of The Law's "*Dikaōma*": Another Look At Romans 8:1-4", *JETS* 52/3 (2009), pp. 483-497.

**28** 생명과 평화는 종말론적 구원을 묘사할 때도 종종 나타난다(롬 2:10; 7:10).

**29** '종말론적 유보'는 바울 종말론의 가장 중요한 특징에 해당한다. 소위 '유보적 칭의론'이 복음으로부터의 이탈인 양 말하는 사람들은 어떻게 특정한 신념에 대한 헌신이 성경 자체의 가르침에서 멀어지게 하는지에 대한 좋은 예증이 된다. 이런 사람들은 바울의 종말론에 관한 신약학자들의 말에 조금이라도 귀를 기울였다면 좋았을 것이다. 가령 갈 5:5의 '의의 소망'에 관한 루터의 설명은 그들의 자기만족적 열성을 머쓱하게 만들 것이다. Luther, *Galatians*, pp. 309-314.

## 위선

초판 발행_ 2018년 10월 4일
초판 3쇄_ 2021년 3월 30일

지은이_ 권연경
펴낸이_ 정모세

펴낸곳_ 한국기독학생회출판부
등록번호_ 제313-2001-198호(1978.6.1)
주소_ 04031 서울시 마포구 동교로 156-10
대표 전화_ (02)337-2257 팩스_ (02)337-2258
영업 전화_ (02)338-2282 팩스_ 080-915-1515
홈페이지_ http://www.ivp.co.kr 이메일_ ivp@ivp.co.kr
ISBN 978-89-328-1645-6

ⓒ 권연경 2018

책값은 뒤표지에 있습니다.
무단 전재와 복제를 금합니다.